英文精読教室

第5巻

怪奇に浸る

柴田元幸 編・訳・註

研究社

英文精読教室
第 5 巻
怪奇に浸る

PRINTED IN JAPAN

A Haunted House
Virginia Woolf

幽霊屋敷

ヴァージニア・ウルフ

難易度 3
★ ★ ★

ヴァージニア・ウルフ
(Virginia Woolf, 1882-1941)

　後代の作家たちに大きな影響を与えたイギリスの作家。意識の流れ（stream of consciousness）と呼ばれる手法で人の心理を緻密に描き、文章の解像度を飛躍的に増大させた。フェミニズムの先駆者としての存在意義も大きい。文章の精緻さについては、何より次のページから始まる短い作品を読んでいただければと思う。

Whatever hour you woke **❶**there was a door shutting. **❷**From room to room they went, hand in hand, lifting here, opening there, making sure — **❸**a ghostly couple.

'Here we left it,' she said. And he added, 'Oh, but here too!'
5 'It's upstairs,' she murmured. 'And in the garden,' he whispered. 'Quietly,' they said, 'or we shall wake them.'

But **❹**it wasn't that you woke us. Oh, no. 'They're looking for it; they're drawing the curtain,' **❺**one might say, and so **❻**read on a page or two. 'Now they've found it,' one would be certain,
10 **❼**stopping the pencil on the margin. And then, tired of reading, one might rise and see for oneself, the house all empty, **❽**the doors standing open, only **❾**the wood pigeons **❿**bubbling with content and the hum of **⓫**the threshing machine sounding from the farm.
⓬'What did I come in here for? What did I want to find?' My

A Haunted House:「幽霊屋敷」と言うときの一番普通の言い方。つまりこのタイトルは、ものすごく当たり前すぎて普通は誰もつけないようなタイトルである。それだけに、何か変わったことを作家がやろうとしているという意図を感じさせる。

❶ there was a door shutting: すでに閉まったドアではなく、ちょうど閉まりつつあるドアがあるということ。

❷ From room to room they went [...] making sure: they とは誰なのか、それをいえば前文の you とは誰なのか、確かめている (making sure) とは何を確かめているのか、わからなくても慌てる必要はない。状況を説明せずに物語の中にいきなり読者を放り込む書き方は、この時代あたりから珍しくなってくる。

❸ a ghostly couple: こう言われて読者はすんなり「あ、そうか、幽霊なのか」と納得するわけではない。ghostly は「幽霊のような」(つまり、幽霊ではない)という意味にもなりうるので、まだその正体は定かでない。

❹ it wasn't that you woke us: it wasn't that ... は「〜ということではない」。この you を l. 1 の you と同じだと思ってしまうと(当然まずはそう思うわけだ

何時に目が覚めても、いつもどこかでドアが閉まるところだった。部屋から部屋へ、彼らは手をつないで回り、こっちで持ち上げ、そっちで開けて、確かめている——幽霊の夫婦。

「ここに置いていったのよ」と女が言った。そして男が「うん、だけどここにも！」とつけ足す。「二階よ」と女が呟いた。「それに、庭に」と男が囁いた。「静かに」と二人は言った。「あの人たちを起こしてしまうから」

でもあなたたちが私たちを起こしたんじゃない。そうじゃない。「探してるんだ。カーテンを引いてる」と言ったりし、そしてまた本を一、二ページ読み進む。「あ、見つけたみたい」と確信し、ページの端で鉛筆を止める。それから、読むのにも飽きて、立ち上がって自分で見に行ったりする。家じゅうどこもからっぽで、ドアはみな開いていて、モリバトたちが満ち足りてホウホウと喉を鳴らし、脱穀機のうなりが農場から響いてくるばかり。「私、なんでここに入ってきたのかしら？　何を見つけたかったのかし

が）混乱する。視点はめまぐるしく移動する。

❺ この one は the other を前提としている one（一方、一人）ではなく、語り手が自分の「私」性を消去して言うときの one と考えられる。訳でもやや異例だが「私」を抜いて訳してみる。

❻ read on: 読みつづける

❼ stopping the pencil on the margin: 鉛筆で余白にメモを書き込みながら本を読んでいるわけで、いかにもインテリの読者という感じ。

❽ the doors standing open: ドアが開いたままになっている。stand は「〜の状態にある」。

❾ the wood pigeons: モリバト

❿ bubbling with content: 満足げにクークー音を立てて

⓫ the threshing machine: 脱穀機

⓬ 'What did I come in here for? What did I want to find?' My hands were empty: そう問うているのは誰か？　誰の手がからっぽなのか？　まだわからなくて構わない。What did I come in here for? は Why did I come in here? とだいたい同じ。

hands were empty. ❶'Perhaps it's upstairs then?' The apples were in the loft. And so down again, the garden ❷still as ever, ❸only the book had slipped into the grass.

But they had found it in ❹ the drawing room. ❺Not that one could ever see them. ❻The window panes reflected apples, reflected roses; all the leaves were green in the glass. ❼If they moved in the drawing-room, the apple only turned its yellow side. Yet, the moment after, if the door was opened, spread about the floor, hung upon the walls, ❽pendant from the ceiling — what? My hands were empty. The shadow of ❾a thrush crossed the carpet; ❿from the deepest wells of silence the wood pigeon drew its bubble of sound. 'Safe, safe, safe,' the pulse of the house beat softly. 'The treasure buried; the room . . .' the pulse ⓫stopped short. Oh, was that the buried treasure?

A moment later the light had faded. Out in the garden then?

---

❶ 'Perhaps it's upstairs then?': じゃあ上の階だろうか？　it はすでに何度も出てきていて、この it が何なのかはわからなくても、どうやらこの it が何なのかがこの話の主眼らしい、ということは見えてきている。

❷ still as ever: 相変わらず静まりかえって。still は「まだ」ではない。

❸ only the book had slipped into the grass: この only は、相変わらず何もかもが静止しているなかで、本が芝に落ちてささやかな乱れが生じたことだけは違う、という含み。

❹ the drawing-room: 客間

❺ Not that one could ever see them: この Not that は p. 8, l. 7 の 'it wasn't that ...' とほぼ同じだが、こちらの方が口語的。

❻ The window panes: 窓ガラス

❼ If they moved in the drawing room, the apple only turned its yellow side: 「彼らが客間で動いても、リンゴはその黄色い面を向けるのみ」とは、窓越しに覗いている語り手にとって、彼ら（幽霊）の動きは見えず、かりに彼らが

10

ら？」。私の両手には何もない。「じゃあ二階かな？」。リンゴは屋根裏にあった。だからまた降りていくと、庭は相変わらず静まり返り、本だけが芝生に滑り落ちていた。

　でも彼らはそれを客間で見つけたのだった。彼らの姿が見えるわけではない。窓ガラスはリンゴを映し、バラを映し、ガラスのなかで葉はみんな緑色だった。彼らが客間で動いても、リンゴはその黄色い側を向けるばかり。とはいえ、もし次の瞬間ドアを開ければ、床に広がっている、壁に掛かっている、天井から下がっている——何が？　私の両手には何もなかった。一羽のツグミの影が絨毯の上をよぎり、底知れず深い沈黙の井戸からモリバトがその音の泡を引き上げた。「大丈夫、大丈夫」と屋敷が静かに脈打った。「宝は埋められ、部屋は……」脈がぴたっと止まった。いまのが、埋められた宝だったのだろうか？

　次の瞬間、光が薄れていた。じゃあ庭に出た？　けれど木々が一筋のさま

動いたとしても、l. 5 で窓ガラスに映っていると言われたリンゴの見え方は変わらない、ということか。

❽ pendant: 垂れ下がった

❾ a thrush: ツグミ

❿ from the deepest wells of silence the wood pigeon drew its bubble of sound: これまで静物・生物の描写はわりあい即物的だったが、ここで一気に詩的になる。well(s) は井戸。the wood pigeon drew its bubble of sound は p. 8, l. 12 の the wood pigeons bubbling with content を引き継いでいるが、同時に「井戸の深みから bubble を引き上げる」ということで音が液体になぞられてもいる。

⓫ stopped short: 急に止まった。short は動作が完遂せず途中で止まった感じ。

❶ But the trees spun darkness for a wandering beam of sun. ❷ So fine, so rare, coolly sunk beneath the surface the beam I sought always burnt behind the glass. Death was the glass; death was between us; coming to the woman first, hundreds of years ago,

5 leaving the house, ❸ sealing all the windows; the rooms were darkened. He left it, left her, went North, went East, saw the stars turned in the Southern sky; sought the house, found it dropped beneath ❹ the Downs. 'Safe, safe, safe,' the pulse of the house beat gladly. '❺ The Treasure yours.'

10   The wind ❻ roars up the avenue. Trees ❼ stoop and ❽ bend this way and that. ❾ Moonbeams ❿ splash and spill wildly in the rain. But the beam of the lamp falls straight from the window. The candle burns ⓫ stiff and still. Wandering through the house, opening the windows, whispering not to wake us, the ghostly

15 couple seek their joy.

    'Here we slept,' she says. And he adds, 'Kisses ⓬ without

---

❶ But the trees spun darkness for a wandering beam of sun: p. 10, ll. 11-12 の from the deepest wells … と同様の詩的な表現。spun <spin: ～を紡ぎ出す。a wandering beam of sun: さまよう太陽の一筋

❷ So fine, so rare, coolly sunk beneath the surface: この fine は文脈からして「立派な」ではなく「細かい」「細い」。rare は空気などが「希薄な」。beneath the surface / the beam I sought … と切って読む（the beam I sought がセンテンスの主部）。

❸ seal(ing): ～をふさぐ

❹ the Downs: 「England 南部の丘陵草原地」（『コンパスローズ英和辞典』）

❺ The Treasure yours: どうやら幽霊たちが何か宝を探している、ということはすでに見えてきているが、そのことをあらためて確認するかのように T が大文字になっている。

❻ roars up the avenue: 風がごうごう道を吹き抜けていく感じ。

よう陽光のために闇を紡ぎ出した。この上なく繊細に、この上なく希薄に、表面下に涼しく沈んで、私が探し求めた光線はつねにガラスの奥で燃えていた。死はガラスだった。死が私たちのあいだにあって、何百年も前にまず女の許へやって来て、家を去り、窓をすべて封印し、部屋はみな暗くなった。男は家を去り、女の許を去り、北へ行き、東へ行き、南の空を巡る星を見た。家を探し、丘陵地帯の下に落ちているのを見つけた。「大丈夫、大丈夫」と屋敷は悦ばしく脈打った。「宝はあなたのもの」

　風が並木道を吹き荒れる。木々が撓って、左右に曲がる。月光が雨のなかで狂おしく撥ね、零れる。けれどランプの光線は窓からまっすぐ落ちていく。蠟燭は硬く、動かずに燃える。屋敷をさまよい、窓を開け、私たちを起こさぬようヒソヒソ囁きながら、幽霊の夫婦は彼らの悦びを探す。

「私たちここで眠ったのよ」と女が言う。そして男が言い足す、「数えきれ

❼ stoop: 前かがみになる
❽ bend this way and that: あっちへこっちへ曲がる、たわむ
❾ Moonbeam(s): 月光
❿ splash and spill: どちらも普通はもちろん液体について使われる動詞。
⓫ stiff: 硬直した、こわばった
⓬ without number: 数えきれない、無数の

number.' 'Waking in the morning —' 'Silver between the trees —' 'Upstairs —' 'In the garden —' 'When summer came —' 'In winter snowtime —' ❶The doors go shutting far in the distance, gently knocking like the pulse of a heart.

5   Nearer they come; ❷cease at the doorway. The wind falls, ❸the rain slides silver down the glass. Our eyes darken; we hear no steps beside us; we see no lady spread her ghostly ❹cloak. ❺His hands shield the lantern. 'Look,' he ❻breathes. '❼Sound asleep. Love upon their lips.'

10   Stooping, holding their silver lamp above us, long they look and deeply. Long they pause. ❽The wind drives straightly; the flame stoops slightly. Wild beams of moonlight cross both floor and wall, and, meeting, ❾stain the faces bent; the faces ❿pondering; the faces that ⓫search the sleepers and seek their hidden joy.

15   'Safe, safe, safe,' the heart of the house beats proudly. 'Long years —' he sighs. 'Again you found me.' 'Here,' she murmurs,

---

❶ The doors go shutting: ドアが自分の意志で閉まるような言い方。

❷ cease at the doorway:「戸口で止まる」の意と思えるが、cease は何か動作を「やめる」の意になるのが普通なので、やや無理がある。むしろ「存在感がとだえる」と考えてもいいかもしれない。

❸ the rain slides silver down the glass: 銀色の雨がガラスを斜めに流れる、という比較的わかりやすく、かつ美しいイメージ。

❹ (a) cloak: 袖なしの外套

❺ His hands shield the lantern: 眠っている人を起こすまいという配慮。

❻ breathe(s): そっとささやく

❼ Sound asleep: ぐっすり眠っている

❽ The wind drives: wind drives というつながりは珍しいが、a driving wind（激しい風）という言い方は普通。

❾ stain the faces bent: 屈み込んだ（bent）顔に（月の光が）しみをつける

ないほどのキス」。「朝、目が覚めて——」「木々のあいだに銀色が——」「二階で——」「庭で——」「夏が来ると——」「冬に雪が降って——」ドアが遠くの方で一つまたひとつ閉まり、心臓が脈打つみたいにそっと音を立てる。

　二人は近づいてくる、戸口で途絶える。風が収まり、銀色の雨がガラスを滑り落ちる。私たちの目が暗くなる、私たちのかたわらに足音は聞こえない。幽霊の外套を広げる貴婦人が見えたりもしない。男の手がランタンを覆う。「ほらここ」と彼は囁く。「ぐっすり眠ってる。唇に愛が浮かんでる」

　身を屈め、銀色のランプを私たちの上にかざして、二人は長く、深く見る。長いあいだ動かずにいる。風がまっすぐ吹き込み、炎がわずかに丸まる。月の狂おしい光線が幾筋も、床と壁の両方をよぎり、それから交わって、屈んだ二つの顔にしみをつける。考え込んでいる顔。眠る者たちを探り、その隠れた悦びを探す顔。

「大丈夫、大丈夫」と屋敷の心臓が誇らしく脈打つ。「何年も経って——」男はため息をつく。「君は僕をもう一度見つけた」。「ここで」と女は呟く。「眠っ

---

❿ ponder(ing): じっくり考える、思案する

⓫ search the sleepers: 「眠る者たちを探す」ではなく、「何かを眠る者たちの中に探す」の意。*I searched his face carefully.*（私は気をつけて彼の顔を見た。『コンパスローズ英和辞典』）

'sleeping; in the garden reading; laughing, rolling apples in the loft. Here we left our treasure — ' Stooping, **❶** their light lifts the lids upon my eyes. 'Safe! safe! safe!' the pulse of the house beats wildly. Waking, I cry 'Oh, is this *your* buried treasure? The light in
5 the heart.'

---

❶ their light lifts the lids upon my eyes:「彼らの光が私の目のふたを持ち上げる」。普通の言い方ではないが意味は明快。

て。庭で本を読んで。笑いながら屋根裏でリンゴを転がして。ここに私たち
は宝を残していった——」。身を屈め、彼らの光が私のまぶたを持ち上げる。
「大丈夫！　大丈夫！」屋敷が狂おしく脈打つ。私は目覚めて叫ぶ、「じゃあ、
これがあなたたちの、埋められた宝なの？　心のなかの光が」

ちなみに

　David Lowery 監督、2017 年公開の映画 *A Ghost Story*（邦題『A GHOST STORY/ア・ゴースト・ストーリー』）はただ単に人間にシーツをかぶらせて幽霊を演じさせるという大胆な着想の、非常に見応えある映画だったが、あの映画の背後には明らかに、ウルフによるこの短篇小説が隠れている（というか、この作品が入っている本の一ページが一瞬映るシーンさえある）。閉じた場（館、城……）ということがほとんど前提になっているジャンルにあって、ひとつの時代、ひとつの場所に限定されない幽霊小説、という作品のユニークさを映画は存分に拡張し、時を超え国を超えたゴースト・ストーリーを作り上げている。

The Masque of the Red Death
Edgar Allan Poe

赤死病の仮面
エドガー・アラン・ポー

難易度 2
★ ★ ☆

エドガー・アラン・ポー
(Edgar Allan Poe, 1809-1849)

　アメリカの作家・雑誌編集者。推理小説の祖と呼ばれ、SF 小説の先駆的作品も書いている上に、怪奇小説も得意とし、人間の暗い内面をあざやかに言語化して、フロイトの深層心理学を先取りしたと評される。ここで取り上げた "The Masque of the Red Death" は、構成の妙、言語の緻密さによって、怪奇の雰囲気をほとんど建築的・数学的に築き上げていく。1842 年 5 月、ポー自身が主筆を務めていた Graham's Magazine に掲載された。

The "Red Death" had **❶**long **❷**devastated the country. No **❸**pestilence had ever been so fatal, or so **❹**hideous. Blood was its **❺**Avatar and its **❻**seal — **❼**the redness and the horror of blood. There were sharp pains, and sudden **❽**dizziness, and then **❾**profuse
5 bleeding at the pores, with **❿**dissolution. The scarlet stains upon the body and especially upon the face of the victim, were **⓫**the pest ban which shut him out from the aid and from the sympathy of his **⓬**fellow-men. And **⓭**the whole seizure, progress, and termination of the disease, were the incidents of half an hour.

10 But **⓮**the Prince Prospero was happy and **⓯**dauntless and sagacious. When **⓰**his dominions were half depopulated, he

---

The Masque of the Red Death: ひとまず多くの既訳と同じく「赤死病の仮面」と訳したが、masque は 「仮面劇、仮面舞踏会」「仮面をつけた人」「仮面」等々を意味し、意図的に曖昧なタイトルである。1842 年の初出時には Mask と綴られていたが、1845 年に *Broadway Journal* に採録された際に Masque に変えられた。the Red Death は架空の病名だが、14 世紀にヨーロッパで人口の 3 分の 1 が犠牲になったと言われる the Black Death（黒死病、ペスト）を明らかに連想させる。

❶ long: 長いあいだ (for a long time)

❷ devastate(d): 〜を荒廃させる

❸ pestilence: 疫病

❹ hideous: ぞっとする。horrible などに較べて、嫌悪を催させるというニュアンスが強く、類語はむしろ repulsive など。

❺ Avatar: 化身。元来はヒンドゥー教のヴィシュヌ神の化身だが、いまではすっかりインターネット言語の一部と化した。

❻ (a) seal: 印章、紋章

❼ the redness and the horror of blood: 主語の Blood をもう一度言い直している。

❽ dizziness: めまい

❾ profuse bleeding at the pores: 毛穴 (the pores) からのおびただしい (profuse) 出血

20

「赤死病」が、赤い死が、長いあいだ国を荒らしていた。これほど致命的な、これほどおぞましい病はかつてなかった。血がその化身であり紋章であった——その赤さ、その血の恐ろしさが。激しい痛みが生じ、突如めまいが襲い、やがて毛穴からおびただしい量の血が噴き出し、息絶える。犠牲者の体を、特に顔を覆う紅の汚点こそが追放宣告だった。それが現われた者はもはや、仲間からの助けも同情も望めなかった。発病し、病が進み、事切れるまで、ものの三十分とかからなかった。

　だがプロスペロ公は幸福で、恐れを知らず、頭脳明晰であった。領地の人口が半分に減った時点で、宮廷の騎士と貴婦人の中から、健康で安楽に暮ら

---

❿ dissolution: 死
⓫ the pest ban: 疫病発生による立入り禁止令。ちなみに pest はここでは pestilence と同義だが、現代英語では普通「害虫、害獣」のこと。
⓬ fellow-men: 漠然と「仲間」を指しもすれば、fellow human beings ということで「人類」全体を指しもする。
⓭ the whole seizure, progress, and termination: 発症 (seizure)、進行、臨終 (termination) までの全段階
⓮ the Prince Prospero: Prince はこのように、「王子」ではなく、小国の「君主」「公」を意味する場合も多い。Prospero という名を見れば誰もがシェークスピア最後の戯曲 The Tempest（1611）を思い浮かべる。追放された君主プロスペロは魔法を使って世界を動かす力を取り戻すが、最後は魔法を捨ててただの人間に戻る（そしてシェークスピアもペンを捨てて故郷に戻った）。この小説の読者は、このプロスペロがシェークスピアの君主とどう同じでどう違うかを考えながら読み進めることになる。ちなみに the Red Death という病の名は、シェークスピアのプロスペロに囚われた怪物 Caliban が、俺に言葉なんかを教えやがって、とプロスペロを呪詛するとき口にする "The red plague rid you"（お前なぞ赤い疫病で死んじまえ）という科白を連想させる。
⓯ dauntless and sagacious: 怖いもの知らずで智にたけた
⓰ his dominions were half depopulated: 所領の人口が半分に減ってしまった

❶summoned to his presence a thousand ❷hale and light-hearted friends ❸from among the knights and dames of his court, and with these ❹retired to the deep seclusion of one of his ❺castellated ❻abbeys. This was ❼an extensive and magnificent structure, the
5 creation of ❽the prince's own eccentric yet august taste. A strong and ❾lofty wall ❿girdled it in. This wall had gates of iron. ⓫The courtiers, having entered, brought ⓬furnaces and ⓭massy hammers and ⓮welded the bolts. They resolved to ⓯leave means neither of ingress nor egress to the sudden impulses of despair or
10 of ⓰frenzy from within. The abbey ⓱was amply provisioned. With such ⓲precautions the courtiers might ⓳bid defiance to contagion. ⓴The external world could take care of itself. ㉑In the meantime

❶ summoned to his presence ...: 自分のもとへ〜を呼び集めた
❷ hale and light-hearted: 健やかで快活な
❸ from among the knights and dames of his court: 自分の宮廷に仕える騎士や貴婦人の中から。from は from behind the curtain（カーテンの陰から）といったように、もうひとつの前置詞と一緒に使われることも多い。
❹ retired to the deep seclusion: 直訳は「深い隠棲へと引っ込んだ」。ここで誰もが思い起こすのは、人々が疫病を逃れて辺鄙な城にこもり物語を語りあうボッカチオの『デカメロン』（1353）。
❺ castellated: built like a castle。具体的には battlements（銃眼の付いた胸壁）があること。
❻ abbey(s): 本来は修道院のことだが、元修道院だった館も指す。
❼ an extensive and magnificent structure: 広く堂々たる建造物
❽ the prince's own eccentric yet august taste: 公自身の風変わりだが荘厳（august）な趣味
❾ lofty: 高くそびえる
❿ girdled it in: それ（館）をぐるりと取り囲んでいた
⓫ The courtier(s): 廷臣

す友人を千人呼び寄せ、彼らを率いて、城のごとく頑丈に作った館の奥深くにこもった。それは広大にして壮麗なる建物であり、プロスペロ自身の、特異ながら雄大な趣味の産物であった。がっしりした高い壁が周りを囲んでいた。壁には鉄の門があった。廷臣たちは中へ入る際に炉と大槌を持ち込み、門_{かんぬき}を溶接した。突如絶望に駆られたり内なる狂乱に襲われたりしても、中に入る手段も外に出る手段もないようにしたのである。広い館の中、蓄えは豊富にあった。ここまで念入りにやれば、伝染病にも挑めるというもの。外の世界はどうとでもなるがよい。いまはとにかく悲しんだり、考えたりする

⓬ furnace(s): 炉

⓭ massy: 巨大な。現代では massive が普通。

⓮ welded the bolts: 門を溶接した

⓯ leave means neither of ingress nor egress: 入ること（ingress）出ること（egress）どちらの手立て（means）も残さない

⓰ frenzy from within: 心の中からわき起こる狂気、発作的な狂乱

⓱ was amply provisioned:（食糧などの）蓄えは十分だった

⓲ precaution(s): 用心

⓳ bid defiance to contagion: 感染に敢然と挑む。contagion は特に患者との身体接触によって感染する伝染病。

⓴ The external world could take care of itself: 直訳は「外の世界は自分で何とかすればいい」。ポー全短篇の詳しい註釈本の註釈者 Stephen Peithman によれば、ポーはこの短篇の前年にやはり Graham's Magazine で Thomas Campbell, Life of Petrarch（1841）という長篇小説を書評していて、この作品では、ある男が城の中に閉じこもり、誰も近寄らせないように手を打つが、やがて人が入ってきてしまうと男は逃げ、森で死ぬ。

㉑ In the meantime: 一方

❶it was folly to grieve, or to think. The prince had provided **❷**all the appliances of pleasure. There were **❸**buffoons, there were **❹**improvisatori, there were ballet-dancers, there were musicians, there was Beauty, there was wine. **❺**All these and security were

5 within. Without was the "Red Death."

It was towards **❻**the close of the fifth or sixth month of his **❼**seclusion, and while the pestilence **❽**raged most furiously abroad, that **❾**the Prince Prospero entertained his thousand friends at a masked ball of the most unusual magnificence.

10 **❿**It was a voluptuous scene, that masquerade. But first let me **⓫**tell of the rooms in which it was held. These were seven — **⓬**an imperial suite. In many palaces, however, such suites form a long and straight **⓭**vista, while the folding doors slide back nearly to the walls **⓮**on either hand, **⓯**so that the view of the whole extent is

---

❶ it was folly to grieve: 悲しんだりするのは愚かだ

❷ all the appliances of pleasure: あらゆる愉楽の手段。appliance(s) は現代では電気製品などの「器具」を指すことが多いが、ここでは means などとほぼ同義で「手段」。

❸ buffoon(s): 道化師

❹ improvisatori: 即興詩人たち（イタリア語。improvisatore の複数形）

❺ All these and security were within. Without was the "Red Death": without は within と対で使われると、「～の外で」の意になる。ビートルズのジョージ・ハリスンにも "Within You Without You" という曲がある。

❻ the close: 終わり

❼ seclusion: 閉じこもった暮らし

❽ raged most furiously abroad: 外では（abroad）きわめて凄まじく（most furiously）猛威を振るった（raged）。abroad は現代英語ではもっぱら「外国で」の意だが、かつてはもっと広く「外で」を意味した。

❾ the Prince Prospero entertained his thousand friends at a masked

のは愚か。プロスペロは快楽の手立てはすべて揃えていた。道化もいれば、即興詩人もいたし、バレエの踊り手、楽師もいた。美があり、ワインがあった。これらすべてが、そして安全が、中にはあった。外には「赤死病」があった。

　館にこもって五か月目か六か月目の終わり頃、外では疫病がますます猛威をふるうなか、千人の友をもてなすべく、プロスペロ公は比類なき華麗さの仮面舞踏会を開いた。

　そのマスカレードたるや、この上ない官能に満ちた場であった。だがまず、それが催された一連の部屋について語ろう。全部で七部屋の、荘厳なる連なりであった。たいていの宮殿では、そうした部屋の連なりが長い、まっすぐな見通しを作っていて、折り畳み式の扉をほぼ左右の壁まで押しやれるので、

ball: a masked ball は「仮面舞踏会」。この作品が発表される 10 年前の 1832 年、パリでコレラが流行し、多くの人々がつかのまの歓楽を求めて、本当に舞踏会がたくさん開かれた。

❿ It was a voluptuous scene, that masquerade: 実に官能的な（voluptuous）見物であった、その仮面舞踏会は

⓫ tell of ...: 〜について語る

⓬ an imperial suite: 王宮のような続き部屋

⓭ (a) vista:「並木道やビルの谷間などから見通した縦に狭い景色」（『リーダーズ英和辞典』）

⓮ on either hand: 左右両側で

⓯ so that: その結果、なので。第 2 巻 p. 36, ll. 10-12 の "And each one was a few feet lower than the other, so that the long row of them looked like an enormous flight of stairs"（どの家もとなりの家より何フィートか低くなっていて、長くのびた家並全体が巨大な一つづきの階段みたいに見えた）と同じ。

scarcely ❶impeded. Here ❷the case was very different; ❸as might have been expected from ❹the duke's love of the *bizarre*. ❺The apartments were so irregularly disposed that ❻the vision embraced but little more than one at a time. There was a sharp turn at every
5 twenty or thirty yards, and at each turn ❼a novel effect. To the right and left, in the middle of each wall, ❽a tall and narrow Gothic window looked out upon ❾a closed corridor which pursued the windings of the suite. ❿These windows were of stained glass whose color varied in accordance with the prevailing hue of the
10 decorations of the chamber into which it opened. ⓫That at the eastern extremity was hung, for example, in blue — ⓬and vividly blue were its windows. The second chamber was purple in its ornaments and tapestries, and here ⓭the panes were purple. The third was green ⓮throughout, and so were ⓯the casements. The

---

❶ impede(d): 妨げる
❷ the case: 事情、実情
❸ as might have been expected from ...: 〜から予想されるとおり
❹ the duke's love of the *bizarre*: 異様なものを好む公の性格
❺ The apartments were so irregularly disposed that ...: それぞれの部屋がきわめて不規則に（直線ではなく曲がりくねって）配置されていたので〜だった。apartment は現代では普通、共同住宅の中の一世帯分を言うが、ここでは建物の中の一室。
❻ the vision embraced but little more than one at a time: 直訳は「視野 (the vision) は一度に (at a time) ほぼひとつの apartment しか (but little more than one) 包含しなかった」。but は only の意で、19 世紀では普通の使い方。
❼ a novel effect: novel は形容詞で、「新たな効果」。
❽ a tall and narrow Gothic window: 中世の教会でよく見るような、上に尖頭アーチがついた縦に長い窓を思い浮かべればいい。
❾ a closed corridor which pursued the windings of the suite: a closed

眺めを妨げるものもほとんどないのが常である。だが、この館はずいぶん違っていた。これも奇想を好むプロスペロ公の嗜好から容易に予想のつくことであろう。一室一室がおよそ不規則に配置され、一度に一部屋しか見えないようになっていた。二、三十メートルごとに大きく折れ曲がり、曲がるたびにまた新たな趣向が現われる。左右どの壁も真ん中に、縦に長く横に狭いゴシック様式の窓があって、部屋から部屋への折れ曲がりに沿ってのびる回廊が見えた。これらの窓はステンドガラスになっていて、その色は、窓が据えられた部屋の装飾の色合いに合わせておのおの違っていた。たとえば東の端の部屋は、青い壁飾りが掛けられ、窓もあざやかな青色であった。二番目の部屋は装飾品もつづれ織りも紫色で、ここでは窓ガラスも紫色。三番目は部屋じゅ

corridor は出入口以外は閉ざされた屋内の回廊ということで、それが続き部屋の曲がり具合に沿ってのびているということ。

❿ These windows …: These windows were / of stained glass / whose color varied / in accordance with the prevailing hue / of the decorations of the chamber / into which it opened と切って読む。varied in accordance with …: 〜に合わせてそれぞれ違った。the prevailing hue: 中心的な色合い。the chamber into which it opened: そのステンドグラスが（開口部として）備わっている部屋

⓫ That at the eastern extremity was hung, for example, in blue: 例えば一番東の端（extremity）にある部屋の内装は青だった。That は現代では The one の方が普通。hung（<hang）は部屋にカーテンや壁飾りなどを「掛ける」こと。

⓬ and vividly blue were its windows: and its windows were vividly blue

⓭ the pane(s): 窓ガラス

⓮ throughout: 一貫して

⓯ the casement(s): 蝶番で開閉する窓

fourth was furnished and ❶lighted with orange — the fifth with white — the sixth with violet. The seventh apartment ❷was closely shrouded in black velvet tapestries that hung all over the ceiling and down the walls, ❸falling in heavy folds upon a carpet of the
5 same material and hue. But in this chamber only, the color of the windows ❹failed to correspond with the decorations. The panes here were scarlet — a deep blood color. ❺Now ❻in no one of the seven apartments was there any lamp or candelabrum, ❼amid the profusion of golden ornaments that ❽lay scattered to and fro or
10 depended from the roof. There was no light of any kind ❾emanating from lamp or candle within the suite of chambers. But in the corridors that followed the suite, ❿there stood, opposite to each window, a heavy tripod, bearing ⓫a brazier of fire that ⓬projected its rays through the tinted glass and so ⓭glaringly illumined the
15 room. ⓮And thus were produced ⓯a multitude of gaudy and

---

❶ lighted with orange: 室内に照明があるのではなく、オレンジ色の窓から差し込む光を言っている。

❷ was closely shrouded: びっしりと覆われていた。shroud は名詞としては埋葬時に遺体を包む屍衣も意味する。

❸ falling in heavy folds: ずっしりしたひだを成して垂れ

❹ failed to correspond: 一致しなかった。fail to ... はこの場合単に「〜しない」という意味であり、「予想に反して」というニュアンスはあるが、「一致するのに失敗していた」ということではない。

❺ Now: (話題を変えて) さて

❻ in no one of ... candelabrum: there was no lamp or candelabrum in any of the seven apartments の倒置。
(a) candelabrum: 枝付き燭台

❼ amid the profusion of golden ornaments: 黄金の飾りが山とある中で

❽ lay (<lie) scattered to and fro or depended from the

candelabrum

う緑で、窓も同様。四番目は家具も光も橙色、五番目は白、六番目は菫色。七番目は部屋一面、黒いビロードのつづれ織りが天井にも壁にも張りめぐらされ、重たいひだを成して、材質も色も同じ絨毯まで垂れている。だがこの部屋だけは、窓の色が部屋の装飾と一致していなかった。ここの窓ガラスは紅色、深紅の血の色だったのである。

　さて、七つの部屋のどこにも、ランプや蠟燭立てのたぐいはいっさい置かれていなかった。床のあちこちにも天井からも黄金の装飾物が置かれたり吊されたりしている、連なった部屋の内部からは、ひとつのランプ、ひとつの蠟燭の光も発していない。だが部屋を囲む回廊には、それぞれの窓と向きあって、重たい三脚台に火鉢が載っていて、色のついたガラスごしに光を送り出し、ギラギラまぶしく部屋を照らしていた。こうして無数の、けばけばしい、

roof: あちこちに（to and fro）散らばったり、天井から垂れ下がったりしていた。depend が「垂れ下がる」の意になるのは古風。
❾ emanating <emanate:（光や熱が）発する、出る
❿ there stood, opposite to each window, a heavy tripod: それぞれの窓の向かいに、重い三脚台（tripod）が立っていた。There was a tripod の was の代わりに stood が入っている。以降もこの「there ＋動詞＋主語の部分」という構文がよく使われる。
⓫ a brazier of fire: 火鉢
⓬ projected its rays through the tinted glass: 色ガラスを通して光（its rays）を投げかけた
⓭ glaringly illumined the room: 部屋をギラギラと（glaringly）照らし出した（illumined）
⓮ And thus were produced ...: かようにして〜が生み出された
⓯ a multitude of gaudy and fantastic appearances: あまた（a multitude）のけばけばしく幻想的な姿

fantastic appearances. But in ❶the western or black chamber the effect of ❷the fire-light that ❸streamed upon the dark hangings through the ❹blood-tinted panes, was ❺ghastly in the extreme, and ❻produced so wild a look upon the countenances of those who
5 entered, that ❼there were few of the company bold enough to ❽set foot within its precincts at all.

It was in this apartment, also, that there stood ❾against the western wall, ❿a gigantic clock of ebony. Its ⓫pendulum swung to and fro ⓬with a dull, heavy, monotonous clang; and when ⓭the
10 minute-hand made the circuit of the face, and ⓮the hour was to be stricken, ⓯there came from the brazen lungs of the clock a sound

❶ the western or black chamber: 二つの部屋について言っているのではなく、「西の、すなわち黒の部屋」。

❷ the fire-light: 燃える火の明かり

❸ stream(ed) upon ...: 〜に注ぐ

❹ blood-tinted: 血の色合いを帯びた

❺ ghastly in the extreme: 極度に (in the extreme) 恐ろしい

❻ produced so wild a look upon the countenances: 顔つき (the countenances) にきわめてすさまじい (wild) 表情を作り出したので。so wild a look は such a wild look と言っても同じで、次行の that there were few ... につながる (細かいことを言えば、so は形容詞や副詞 [この場合 wild] にかかり、such は名詞句 [この場合 a wild look] にかかる)。

❼ there were few of the company bold enough to ...: 〜するほど大胆な者は、居合わせた者たち (the company) の中にはほとんどいなかった

❽ set foot within its precincts at all: その境界 (precincts) 内に少しでも (at all) 足を踏み入れる。at all は否定文・疑問文で多く使われ、ここでもその前が there were few ... と否定的な内容なので、ごく自然に出てきている。

❾ against the western wall: 西側の壁を背に。西端の部屋の西側の壁なので、これら部屋の連なりの一番奥に当たる。

❿ a gigantic clock of ebony: 巨大な (gigantic) 黒檀 (ebony) 作りの柱時計。gigantic はポーが好んで使った言葉で、世界に対する恐怖感のようなものがに

途方もない姿かたちが生まれていた。だが、西の端の黒い部屋では、炎のもたらす、血の色をした窓を通って黒いつづれ織りに流れ込む光の効果たるや、まさに身の毛もよだつ恐ろしさで、入ってくる者たちの表情を何とも狂おしいものに変えてしまうので、中に足を踏み入れる度胸のある者はほとんどいなかった。

　またこの部屋には、西側の壁にぴったり付いて、漆黒の巨大な時計が置かれていた。その振り子は鈍い、重い、単調な音を立てて左右に揺れ、長針が文字盤を一周して時を告げる段になると、時計のその真鍮の肺から、明瞭な、

じみ出ているように思える。"I approached and saw, as if graven in *bas relief* upon the white surface, the figure of a gigantic *cat*."（近づいてみると、白い表面にあたかも浅浮彫りにされたかのように、巨大な猫の姿が見えた。"The Black Cat," 1843）

⓫ (a) pendulum: 振り子

⓬ with a dull, heavy, monotonous clang: 鈍く重々しく単調なガランガランという音を立てて。clang は通常、振り子の音の形容に使われる語ではない（普通なら tick-tock など）。ポーの振り子は大半の振り子よりずっと禍々しい。その禍々しさは翌年発表した "The Pit and the Pendulum"（「落とし穴と振り子」、1843）においてさらに増幅される。

⓭ the minute-hand made the circuit of the face: 分針（the minute-hand）が文字盤（the face）を一周した

⓮ the hour was to be stricken: 時刻を打つべき時になった。stricken は現代英語なら struck。

⓯ there came from the brazen lungs of the clock a sound ...: ここも＜there＋動詞＋主語の部分＞という構造で（→ p. 29 の註⓾）、sound から主語が始まる。the brazen lungs（真鍮の肺）も時計について普通に使われる表現ではなく、ポーにおける時計＝時間の禍々しさをさらに増している（brazen は現代英語では「厚かましい」の意）。

which was clear and loud and deep and exceedingly musical,
but ❶of so peculiar a note and emphasis that, ❷at each lapse of an
hour, the musicians of the orchestra ❸were constrained to pause,
❹momentarily, in their performance, to ❺hearken to the sound;
5 and thus ❻the waltzers perforce ceased their evolutions; and there
was a brief ❼disconcert of the whole gay company; and, ❽while the
chimes of the clock yet rang, ❾it was observed that ❿the giddiest
grew pale, and ⓫the more aged and sedate ⓬passed their hands
over their brows as if in ⓭confused revery or meditation. But when
10 the echoes had fully ceased, a light laughter at once ⓮pervaded
the assembly; the musicians looked at each other and smiled as
if at their own nervousness and folly, and ⓯made whispering
vows, each to the other, that the next chiming of the clock should
⓰produce in them no similar emotion; and then, after the lapse of
15 sixty minutes, (which ⓱embrace three thousand and six hundred

---

❶ of so peculiar a note and emphasis that ...: あまりに奇妙な音色と強弱を
持つために〜した。so peculiar a note and emphasis は such a peculiar
note and emphasis と同じ (→ p. 30 の註❻)

❷ at each lapse of an hour: 一時間が経過 (lapse) するたびに

❸ were constrained to ...: 〜することを余儀なくされた

❹ momentarily: 一瞬 (for a moment)

❺ hearken: listen と同義の古い語。

❻ the waltzers perforce ceased their evolutions: ワルツの踊り手たちもその
円舞 (evolutions) を否応なく (perforce) 止めた。ワルツというと何やらお
上品に思えるが、ポー作品の重要な編者 Thomas Ollive Mabbott の注釈によ
れば、1842 年の時点ではワルツはいまだいささか risqué (際どい) と見られ
ていた。

❼ (a) disconcert: 不安、混乱

❽ while the chimes of the clock yet rang: 時計の鐘の音がまだ響きわたって
いるあいだ

大きな、太い、きわめて音楽的な、しかし音色も強弱もこの上なく特異な音が発せられるものだから、一時間ごとにオーケストラの楽師たちも、しばし演奏の手を休めてその響きに耳を傾けることを強いられた。それに合わせて、ワルツに興じる者たちもその舞いを止めることを余儀なくされ、華やいだ人たち皆が束の間の狼狽に陥った。時計の鐘がいまだ鳴りひびくなか、見れば誰よりうわついた者すら顔から血の気が失せ、比較的年長の者たち、落着いた者たちが、あたかも混乱した夢想、黙想に耽るかのように額に手をやっている。ところが、鐘の余韻がすっかり止んだとたん、軽い笑いが座を貫いてゆく。楽師たちは顔を見合わせ、己の臆病さ、愚かしさをあざけるかのように苦笑いし、ひっそり小声で、次に鐘が鳴ってももうあんな気持ちになったりはせぬと誓いあった。けれども、また六十分が経ち、矢のごとく過ぎる時が三六〇〇秒ぶん進むと、ふたたび時計の鐘が鳴り、前と同じ狼狽、おのの

❾ it was observed that …: 〜であることが見られた、認められた

❿ the giddiest grew pale: 最も浮ついた連中でさえ青くなった。the giddiest <giddy

⓫ the more aged and sedate: （浮ついた連中よりは）年上で落ち着いた人々

⓬ passed their hands over their brows: 手で額（brows）を拭った

⓭ confused revery or meditation: 混沌とした夢想か物思い

⓮ pervaded the assembly: 一同に広がった

⓯ made whispering vows, each to the other, that …: 〜しようとたがいに小声で誓った

⓰ produce in them no similar emotion: 今のような動揺（similar emotion）を自分の中に起こさない

⓱ embrace three thousand and six hundred seconds: 3600秒ぶんを擁する

seconds of ❶the Time that flies,) there came yet another chiming of the clock, and then were the same disconcert and ❷tremulousness and meditation as before.

　But, in spite of these things, it was a gay and magnificent
5 ❸revel. The tastes of the duke were ❹peculiar. He ❺had a fine eye for colors and effects. He ❻disregarded the *decora* of mere fashion. His plans were bold and ❼fiery, and his conceptions ❽glowed with barbaric lustre. There are some who would have thought him mad. His followers felt ❾that he was not. It was necessary to hear and
10 see and touch him to be *sure* that he was not.

　He had directed, ❿in great part, ⓫the movable embellishments of the seven chambers, ⓬upon occasion of this great *fête*; and it was ⓭his own guiding taste which ⓮had given character to the masqueraders. ⓯Be sure they were grotesque. There were much

---

❶ the Time that flies: 飛ぶように過ぎる「時」。Time flies.（光陰矢のごとし）ということわざを踏まえた表現。

❷ tremulousness: 震え、おののき

❸ (a) revel: 浮かれ騒ぎ

❹ peculiar: 独特な

❺ had a fine eye for ...: 〜を見る目があった

❻ disregarded the *decora* of mere fashion: decora は「上品さ」を意味するラテン語 decorum の複数形。decorum は今日でも使われる。

❼ fiery: 発想が過激ということだが、当然「火」(fire) にもつながる。

❽ glowed with barbaric lustre: 野蛮な輝き (lustre) を放っていた。glow は何かが内側から光を発しているニュアンス。第4巻の Karen Russell, "Reeling for the Empire" では「蚕女工」が指先から繰り出す糸について印象的に使われていた。"*Kaiko-joko* sit at the workbenches that face the giant wheel, pulling glowing threads from their own fingers"（「蚕女工たちは巨大な糸車の前に並んだ作業台に着いて、光を放つ糸を自分の指から引き出し」

き、黙想がくり返されるのだった。

　だが、こうしたことはあっても、それはそれは華やかな、壮麗な歓楽であった。プロスペロ公の趣味は独特だった。色やその効果を見る目にプロスペロは長けていた。単なる流行の端正な美を排し、発想は大胆にして炎のごとく猛々しく、着想一つひとつが野蛮な光を放っていた。彼のことを狂人とみなす者がいても不思議はなかったであろうが、つき従う者たちはそうは感じなかった。彼が狂っていないことを確信するには、その声を聞き、姿を見、体に触れねばならなかった。

　この大いなる宴に際しても、七つの部屋の飾りつけの大半はプロスペロじきじきの指示によるものだったし、仮面を着けた者たちの姿も、あるじの趣味に導かれていた。それらがグロテスクなものであったことは言うまでもな

第4巻 p. 180, ll. 12-13)

❾ that he was not: that he was not mad. 次の行も同じ。

❿ in great part: 大部分

⓫ the movable embellishments: 移動可能な（＝作り付けでない）装飾品

⓬ upon occasion of this great *fête*: この大いなる宴（*fête*）に際して

⓭ his own guiding taste: 彼自身の、全体の指針となる（guiding）趣味

⓮ had given character to the masqueraders: 仮面舞踏会参加者たちに個性を与えていた＝彼らの仮装の性格を決めていた

⓯ Be sure ...: 〜だと確信してくれていい

❶glare and glitter and **❷**piquancy and phantasm **❸** — much of what has been since seen in "Hernani." There were **❹**arabesque figures with unsuited limbs and appointments. There were **❺**delirious fancies such as the madman fashions. There were much of the

5 beautiful, much of **❻**the wanton, much of the *bizarre*, something of the terrible, and not a little of **❼**that which might have excited disgust. To and fro in the seven chambers **❽**there stalked, in fact, a multitude of dreams. And these — the dreams — **❾**writhed in and about, **❿**taking hue from the rooms, and **⓫**causing the wild

10 music of the orchestra to seem as the echo of their steps. And, **⓬**anon, there strikes the ebony clock which stands in **⓭**the hall of the velvet. And then, for a moment, all is still, and all is silent **⓮**save

---

❶ glare and glitter: どちらの語もギラギラまぶしい光について言う。

❷ piquancy and phantasm: ピリッとした刺激と、幻想のような雰囲気

❸ —much of what has been since seen in "Hernani": 直訳は「これ以後 (since)『エルナニ』で見られてきたものの多く」。「エルナニ」は1830年初演のヴィクトル・ユゴーの戯曲だが、べつにここで述べられているようなグロテスクなものに満ちているわけではない。異質な要素の強引な組み合わせ方は、プロスペロ的と言えるかもしれないが。

❹ arabesque figures with unsuited limbs and appointments: 釣りあっていない (unsuited; おそらく作り物の) 手足 (limbs) や衣裳 (appointments) で装った奇抜な姿の (arabesque) 人々。arabesque は元来「アラビア風の」の意で、p.34, l. 14のgrotesque (こちらはイタリア語のgrotta〔洞窟〕までさかのぼる) とともに異国趣味、怪奇幻想趣味を表わす。1840年に刊行されたポー最初の短篇集も *Tales of the Grotesque and Arabesque* と題されている。

❺ delirious fancies such as the madman fashions: 狂人が作るたぐいの、譫妄に取り憑かれたような奇想。fashion(s) は動詞。

❻ the wanton: 淫乱なもの

❼ that which might have ...: 現代では what might have ... と言うのが普通。

い。けばけばしさ、まぶしさ、どぎつさ、夢と幻の趣がそこにはあふれていた。後日その多くを、我々はヴィクトル・ユゴーの戯曲『エルナニ』で目にすることになる。手足も装具も不釣りあいな、面妖な者たちの姿がそこにはあった。狂人が抱くたぐいの、譫妄にも似た奇想があった。美しいもの、淫らなもの、奇怪なものに満ち、恐ろしいものもいくぶんはあり、嫌悪を引き起こしかねぬものも少なからず見られた。七つの部屋を、無数の夢が密かに行ったり来たりしていた。そしてこれらは、これらの夢は、悶え、のたうち回り、部屋の色を帯びて、オーケストラの狂おしい音楽まで、それら夢の足音のこだまのように聞こえるのだった。そうして、やがて、ビロードの間に立つ漆黒の置時計が時を打つ。すると束の間、すべては静まり返り、時計の声以外

❽ there stalked, in fact, a multitude of dreams: in fact は、美、淫乱、怪奇、恐怖、嫌悪を催させるものが多々あったといま言ったのを受けて「実際」と言っている。stalk(ed) は「ストーカー」で日本語の一部となった。「実際、無数の夢が密かに行き来していた」とは仮装者たちに関する印象的な表現であり、そもそもこの段落全体、物語の妖しい雰囲気を高める表現に満ちている。

❾ writhe(d) in and about: 直訳は「中や周りでのたくっていた」

❿ taking hue from the rooms: 各部屋の色に染まって

⓫ causing (<cause) the wild music of the orchestra to seem as …: そのせいで、オーケストラの狂乱の音楽も、まるで〜のように思えて。cause は cause A to … （A に〜させる）の形で使われる。*Acid rain causes plants to die.*（酸性雨で植物が枯れる。『コンパスローズ英和辞典』）

⓬ anon: soon の古い言い方。

⓭ the hall of the velvet: hall は意味が広く大変厄介な語だが、ここでは大邸宅の大広間を指す。pp. 28-30 で述べられた、ビロードのつづれ織りで飾られた黒い部屋のこと。

⓮ save: 〜以外は（前置詞）

the voice of the clock. ❶The dreams are stiff-frozen as they stand. But the echoes of the chime die away — they ❷ have endured but an instant — and a light, ❸ half-subdued laughter ❹ floats after them as they depart. And now again the music ❺ swells, and the

5 dreams live, and writhe to and fro more merrily than ever, taking hue from the ❻ many-tinted windows ❼ through which stream the rays from the tripods. ❽ But to the chamber which lies most westwardly of the seven, there are now none of the maskers who venture; ❾for the night is waning away; and there flows ❿a ruddier

10 light through the blood-colored panes; and ⓫ the blackness of the sable drapery appals; and ⓬to him whose foot falls upon the sable carpet, there comes from the near clock of ebony ⓭a muffled peal ⓮more solemnly emphatic than ⓯any which reaches *their* ears who ⓰indulge in the more remote gaieties of the other apartments.

---

❶ The dreams are stiff-frozen as they stand: 直訳は「夢たちは立ったまま凍りついている」。

❷ have endured but an instant: ほんの一瞬しか続いていない。but は p. 26, ll. 3-4 の "the vision embraced but little more than one at a time" の but と同じく only の意。

❸ half-subdued: なかば押し殺した

❹ floats after them as they depart: それら（＝こだま）が消え去るとともに、それを追ってふわふわ浮かぶ

❺ swell(s): 大きくなる、盛り上がる

❻ many-tinted: 様々な色に染まった

❼ through which stream the rays from the tripods: （窓を通って）三脚台の光が流れ込んでくる

❽ But to the chamber which lies most westwardly of the seven ...: l. 9, セミコロンの前の venture がこの to につながる。venture to ... で「思いきって〜に行く」。

いっさいが沈黙する。夢たちは立ちつくし、凍りつく。だが鐘のこだまは、ほんの一瞬持続したのちに消え去り、それと入れ替わりに、軽い、抑え気味の笑い声が漂う。ふたたび音楽が膨らみ、夢たちが命を帯びて、いっそう陽気に前にうしろに悶え、三脚台から流れ込む光を通すあまたの窓の色をその身に帯びる。だが七部屋のうち最も西に位置する部屋には、仮面を着けた者たちの誰一人、いま足を運ぼうとはしない。夜も更けてきて、血の色をした窓を通って流れ込む光はいっそう赤々として、闇の色をしたカーテンの黒々しさは見るだにおぞましく、黒い絨毯に足を踏み入れる者にとって、間近に置かれた漆黒の置時計から発せられるくぐもった音は、遠くほかの部屋でお祭り騒ぎにふける者たちに届く音より、ずっと荘厳な響きをたたえていた。

❾ for the night is waning away: なぜなら夜が更けつつあるからだ。wane away は普通は月がだんだん欠けていくことを指す。

❿ a ruddier (<ruddy) light: いっそう赤みを増した光

⓫ the blackness of the sable drapery appals: 直訳は「真っ黒な壁掛け（the sable drapery）の黒さは（見る者を）ぞっとさせる（appals）」。本来目的語を必要とする他動詞の目的語を省いて、意味の広い、簡潔で印象的な表現をめざすことがある。*Time heals.*（時は癒やす）

⓬ to him whose foot falls upon ...: その足が〜を踏む者にとっては、〜に踏み込む者にとっては。このように him が関係代名詞の先行詞になるのは古風。

⓭ a muffled peal: こもった響き

⓮ more solemnly emphatic: より荘厳に（solemnly）力強く響く

⓯ any which reaches *their* ears who ...: any peal which reaches the ears of those who ... の意。

⓰ indulge in the more remote gaieties of the other apartments: 直訳は「ほかの一連の部屋での、より隔たった歓楽（gaieties）にふける」。

But these other apartments were ❶densely crowded, ❷and in them beat feverishly the heart of life. And the revel ❸went whirlingly on, until at length there ❹commenced the sounding of midnight upon the clock. And then the music ceased, as I have
5 told; and the evolutions of the waltzers were quieted; and there was ❺an uneasy cessation of all things as before. But now there were twelve strokes to be sounded by the bell of the clock; ❻and thus it happened, perhaps, that ❼more of thought crept, with more of time, into the meditations of ❽the thoughtful among those who
10 revelled. And thus too, it happened, perhaps, that before the last echoes of the last chime had ❾utterly sunk into silence, ❿there were many individuals in the crowd who had found leisure to become aware of the presence of a masked figure which had arrested the attention of no single individual before. And ⓫the rumor of this
15 new presence having ⓬spread itself whisperingly around, there

---

❶ densely crowded: 人が密集して
❷ and in them beat feverishly the heart of life: the heart of life が主語の部分（それらほかの部屋では、生命の鼓動が熱っぽく脈動していた）。
❸ went whirlingly on: 宴は渦（whirl）を巻くごとくに続いた
❹ commence(d): 始まる
❺ an uneasy cessation: 不安に満ちた中断
❻ and thus it happened, perhaps, that ...: というわけで、おそらく〜ということになったのだろう
❼ more of thought crept, with more of time: もっと時間があったので（12回鳴るので）、もっと多くの考えが忍び込んだ
❽ the thoughtful among those who revelled: 宴の客らの中でも思慮のある者たち
❾ utterly: completely
❿ there were many individuals ... no single individual before: there were

だが、それらほかの部屋では、人々がひしめきあい、どの部屋でも生の鼓動が熱く脈打っていた。歓楽はめまぐるしく続き、そしてとうとう、時計が午前零時を打ちはじめた。それとともに、すでに述べたとおり音楽は止み、ワルツの舞いも収まって、前と同じく、不安な思いとともにすべてが静止した。そしていま、時計の鐘が十二回打つ。おそらくここで、歓楽に耽る者たちの中でも比較的考え深い者たちの胸に、より長い時とともに新たな思いが忍び込んでいったのではないか。そしてまた、おそらくここで、最後の鐘の最後のこだまが静寂の中にすっかり溶け込まぬうちに、人波の中の少なからぬ者たちが、これまで誰の目も惹いていなかった、仮面をかぶった者の存在に気づくことになったのではないか。この新参者をめぐる噂が、ひそひそ声で広がっていき、やがて居合わせた人々全体から、雑音のような、ざわめき

many individuals / in the crowd / who had found leisure / to become aware / of the presence of a masked figure / which had arrested / the attention of no single individual / before と切って読む。had found leisure to ...: 〜するだけの余裕があった、落ち着いて〜することができた。had arrested the attention of no single individual before: それまでは誰の注意も引かなかった。arrest は現代英語では「〜を逮捕する」が普通だが、ここでは注意などを「引く、捉える」。

⓫ the rumor of this new presence having spread itself: Since the rumor of this new presence had spread itself ... と同じ。

⓬ spread itself whisperingly around: 直訳は「ささやくように（噂は）自らを広げていった」。

arose at length from the whole company ❶a buzz, or murmur, ❷expressive of disapprobation and surprise ❸— then, finally, of terror, of horror, and of disgust.

❹In an assembly of phantasms such as I have painted, ❺it 5 may well be supposed that no ordinary appearance could have excited ❻such sensation. In truth ❼the masquerade license of the night was nearly unlimited; but ❽the figure in question ❾had out-Heroded Herod, and ❿gone beyond the bounds of even the prince's indefinite decorum. There are ⓫chords in the hearts of 10 the most ⓬reckless ⓭which cannot be touched without emotion. Even with ⓮the utterly lost, to whom life and death are equally ⓯jests, there are matters of which no jest can be made. The whole

❶ a buzz, or murmur: 基本的には「ざわめき、呟き」だが、murmur はそれが不平の呟きだというニュアンスを帯びることも多い。without a murmur（一言も不平を言わないで。『研究社 新英和大辞典』）

❷ expressive of disapprobation and surprise: 咎め（disapprobation）と驚きを伝えて

❸ —then, finally, of terror, of horror: terror と horror の違いは明確ではないが、前者は「テロ」の語源で具体的・暴力的な恐怖、後者はいわゆる「ホラー」すなわち嫌悪感や不安感の交じった恐怖に使う傾向がある。I was terrified. と言えばとにかく「怖かった」という感じだが、I was horrified. と言えばむしろ「強い嫌悪を覚えた」の意味での「ぞっとした」。

❹ In an assembly of phantasms such as I have painted: これまで私が描写してきたような奇怪な幻の集団の中では

❺ it may well be supposed that ...: 当然〜であると考えられるはずだ

❻ such sensation: 前段落の最後で並んでいたさまざまな感情のこと。

❼ the masquerade license of the night: その夜の仮装の、勝手放題な有様 (license)

❽ the figure in question: 当該の者の姿

❾ had out-Heroded Herod: ヘロデ王も顔負けのひどさだった。『ハムレット』

のような、非難と驚きを伝える響きが発せられるに至り、ついにはそれが不安と、恐怖と、嫌悪の声に変わっていったのである。

　これまで述べてきたような幻影たちの集いであってみれば、そんじょそこらのありふれた姿では、とうていそんな反応を引き起こしえぬことは明白であろう。実際、この夜のマスカレードの放埒<ruby>放埒<rt>ほうらつ</rt></ruby>ぶりたるや、およそとどまるところを知らなかった。だが件<ruby>件<rt>くだん</rt></ruby>の者の姿は、かの残虐の王ヘロデの上を行く残虐ぶりであって、プロスペロ公の、あってなきがごとき礼儀作法の限界すら超えていた。どれほど無神経な者の心の中にも、さすがにここに触れれば胸が揺らぐという琴線があるものだ。完璧に堕落した、生も死も等しく冗談でしかないような者であっても、これはさすがに冗談にできぬという事柄があ

に出てくる有名な句。ヘロデは残虐な人物の代名詞。新約聖書に登場するキリスト生誕時のユダヤ王で、救世主が誕生したという預言を聞いて自分の地位が脅かされるのを恐れ、どこにいるかわからない幼児キリストを確実に殺すため国中の幼児を無差別に殺戮させた。

❿ gone beyond the bounds of even the prince's indefinite decorum: 直訳は「公の漠とした(indefinite= あるかどうかも定かでない)礼儀作法(decorum)の範囲 (the bounds) さえ越えていた」。

⓫ chords in the hearts: 心の琴線

⓬ reckless: 無謀な、無責任な

⓭ which cannot be touched without emotion: 触れれば感情を引き起こさずにはいない

⓮ the utterly lost: 完全に堕落した者。この lost は単に「途方にくれた」程度の意味ではなく、道徳的に「堕落した」。

⓯ jest(s): 冗談

company, indeed, ❶seemed now deeply to feel that in the costume and ❷bearing of the stranger ❸neither wit nor propriety existed. The figure was tall and ❹gaunt, and shrouded from head to foot in ❺the habiliments of the grave. The mask which concealed ❻the
5 visage was made so nearly to resemble the countenance of ❼a stiffened corpse that ❽the closest scrutiny must have had difficulty in detecting the cheat. And yet ❾all this might have been endured, if not approved, ❿by the mad revellers around. But ⓫the mummer had gone so far as to ⓬assume the type of the Red Death. ⓭His
10 vesture was dabbled in *blood* — and ⓮his broad brow, with all the features of the face, ⓯was besprinkled with the scarlet horror.

　　When the eyes of Prince Prospero ⓰fell upon this spectral

---

❶ seemed now deeply to feel: deeply は seemed につながっているように見えるがそうではなく、feel につながっている。deeply feel に不定詞の to がはさまったと言える（現代では to deeply feel ともいうが、かつてはこのように to と動詞のあいだに余計な語が入るのは「分離不定詞」（split infinitive）といって誤用とされた）。

❷ bearing: ふるまい

❸ neither wit nor propriety existed: 理性も礼儀正しさもなかった。wit はかつては「ウィット」よりも意味が広かった。

❹ gaunt: 痩せこけた

❺ the habiliments of the grave:「死装束」、仏教で言う「経帷子（きょうかたびら）」。

❻ the visage: 容貌

❼ a stiffened corpse: 硬直した死体

❽ the closest scrutiny must have had difficulty in detecting the cheat: 直訳は「最も詳しい精査（scrutiny）でも、その偽り（the cheat= 作り物であること）を見破る（detect）のは難しかったにちがいない」。

❾ all this might have been endured, if not approved: endure は単に「許容する」だが approve はもっと積極的に「是認する」。さすがにそれはないだろうが、ということ。

るものだ。実際いまや、居合わせた者全員が、この見知らぬ者の衣服と挙動にはいかなる理性も礼儀もありはしない、そうひしひしと感じているようであった。背は高く、痩せこけ、頭から爪先まで墓の中の衣裳に包まれている。顔を隠している仮面は、すでに硬直のはじまった死体の顔そっくりに作られ、ごく仔細に吟味しても、それがまやかしだと見抜くのは困難だっただろう。とはいえこれとて、狂おしく浮かれ騒ぐ者たちによって、さすがに是認はされずとも、大目に見られたとしても不思議はない。だがこの仮装者は、よりによって、赤死病の姿に扮していた。その衣は血飛沫にまみれ、仮面の広い額はもとより、目や鼻にもすべて、あの恐ろしい紅のしるしがちりばめられていたのである。

　この幽霊のごとき姿が、あたかもその役割を十全に演じようとするかのよ

---

❿ by the mad revellers around: 周りの狂ったような（仮装の）宴客たちによって

⓫ the mummer: 本来は「無言劇の役者」。この語がくり返し使われることで、この侵入者の物言わぬ不気味さがじわじわ伝わってくる。

⓬ assume the type of the Red Death: 赤死病の典型的な姿を身にまとう。type はこのように 19 世紀にはよく「典型」「模範」の意味で使われた。*the perfect type of the English gentleman*（英国紳士の完璧な典型。『研究社新英和大辞典』）

⓭ His vesture was dabbled in *blood*: その衣（vesture）は（よりによって）血に汚れて（dabbled）いた

⓮ his broad brow, with all the features of the face: 広い額にも、その他顔のあらゆる部分にも。feature(s) は目鼻口など顔の各部分。

⓯ was besprinkled with the scarlet horror: 深紅の恐ろしいものがまき散らされて（besprinkled）いた

⓰ fell upon this spectral image: この幽霊じみた（spectral）姿に（目が）止まった

image (which with a slow and solemn movement, **❶**as if more fully to sustain its *role*, stalked to and fro among the waltzers) he **❷**was seen to be convulsed, in the first moment with a strong shudder either of terror or **❸** distaste; but, in the next, his brow reddened
5 with rage.

"**❹**Who dares?" he **❺**demanded hoarsely of the courtiers who stood near him — "who dares **❻** insult us with this blasphemous mockery? Seize him and unmask him — **❼** that we may know whom we have to hang at sunrise, **❽**from the battlements!"

10   **❾**It was in the eastern or blue chamber in which stood the Prince Prospero as he uttered these words. They rang throughout the seven rooms loudly and clearly — for the prince was a bold and **❿**robust man, and the music **⓫**had become hushed at the

---

❶ as if more fully to sustain its *role*: まるで自分の（死人という）役柄をいっそう十分支えようとするかのように。role がイタリクスになっているのは元々フランス語だから。よりフランス語らしく rôle と書かれることもある。

❷ was seen to be convulsed: ここで切らずに、すぐあとの with a strong shudder ... とつなげて読み、「強いおののきに体が震えるのが見られた」。

❸ distaste: 嫌悪

❹ Who dares ...:「～するのはいったい誰だ」の意で、強い非難のニュアンスが伴う。

❺ demanded hoarsely of the courtiers: しゃがれ声で廷臣たちに詰問した。demand は強い口調で問うこと。"'Is he hurt?' demanded the mother, wildly."（「怪我したんですか？」と母親が問いつめる。第 1 巻 p. 42, l. 4)

❻ insult us with this blasphemous mockery: このような冒瀆的な（blasphemous）悪ふざけ（mockery）で我々を侮辱する。プロスペロが他人の行為を「冒瀆」と詰るのは目くそ鼻くそを嗤うのたぐいと言ってもいいし、プロスペロが自分を神と見ていると考えてもいい。

❼ that we may know whom we have to hang: 誰を絞首刑にせねばならぬかわかるように。これまで 1 ～ 4 巻で何度も出てきている so [that] ... may/will ...（～が～するように）と同じだが、古い形なので、現代のように that が抜け

46

うに、ゆっくり重々しく、ワルツに興じる者たちのあいだを動いて回る。プロスペロ公はそれを目にとめたとたん、まずは体をぶるっと、恐怖ゆえか嫌悪ゆえか激しく震わせたが、次の瞬間、怒りに額が赤らむのを人々は目にした。

「いったい誰だ」とプロスペロ公は、そばにいた廷臣たちにしゃがれ声で問うた。「いったい誰だ、こんな罰当たりな冷やかしでもって我々を愚弄するのは？　奴を捕まえろ、仮面を剝がせ、夜明けに館の胸壁から吊されるのがどこのどいつか、見てやろうではないか！」

　この言葉を発した際、プロスペロ公は東の端の、青い部屋に立っていた。言葉は七つの部屋に大きく、はっきり響きわたった。プロスペロは豪胆で逞

る代わりに so が抜けている。

❽ from the battlements: 城の上から。battlements は p. 22 の註❺で触れたように、城の屋上にある銃眼付きの胸壁。

❾ It was in the eastern or blue chamber in which stood the Prince Prospero ...: 意味的には「東の端、すなわち青の部屋にプロスペロ公は立ち……」と明快だと思うが、文法的なことをうるさく言うと、It was in the eastern or blue chamber と述べておいて、次に in which stood the Prince Prospero ... とふたたび in を持ってくるのはおかしいと言えばおかしい。最初の in を削除して It was the eastern or blue chamber in which stood ... とするのが正しいのだろうが、まあこのままで、むしろ効果的に芝居がかった響きが生じていると言えるのかもしれない（これに較べると、次段落最初の It was in the blue room where stood the prince はほんの少し平凡に響く）。

❿ robust: 頑強な

⓫ had become hushed: 静まりかえっていた

waving of his hand.

It was in the blue room where stood the prince, with a group of pale courtiers by his side. At first, as he spoke, there was ❶a slight rushing movement of this group in the direction of the
5 intruder, who at the moment was also near at hand, and now, ❷with deliberate and stately step, made closer approach to the speaker. But ❸from a certain nameless awe ❹with which the mad assumptions of the mummer had inspired the whole party, ❺there were found none who put forth hand to seize him; so that,
10 ❻unimpeded, he passed within a yard of ❼the prince's person; and, while ❽the vast assembly, as if with one impulse, ❾shrank from the centres of the rooms to the walls, he made his way ❿uninterruptedly, but with the same solemn and ⓫measured step which had ⓬distinguished him from the first, through
15 the blue chamber to the purple — through the purple to the green — through the green to the orange — through this again

---

❶ a slight rushing movement: さっと駆け寄る（rushing）わずかな動き

❷ with deliberate and stately step: 悠然として荘厳な足取りで

❸ from a certain nameless awe: 何らかの、言葉にできない畏怖の念から。awe とは「（時に恐れのまじった）驚異と尊敬の気持ち」（『コンパスローズ英和辞典』）だが、この場合は「恐れ」がかなり多くまじっているように思える。

❹ with which the mad assumptions of the mummer had inspired the whole party: ❸で見た awe（畏怖の念）が先行詞になっていて、そういう畏怖を、仮装者（the mummer）の狂った装い（the mad assumptions）が居合わせた一同（the whole party）の胸に引き起こした（inspired）、ということ。

❺ there were found none who put forth hand: 手を出す（put forth）者は一人も見当たらなかった

❻ unimpeded: 誰にも邪魔されずに

❼ the prince's person: 公の体、公自身。person は少し古い英語では「体、身体」

しい男だったからであり、音楽も彼が手を一振りして止んでいたからである。

　青い部屋にプロスペロは、蒼ざめた顔の廷臣の一団を従えて立っている。はじめ、彼が口を開くとともに、この一団がわずかに、侵入者の方へ駆け寄ろうとする動きが見られた。この瞬間、侵入者もやはり近くにいて、ゆったりと堂々たる歩みとともにプロスペロ公に近づきつつあったのである。だが、この仮装者の狂った不遜ぶりが、彼ら皆の胸に、ある種名状しがたい畏怖の念を呼びさまし、結局、彼を捕らえようと手を出した者は一人もなかった。侵入者は、妨げられることなく、プロスペロ公その人まで三歩というところまで迫った。そして、集まった大勢の者たちが、あたかも同じひとつの衝動に駆られたかのように、それぞれの部屋の真ん中から壁際へと引っ込んでいくなか、侵入者は何の邪魔もなく、はじめから際立っていた厳かで落着き払った歩みとともに、青い部屋を抜け紫の部屋へ、紫を抜け緑へ、緑を抜け橙へ、

の意にもなる。*if there is the remotest danger to his person*（彼の身にわずかの危険でもあるのならば。『研究社 新英和大辞典』）

　in personという形ではいまでも使われる。*He had better go in person.*（本人が行ったほうがよい。『リーダーズ英和辞典』）

❽ the vast assembly: その場にいた大勢の人々

❾ shrank <shrink: ひるむ、後ずさりする

❿ uninterruptedly: 遮られることなく（without being interrupted）

⓫ measured: ゆっくりと落ち着いた

⓬ distinguish(ed): 〜を際立たせる、特徴づける。distinguish A from B（AとBを区別する）の形でよく使われるが、この直後の from the first は単に「最初から」。

to the white — and ❶even thence to the violet, ❷ere a decided movement had been made to ❸arrest him. It was then, however, that the Prince Prospero, ❹maddening with rage and the shame of ❺his own momentary cowardice, rushed hurriedly through the

5 six chambers, while none followed him on account of a deadly terror that had ❻seized upon all. He ❼bore aloft a drawn dagger, and had approached, ❽in rapid impetuosity, to within three or four feet of the retreating figure, when ❾the latter, ❿having attained the extremity of the velvet apartment, turned suddenly

10 and confronted his pursuer. There was a sharp cry — and the dagger dropped ⓫gleaming upon the sable carpet, upon which, instantly afterwards, ⓬fell prostrate in death the Prince Prospero. Then, ⓭summoning the wild courage of despair, ⓮a throng of the revellers at once threw themselves into the black apartment, and,

15 seizing the mummer, whose tall figure stood erect and motionless within the shadow of the ebony clock, gasped ⓯in unutterable

---

❶ even thence: さらにそこから。thence は "from there" を意味する、現代では改まった語。

❷ ere a decided movement had been made: 断固たる（decided）行動が取られる前に、誰もそういう行動をとる間もなく。ere /éə/ は before を意味する文語。

❸ arrest: ここでも「逮捕する」より広い意味で「～を抑える、阻止する」。

❹ maddening with rage: 怒り狂って

❺ his own momentary cowardice: 自らの一瞬の臆病

❻ seized upon all: 皆を捉えた

❼ bore aloft a drawn dagger: 抜いた（drawn）短剣を高く振り上げた。bore は bear の過去形。

❽ in rapid impetuosity: 直訳は「迅速な猛烈さで」（猛然たる勢いで）

❾ the latter: 「後者」すなわち the retreating figure。

これも抜けて白へ、さらにそれも抜けて菫へ、彼を押しとどめようとする動きもないまま進んでいった。だがそのとき、憤怒に駆られ、束の間怖気づいたことを恥じたプロスペロ公が、六つの部屋を飛ぶように走り抜けた。ほかの者はみな、死のごとき恐怖の虜となって、誰一人あとに従いはしなかった。抜き身の剣をプロスペロ公が頭上高くかざしつつ、たちまちのうちに、退いていく姿の三歩内外まで迫ると、ビロードの部屋の一番奥まですでにたどり着いていた相手は突如くるっと身を翻し、追ってきた者と向きあった。鋭い叫び声が上がった――そして剣がキラッと光って闇の色の絨毯に落ち、続いてすぐ、プロスペロ公がばったりと、事切れて倒れた。それから、やけっぱちの狂おしい度胸をふるい起こして、浮かれ騒ぐ者たちの群れがいっせいに黒い部屋に飛び込み、背の高い身をぴんとのばし漆黒の時計の影の下に身じろぎもせず立っている仮装者をつかまえた。だが、その墓場の衣裳と、死体

❿ having attained the extremity: 一番奥まで来ると。attain(ed) は現代では目的などを「達成する」の意で使われることが多いが、ここでは物理的に「〜に達する」。

⓫ gleaming: gleam は前述の glare や glitter (p. 36, l. 1) よりもう少し柔らかい光を指す。

⓬ fell prostrate in death the Prince Prospero: プロスペロ公はばったりと倒れて死んだ。prostrate はうつ伏せに倒れた状態を言う。

⓭ summoning the wild courage of despair: 「絶望の荒々しい勇気」とはすなわち「やけっぱち」。

⓮ a throng: 群れ

⓯ in unutterable horror: 言葉にならぬほどの恐怖に襲われて。unutterable は unspeakable とだいたい同じ。

horror at **❶**finding the grave cerements and corpse-like mask which they handled with so violent a rudeness, untenanted by any tangible form.

❷And now was acknowledged the presence of the Red Death.
5 **❸**He had come like a thief in the night. **❹**And one by one dropped the revellers in **❺**the blood-bedewed halls of their revel, and died each in **❻** the despairing posture of his fall. And the life of the ebony clock went out with **❼** that of the last of the gay. And the flames of the tripods **❽**expired. And **❾**Darkness and Decay and the
10 Red Death **❿**held illimitable dominion over all.

---

❶ finding the grave cerements and corpse-like mask which they handled ...: mask のあとにカンマを補い、which they handled ... rudeness を挿入句的に読むとわかりやすい。切り方としては、finding / the grave cerements and corpse-like mask[,] / which they handled with so violent a rudeness, / untenanted / by any tangible form. と読み、大まかには finding ... untenanted（〜が空っぽだと知った）という内容。the grave cerements: p. 44, l. 4 の the habiliments of the grave と同じ。so violent a rudeness: such a violent rudeness（p. 30, l. 4, "so wild a look" と同じ形）。untenanted by any tangible form: 直訳は「触ってわかる（tangible）いかなる形によっても棲まれていない」。要するに「空っぽ」ということ。

　ちなみにロジャー・コーマン監督の映画版 The Masque of the Red Death (1964) では、プロスペロが仮装者と向きあった瞬間、仮装者の素顔があらわになり、その素顔はプロスペロその人の顔をしている。赤死病は人間自身である、あるいは少なくとも人間の中に巣くっているというわけで、これはこれで有効な読みである。

❷ And now was acknowledged ...: 主語の部分はこのあとの the presence of the Red Death。

❸ He had come like a thief in the night: like a thief in the night（夜盗のごとくひそかに）は新約聖書「テサロニケ前書」5 章 2 節に由来する句で、元来は最後の審判が来る様子について述べたもの。the King James Bible では

のごとき仮面をつかまえ、乱暴に揺すぶってみると、中にはいかなる姿かたちも入っていないことを人びとは見てとり、言いようのない恐怖に思わず息を呑んだ。

　そうしていま、赤死病の存在を人びとは認めた。病は夜の泥棒のように入ってきたのだった。そうして一人また一人、淫蕩にふける者たちは、血に彩られた歓楽の館の中で倒れ、それぞれ倒れた際の絶望の姿勢のまま死んでいった。そうして漆黒の時計の命は、華やぐ者たちの最後の一人の命が尽きると同時に尽きた。そうして三脚台の炎も消えた。そして闇と、崩壊と、赤い死とが、すべてをいつまでも支配した。

"For yourselves know perfectly that the day of the Lord so cometh as a thief in the night"（汝らは主の日の盗人の夜きたるが如くに来（きた）ることを、自ら詳細（つまびらか）に知ればなり——日本聖書協会文語訳）。

❹ And one by one dropped ...: 前のセンテンスも And now was ... と And で始まっていた。2センテンス続けて And で始まるだけでもかなり珍しいが、さらに……

❺ the blood-bedewed halls of their revel: 彼らが宴をくり広げた（of their revel）血に濡れた（blood-bedewed）各部屋。bedew(ed) は「露（dew）や涙で濡らす」の意。

❻ the despairing posture of his fall: 倒れた際の絶望の姿勢。ここの despair は p. 50, l. 13 のように「やけっぱち」ではなく文字どおり、これ以上はないというほどの「絶望」。

❼ that of the last of the gay: 浮かれ者たちの最後の一人のそれ（命）

❽ expire(d): 燃え尽きる

❾ Darkness and Decay and the Red Death: 父と子と聖霊に代わる死の三位一体。Decay は「腐敗」「崩壊」。

❿ held illimitable dominion over all: すべてを果てしない（illimitable=limit のない）支配下に置いた

ちなみに

　2020 年以降、新型コロナウィルスが猛威を振るうなか、この小説はにわかに「究極のアンチ＝ステイホーム小説」に見えはじめたが、そんななか、*The New York Times Magazine* が企画した *The Decameron Project* なる、人気作家たちによる現代版『デカメロン』競作において、女囚たちを描いた *The Mars Room* などの力強い長篇を書いている Rachel Kushner が、このポー短篇に言及することから自分の作品 "The Girl with the Big Red Suitcase" を書きはじめている。https://www.nytimes.com/interactive/2020/07/07/magazine/rachel-kushner-short-story.html

The Signal-Man
Charles Dickens

信号手

チャールズ・ディケンズ

難易度2
★ ★ ☆

チャールズ・ディケンズ
(Charles Dickens, 1812-1870)

　イギリスの作家。イギリス小説の黄金時代とも言うべきヴィクトリア朝に活躍した一連の作家の中でも最大の文豪と目される。*David Copperfield* (1849-50), *Bleak House* (1852-53), *Great Expectations* (1860-61), *Our Mutual Friend* (1864-65) 等々、いくつもの大作が長年読み継がれてきた。長篇は基本的にリアリズムに徹しているが、短篇では怪奇・幽霊小説も多く、中でもこの 'The Signal-Man' は傑作。元来はディケンズ自身の雑誌 *All the Year Round* の 1866 年クリスマス号に、*Mugby Junction* と題されたコレクション（4本はディケンズ自身が執筆、ほか4本は他作家）の1本として発表された。このときのタイトルは 'No. 1 Branch Line: The Signalman'。

1 **❶H**alloa! **❷**Below there!'
When he heard a voice **❸**thus calling to him, **❹**he was standing at the door of his box, with a flag in his hand, **❺**furled round its short pole. **❻**One would have thought, **❼**considering the
5 nature of the ground, that he could not have doubted **❽**from what quarter the voice came; but instead of looking up to where I stood on the top of the steep **❾**cutting nearly over his head, he **❿**turned himself about, and **⓫**looked down the Line. There was something remarkable in his manner of doing so, though **⓬**I could not have
10 said for my life what. But I know it was remarkable enough to attract my notice, even though his figure **⓭**was foreshortened and shadowed, **⓮**down in the deep trench, and mine was high above him, **⓯**so steeped in the glow of an angry sunset that **⓰**I had shaded my eyes with my hand before I saw him at all.

❶ Halloa!: おーい！
❷ Below there!: そこの下の人！
❸ thus: このように
❹ he was standing at the door of his box, with a flag in his hand: この時点ではどういう box なのか完全にはわからないが、タイトルが The Signal-Man で、旗を手に box の戸口に立っている、と言っているので、おそらく信号手の詰所なのだろうという想像はつく。
❺ furl(ed): （旗・帆などを）巻きつける
❻ One would have thought: 誰でも〜と思っただろう。現代では You would have thought と言うことも多い。
❼ considering the nature of the ground: 地形を考えれば
❽ from what quarter the voice came: その声がどの方角（quarter）から聞こえてきたのか
❾ cutting: 鉄道・道路などのための山の中の「切通し」。
❿ turned himself about: ぐるっと方向転換した、回れ右した
⓫ looked down the Line: 線路（the Line）の方を見た。down といっても第4巻 p.96, l. 1 の 'Hey, you know that old woman down the road ...?'（よぉ、

「おーい！　そこの人！」

　こう呼ぶ声を聞いたとき、男は詰所の扉のところに立って、短い竿に巻きつけた旗を手にしていた。地形を思えば、声がどこから発せられたか、迷う余地はなさそうに思えるのに、私の立っている、ほとんど彼の頭上につき出ている険しい斜面の上を見上げる代わりに、男はなぜか体を回し、線路の方を見やった。そのしぐさにはどこか目を惹くものがあったが、ではいったい何がそう思わせるのかとなると、どうにも見当がつかなかった。だがとにかく、何か目を惹くところがあったからこそ、私もそこに目が行ったのだ。深い溝の底にいる男の姿は、影に覆われ縮んで見えたし、私はといえば男よりずっと高いところにいて、さながら怒っているような日没の光にすっかり浸され、片手を額にかざしてやっと彼が見えるという程度だったのだが。

この道あっち行ったとこの婆さん知ってるかい）と同じで、高低差があるわけではなく、人の注意や中心部から離れたところにあるという意味。the Line はタイトル、box、cutting といった情報から「線路」だろうと推測できる。

⓬ I could not have said for my life what: すぐ前のsomething remarkable（何か目を惹くところ）がどういうものだったのか言おうとしても、「どうしても (for my life) 言えなかっただろう」。for my life は for the life of me とも言う。

⓭ was foreshortened and shadowed: 小さく見えたし、影になっていた

⓮ down in the deep trench: 下の深い溝の中にいて。このdownははっきり「下」の意。

⓯ so steeped in the glow of an angry sunset: 怒ったような日没の光にどっぷりと浸って。影にいる男に対して、語り手は日没の光を浴びている。glow は p. 34, ll. 7-8 の 'his conceptions glowed with barbaric lustre'（着想一つひとつが野蛮な光を放っていた）と同じで、内側から光を発している感じ。

⓰ I had shaded my eyes with my hand before I saw him at all: 直訳は「彼の姿が少しでも見えるようになる前に、まず私は額に片手を当ててひさしを作った」。第 4 巻 p. 94, l. 7 にも 'He shaded his eyes and peered in at Connie'（手を額にかざしてコニーの方を覗くように見た）とあった。

'Halloa! Below!'

From looking down the Line, he turned himself about again, and, raising his eyes, saw my figure high above him.

'Is there any **❶**path by which I can come down and speak to
5 you?'

He looked up at me without replying, and I looked down at him without **❷**pressing him too soon **❸**with a repetition of my idle question. **❹**Just then there came a vague vibration in the earth and air, quickly changing into a violent pulsation, and an oncoming
10 rush that caused me to **❺**start back, as though it had force to **❻**draw me down. When **❼** such vapour as rose to my height from this rapid train had passed me, and **❽** was skimming away over the landscape, I looked down again, and saw him **❾**refurling the flag he had shown while the train went by.

15   I repeated my **❿**inquiry. After a pause, during which he seemed to **⓫**regard me with fixed attention, he **⓬**motioned with his rolled-

---

❶ path: 「道」を表わすいろんな語の中で、踏み分け道、けもの道などを含め一番原始的な「道」を意味しうるのがこの語。

❷ press(ing): ～をせっつく、急かす

❸ with a repetition of my idle question: 怠惰な質問を繰り返すことで。idle は問いが切羽詰まったものではないということ。

❹ Just then there came a vague vibration ...: 以下、a vague vibration（漠たる震え）が a violent pulsation（激しい振動）に代わり、an oncoming rush（迫ってくる突進）が生じ……と、何かが急激に迫ってくる生々しい感覚。

❺ start back:（驚いて）飛びのく。この start は第1巻 p. 32, ll. 7-8 の 'the old man started nervously at the sound of a door banging upstairs'（二階でドアがばたんと閉まる音が響くと老人は落着かなげにぎくっとした）と同じで、「始める」ではなく「ぎょっとする」の意。

❻ draw me down: 私を引きずり下ろす

「おーい！　そこ！」

　線路の方を見ていた男は、ふたたび体を回し、目を上げて、はるか高くにいる私の姿を認めた。

「そっちまで降りていってちょっと話したいんだが、道はあるかね？」

　男は何とも答えず私の方を見上げ、私も無精な問いをすぐに繰り返しはせずに彼の方を見下ろしていた。と、漠とした震えが大地と空中に伝わってきて、それがたちまち激しい振動に代わり、ぐんぐん迫ってくるその勢いに私は思わずうしろにのけぞった。まるでそれが私を引きずり下ろす力を持っているような気がした。矢のように走る列車から発して、私のいる高さまでのぼってきた蒸気が目の前を過ぎていき、あたり一帯に散っていったあと、もう一度下を見下ろすと、汽車が過ぎていくあいだ掲げていた旗をふたたび巻いている男の姿が見えた。

　私は問いを繰り返した。男は少しのあいだ、じっと揺るがぬ注意とともに私を見据えているように思えたが、それから、巻き終えた旗で、私と同じ高

---

❼ such vapour as rose to my height: 私の高さまで上がってきた蒸気。such A as do B（B するような A）というフレーズ。*Such a movie as will interest him must be a good one.*（彼が興味をもつような映画はきっとよい映画だ。『コンパスローズ英和辞典』）

❽ was skimming away over the landscape: 風景の上をかすめて（skim）いった

❾ refurl(ing): 〜をもう一度巻く

❿ (an) inquiry: 問い

⓫ regard: 〜をじっと見る

⓬ motioned with his rolled-up flag towards ...: 巻いた旗（his rolled-up flag）で〜の方を指し示した

up flag towards **❶**a point on my level, some two or three hundred yards distant. I called down to him, 'All right!' and **❷**made for that point. There, **❸**by dint of looking **❹**closely about me, I found **❺**a rough zigzag descending path notched out, which I followed.

5 The cutting was extremely deep, and unusually **❻**precipitate. It was made through a **❼**clammy stone, that became **❽**oozier and wetter as I went down. **❾**For these reasons, I found the way long enough to give me time to recall **❿**a singular air of reluctance or compulsion with which he had pointed out the path.

10 When I came down low enough upon the zigzag descent to see him again, I saw that he was standing between **⓫**the rails on the way by which the train had lately passed, in an attitude as if he were waiting for me to appear. He had his left hand at his chin, and that left elbow rested on his right hand, crossed over his

15 breast. **⓬**His attitude was one of such expectation and watchfulness that I stopped a moment, **⓭**wondering at it.

❶ a point on my level: 私の高さの、ある一点
❷ made for that point: make for ... で「〜に向かう」。
❸ by dint of ...: 〜することによって
❹ closely: じっくりと
❺ a ... path notched out: 刻まれるようにして出来た小道
❻ precipitate: 急な
❼ clammy: 湿っぽくてひんやりした
❽ oozier <oozy: じくじくとした。clammy といいこの語といい、いかにもじめじめした感触が伝わってくる。
❾ For these reasons, I found the way long enough to give me time to ...: そういう理由で（何しろ角度が急だし、じめじめ湿って足が滑るので）、その道は〜する時間があるくらい長かった
❿ a singular air of reluctance or compulsion: 嫌々やっているような、無

さの、距離にして二、三百メートル離れたある一点の方を指した。「わかった！」と私は答えを返し、その地点に向かった。そこまで行って、あたりをじっくり見回すと、ジグザグに降りていく道が粗く刻まれているのが見えたので、それを下っていった。

切り通しの道はおそろしく深く、異様に険しかった。じとじと湿った大きな岩を切り込んで作ってあって、降りていくにつれてますますぬるぬる濡れてくる。そのせいもあって、歩いているあいだに私も、道を指した際に彼が漂わせた、気の進まぬような、やむをえずやっているような様子を思い起こすだけの余裕を持つことになった。

ジグザグに下る道を、男の姿がふたたび見えるあたりまで降りていくと、列車がさっき通っていった線路の真ん中に、いかにも私が現われるのを待っているような風情で男は立っていた。左手を顎に当て、その肱は胸の前を横切っている右手で支えられている。さも油断なく待ち受けているその佇まいに気圧されて、私は一瞬ハッと立ちどまった。

理してやっているような奇妙な（singular）様子。reluctance: 不承不承。compulsion: 無理強い、強制
⓫ the rails on the way by which the train had lately passed: 字義どおりに読めば「汽車がさっき通っていった道に敷かれた線路」。
⓬ His attitude was one of such expectation and watchfulness that …: 彼の姿勢は何とも大きな期待（expectation）と用心深さ（watchfulness）のそれだったので〜
⓭ wondering at it: それに（そんな彼の姿勢に）驚いて

I ❶resumed my downward way, and stepping out upon the level of the railroad, and drawing nearer to him, saw that he was a ❷dark sallow man, with a dark beard and ❸rather heavy eyebrows. ❹His post was in ❺as solitary and dismal a place as ever I saw. ❻On
5 either side, ❼a dripping-wet wall of jagged stone, ❽excluding all view but a strip of sky; ❾the perspective one way only ❿a crooked prolongation of this great dungeon; the shorter perspective in the other direction ⓫terminating in ⓬a gloomy red light, and the gloomier entrance to a black tunnel, ⓭in whose massive
10 architecture there was ⓮a barbarous, depressing, and forbidding air. ⓯So little sunlight ever found its way to this spot, that it had ⓰an

❶ resumed my downward way: 下っていく歩みを再開した
❷ dark: dark は髪のことを言っているのか肌のことを言っているのか迷うことが多いが、ここは次に sallow（血色が悪い）とあり、そのあとは a dark beard and rather heavy eyebrows と毛の話をしていることから考えて肌（特に顔）の方か。
❸ rather: イギリス英語では「かなり、相当」、more than a little というニュアンス。
❹ His post: 彼の持ち場
❺ as solitary and dismal a place as ever I saw: 今まで見たことがないくらい孤立して（solitary）陰鬱として（dismal）いる。気持ちとしては Such a solitary and dismal place! ということだが、as ... as の ... 部分にはまず形容詞や副詞が来ないといけないので、solitary and dismal がまず置かれている。*He was too good a man for such a job.*（そんな仕事にはもったいない人物だった）などと同じ。as ever I saw は現代なら as I had ever seen と言うのが普通。
❻ On either side: 両側とも。以下、l. 9 の tunnel まで情景を簡潔に描写すべく動詞はすべて省かれている。
❼ a dripping-wet wall of jagged stone: ぎざぎざの岩（jagged stone）で出来た、水がぽたぽた滴る（dripping）ほど湿った壁
❽ excluding all view but a strip of sky: 一筋の空（a strip of sky）以外はすべての視界を締め出し（excluding）。but は「～を除いて」で、第 4 巻 p. 98,

　坂道をさらに下っていき、線路の高さに降り立って、近くまで来てみると、相手は浅黒い、血色の悪い人物で、黒っぽい顎ひげを生やし、眉も相当濃かった。ここまで辺鄙（へんぴ）な、荒涼とした仕事場は見たことがない。左も右も、井戸のように切り立つぎざぎざの岩は水が滴る（したた）ほど湿り、視界をほぼ完全に遮って（さえぎ）いて、細いひと筋の空が見えるばかり。一方を見通せば、この大いなる土牢がところどころ曲がりながらどこまでも延びている。もう一方の見通しはもう少し短く、陰気な赤い警告灯とともに終わっていて、そこから、黒いトンネルがいっそう陰気な口を開けている。トンネルのどっしりした造りには優雅さのかけらもなく、気の滅入る、人を寄せつけぬ気配が漂っている。日の光もここまでたどり着くのはごくわずかで、光すら土臭い、禍々しい（まがまが）匂い

II. 6-7 の 'she could do nothing but listen to it'（その音を聞くだけで精一杯だった）と同じ。

❾ the perspective one way only …: 一方の（one way）眺めは〜だけで。perspective はある地点から見た「眺め」「展望」。このあと p. 116, l. 12 では a perspective-glass（望遠鏡）という形で出てくる。

❿ a crooked prolongation of this great dungeon: 湿った岩に左右を囲まれているこの場所を「大いなる地下牢」（this great dungeon）と表現し、その先の風景もこの地下牢の「歪んだ延長」（a crooked prolongation）だと述べている。谷底を包むじめじめした感触や暗い閉塞感が依然強調されている。

⓫ terminating in …: 〜で終わって

⓬ a gloomy red light: 陰鬱な赤い警告灯

⓭ in whose massive architecture there was …:（そのトンネルの）どっしりした構造には〜があった

⓮ a barbarous, depressing, and forbidding air: 野蛮で、重苦しい、人を寄せつけない空気

⓯ So little sunlight ever found its way to this spot: ever はこのように、何かがめったに、あるいは絶対、起きないと言うときにごく自然に挿入され、その「めったに起きなさ」を強調する。Nothing ever happens in this town.（この町では全く何事も起こらない。『コンパスローズ英和辞典』）

⓰ an earthy, deadly smell: 土臭い、死を想わせる臭い

earthy, deadly smell; and so much cold wind rushed through it, that it struck chill to me, as if I had left the natural world.

Before he ❶stirred, ❷I was near enough to him to have touched him. Not even then removing his eyes from mine, he stepped back
5 one step, and lifted his hand.

❸ This was a lonesome post to occupy (I said), and it had ❹ riveted my attention when I looked down ❺ from up yonder. A visitor was ❻a rarity, ❼I should suppose; ❽not an unwelcome rarity, I hoped? In me, he merely saw a man who had been shut
10 up within narrow limits all his life, and who, ❾being at last set free, had ❿a newly-awakened interest in these great works. ⓫To such purpose I spoke to him; but I am ⓬far from sure of the terms I used; for, besides that I am ⓭not happy in opening any conversation, there was something in the man that ⓮daunted me.
15 He ⓯directed a most curious look towards the red light near

❶ stir(red): (かすかに) 動く、身動きする
❷ I was near enough to him to have touched him: 触ろうと思えば触れたくらい彼に近づいていた
❸ This was a lonesome post to occupy (I said), and ...: 直接話法 ('This is a lonesome post to occupy,' I said, 'and ...') と間接話法 (I said this was a lonesome post to occupy, and ...) のあいだのような書き方。18、19世紀の小説ではよく見かける。直接話法的に訳す方が妥当なことが多い。
❹ rivet(ed): (目、注意などを) 釘付けにする、引きつける
❺ from up yonder: 上のあそこから
❻ a rarity: めったにないこと、珍しいこと
❼ I should suppose: たぶん〜なのでしょうね。*I should think so.* (まあそうだと思いますよ)
❽ not an unwelcome rarity, I hoped?: ここまでは語り手が実際に男に向かって言った言葉 (をなかば間接話法的に語っている)。
❾ be(ing) ... set free: 解放される、自由の身になる

がした。冷たい風が荒々しく吹き抜けて私の体に寒気（かんき）を叩きつけ、まるで自然界の外に出てしまったような心持ちにさせられた。

　向こうが動き出す前に、私はもう、男に触（さわ）れるくらい近くに来ていた。それでもまだ男は視線を私の目からそらさぬまま、一歩うしろに下がって、片手を上げた。

　ずいぶん寂しそうな仕事場だね（と私は言った）、あそこから見下ろしたときにすぐさま目に止まったよ。人が来ることもめったにないだろうねえ。来れば迷惑ではあるまいね？　いま君が見ている私は、生涯ずっと自分の狭い世界に閉じ込められてきたのがやっと解放されて、こうした素晴らしい建造物への興味が芽生えてきた人間なのです。といったようなことを私は話したわけだが、上手く言えたかどうか、自分でもよくわからない。もともと自分から会話をはじめるのが苦手なところへ持ってきて、この男にはどこか人をひるませるところがあったのだ。

　男は何とも奇妙な表情で、トンネルの入口近くの赤い警告灯の方に目を向

⓾ a newly-awakened interest in these great works: newly-awakened は「目覚めたばかりの」。第 2 巻 p. 160, l. 9 の 'the newly available seat'（空いたばかりの席）などと同じ。these great works の works は一般に橋や道路などの土木建造物を指すが、ここでは特に、当時急速に拡張しつつあった鉄道を指すと思われる。

⓫ To such purpose: この形では purpose は「目的」ではなく「趣旨」「意味」。

⓬ far from sure of the terms I used: 自分がどういう言葉（terms）を使ったか、確信には程遠い

⓭ not happy in opening any conversation: happy はここでは「巧妙な」「うまい」という意味。*That wasn't the happiest choice of words.*（最適な言葉の選び方とは言いかねた）といった言い方は見かけるが、このように人間を主語にしてこの意味で使われることは現代ではあまりない。

⓮ daunt(ed): 〜を威圧する、たじろがせる

⓯ directed a most curious look: curious は「好奇心に満ちた」ではなく「奇妙な」。

the tunnel's mouth, and looked all about it, as if something were missing from it, and then looked at me.

That light was part of his charge? Was it not?

He answered in a low voice, — 'Don't you know it is?'

5 ❶The monstrous thought came into my mind, ❷as I perused the fixed eyes and the saturnine face, that this was a spirit, not a man. ❸I have speculated since, whether ❹there may have been infection in his mind.

❺In my turn, I stepped back. But in making the action, I 10 detected in his eyes ❻some latent fear of me. This ❼put the monstrous thought to flight.

'You look at me,' I said, ❽forcing a smile, 'as if you had ❾a dread of me.'

'I was doubtful,' he returned, 'whether I had seen you before.'

15 'Where?'

He pointed to the red light he had looked at.

---

❶ The monstrous thought: 恐ろしい考え。その内容は次行の that 以下。

❷ as I perused the fixed eyes and the saturnine face: 微動だにしない目 (the fixed eyes) と陰気な顔 (the saturnine face) とをじっと見ている (peruse) と

❸ I have speculated since ...: since は一語で since then の意。「その時以来、～ではないかと考えてきた」。p. 36, ll. 1-2 に 'much of what has been since seen in "Hernani"' の形で既出。

❹ there may have been infection in his mind:「彼の心の中に伝染 (infection) があったかもしれない」(＝私の思いが彼にも伝染したのではないか)

❺ In my turn, I stepped back: It was my turn to step back と言ってもだいたい同じ。

❻ some latent fear of me: 私に対する隠れた (latent) 恐怖心

❼ put ... to flight: ～を追い散らした

け、その光に何かが足りぬかのようにその周りをしげしげと眺めてから、私に目を向けた。

　あの警告灯も君の管轄なんだね？　そうでしょう？

　男は低い声で答えた。「決まってるじゃありませんか」

　じっと動かないその目と、むっつり暗い顔をまじまじと見ているうちに、これは人間ではなく亡霊ではないか、という途方もない思いが湧いてきた。いまにして思えば、相手の胸にも同じ思いが伝染したのではないかと思う。

　今度は私が一歩うしろに退く番だった。だがそうしながらも、私に対するひそかな恐怖を相手の目のなかに私は見てとった。それで、途方もない思いも霧散した。

「何だか、私を怖がっているような目で見るんだね」と私は、無理して笑顔を作りながら言った。

「前にもあなたを見たことがある気がしたんです」と男は答えた。

「どこで？」

　さっき見ていた赤い警告灯を男は指した。

❽ forcing a smile: 無理して笑って
❾ a dread: fear の言い替え。

'There?' I said.

❶Intently watchful of me, he replied (but without sound), 'Yes.'

'❷My good fellow, what should I do there? However, ❸be that as it may, I never was there, ❹you may swear.'

5　　❺'I think I may,' he ❻rejoined. 'Yes. I am sure I may.'

❼His manner cleared, like my own. He replied to my remarks ❽with readiness, and in well-chosen words. ❾Had he much to do there? Yes; that was to say, he had enough responsibility to ❿bear; but ⓫exactness and watchfulness were what was required of him, and of actual work — ⓬manual labour — he had ⓭next to

10 none. To change that signal, to ⓮trim those lights, and to turn this iron handle now and then, was all he had to do ⓯under that head. ⓰Regarding those many long and lonely hours ⓱of which I seemed to make so much, he could only say that ⓲the routine of his life had

---

❶ Intently watchful: じっと熱心に見て

❷ My good fellow: 語り手の方が信号手より階級が上であることはこの一言でも歴然としている。紳士同士であれば親しい間柄でしか使わない呼びかけ。

❸ be that as it may: それはとにかく、たとえそうだとしても

❹ you may swear: you can be sure とほぼ同じ。翻訳としては「誓ってもいい」(I swear) としてしまっても問題ないと思う。

❺ 'I think I may,' ... 'Yes. I am sure I may.': いずれも may の後に swear が略されている。

❻ rejoin(ed): 「答える」の意だが、ぶっきらぼうな返答について使うことが多い。'to say something in reply, especially rudely or angrily' (*Longman Dictionary of Contemporary English*)

❼ His manner cleared: 直訳は「彼の態度が晴れた」。

❽ with readiness: 進んで、快く

❾ Had he much to do there? ...: ここからふたたび会話の再現となる。直接話法に書き換えれば、'Do you have much to do here?' 'Yes; that is to say, I have ...'

「あそこで？」と私は言った。

　一心に私を見つめながら、男は「そうです」と（声には出さずに）答えた。「でも君、私があそこで何をすると言うのかね？　まあとにかく、あんなところに行ったことはないよ、誓ってもいい」

「そうでしょうね」と彼もきっぱり言った。「ええ、そうでしょうね」

　私と同様、男の物腰からも迷いがなくなって、こっちの言葉に対し進んで、丁寧に言葉を選んで答えるようになった。仕事はたくさんあるのかね？　はい、あります。つまり、責任は十分あるのです。自分に求められているのは正確さと注意深さであって、実際に体を動かす仕事はほとんど何もありません。あの信号を変えて、炎を整えて、この鉄のハンドルを時おり動かす、その程度です。何時間も一人孤独に過ごすという点をあなたはずいぶん重く見ておられるようですが、もう長年やってきて体に染みついたので、すっかり

⓾ bear:（職務や責任を）担う

⓫ exactness and watchfulness: 正確さと油断のなさ

⓬ manual labour: 肉体労働

⓭ next to none: ほとんどない、ないも同然

⓮ trim those lights: この時代、呼び鈴などには電気が使われているが（p. 70, l. 14 に 'his electric bell' とある）、信号などには依然灯油が使われていた。したがって、ランプの芯を切って整える必要がある。

⓯ under that head: この head は「題目」「項目」の意。l. 10 の actual work—manual labour の範疇では、ということ。

⓰ Regarding ...: 〜に関しては

⓱ of which I seemed to make so much: 私（語り手）が非常に重んじているように見える。make much of ... で「〜を重く見る」。

⓲ the routine of his life had shaped itself into that form: 長年の習慣（the routine of his life）でそういう形に（into that form）自然となった（shaped itself）

shaped itself into that form, and he had grown used to it. He **❶**had taught himself a language down here, — **❷**if only to know it by sight, and to have formed his own crude ideas of its pronunciation, could be called learning it. He had also worked at **❸**fractions and
5 decimals, and tried a little **❹**algebra; but he was, and had been as a boy, **❺**a poor hand at figures. Was it necessary for him **❻**when on duty always to remain in **❼**that channel of damp air, and could he never rise into the sunshine between those high stone walls? **❽**Why, that depended upon times and circumstances. Under some
10 conditions **❾**there would be less upon the Line than under others, and **❿**the same held good **⓫**as to certain hours of the day and night. In bright weather, he did choose occasions for getting a little above these lower shadows; but, **⓬**being at all times liable to be called by his electric bell, and at such times **⓭**listening for it **⓮**with redoubled

---

❶ had taught himself ...: 〜を独学した

❷ if only to ... could be called learning it: まず全体が「〜することを 'learning it' (その言語を学んだ) と呼べるなら」という形になっていることを見た上で、... の部分の意味を考えるといい。to know it by sight: 見てわかる。his own crude ideas of its pronunciation: 発音に関する自前の粗雑な観念 (crude ideas)。要するに、字を見て意味はわかるようになったが、それがどういう発音なのかは想像の域を出ないということ。

❸ fractions and decimals: 分数と小数

❹ algebra: 代数。科目名としては日本語の「算数」に近い。

❺ a poor hand at figures: 計算が苦手な人間。a dab hand (名人、上手)、an old hand (熟練者) といった形で使い、at や with を伴う。hand は *He's a dab hand at making pasta.* (彼はパスタ作りの名人だ。『ロングマン英和辞典』)

❻ when on duty always to remain: always は on duty にではなく remain につながる。p. 42, l. 12 - p. 44, l. 1 の 'The whole company, indeed, seemed now deeply to feel ...' (実際いまや、居合わせた者全員が〜ひしひ

慣れっこになってしまいました。ここで言語もひとつ独習したくらいです。まあ目で覚えただけで、発音についてはだいたいのところを勝手に想像するしかなく、そういうのを「覚えた」と言えるかどうかわかりませんが。分数や小数も勉強しましたし、代数も少々齧りましたけれども、小さいころから数字はどうも苦手です。勤務時間中はこの空気も湿った谷底を絶対に離れられないのかね、それともたまにはそこの高い石壁をのぼって日なたに出られたりするのかい？ それはまあ時と場合によりますね。状況によって列車の本数が少ないこともありますし、時間によってもやはり変わってきます。天気がよければ、たしかに折を見てこの暗い底から少しばかり上がっていったりもしますが、電気呼び鈴でいつ何時呼び出されるかわかりませんから、上に行けばいつにも増して耳を澄ましていなくちゃならんわけで、案外くつろ

しと感じているようであった）の deeply が feel につながっているのと同じ。

❼ that channel of damp air: channel は文字どおりには「川底」。

❽ Why: そうですね、いやそれは

❾ there would be less upon the Line: 列車の本数が少ないということ。

❿ the same held good <hold good: 当てはまる

⓫ as to …: に関しては。詳しく言えば、'used when you are starting to talk about something new that is connected with what you were talking about before' (何か新しい、だがこれまで話題にしていたこととつながっている事柄について話しはじめるときに使う。*Longman Dictionary of Contemporary English*)

⓬ being at all times liable to <be liable to …: （よくないことや不利なことを）しがちである

⓭ listening for it: to ではなく for なので、鳴っている音に耳を澄ますのではなく、音がしないかと耳を澄ますこと。

⓮ with redoubled anxiety: 文字どおりには「倍増した不安をもって」。

anxiety, ❶the relief was less than I would suppose.

He took me into his box, where there was a fire, a desk for ❷an official book in which he had to make certain entries, a telegraphic instrument with its dial, ❸face, and needles, and the
5 little bell of which he had spoken. ❹On my trusting that he would excuse the remark that he had been well educated, and ❺(I hoped I might say without offence), perhaps ❻educated above that station, he ❼observed that ❽instances of slight incongruity in such wise ❾would rarely be found wanting among large bodies of men;
10 that he had heard it was so in ❿workhouses, in the police force, even in ⓫that last desperate resource, the army; and that he knew it was so, more or less, ⓬in any great railway staff. He had been, when young (⓭if I could believe it, sitting in that hut, — he scarcely could), a student of ⓮natural philosophy, and had attended

---

❶ the relief was less than I would suppose: 息抜き (the relief) はあなたが お考えになるであろうほど大きくはない

❷ an official book: 公式の記入帳

❸ (a) face: 文字盤

❹ On my trusting that he would excuse the remark that ...: 「〜という私の 発言 (the remark) を彼が許してくれるだろうと当てにすると」＝〜だと言っ ても君は許してくれますよね、と私が言うと。つまり 'I trust you'll excuse ...' というようなことを語り手が言った。

❺ (I hoped I might say without offence): これも 'I hope I may say without offence' (こう言っても気を悪くはしませんよね) というようなことを言った。 without offence: 相手の感情を害さずに

❻ educated above that station: この地位以上の教育を受けている

❼ observe(d): (意見などを) 述べる

❽ instances of slight incongruity in such wise: その種の (in such wise) わずかな不調和 (slight incongruity) の例。この wise は likewise や other-

72

げないものなんです。

　男に連れられて詰所に入っていくと、暖炉と、記録帳に書き込みをするのに使う机と、電報の機械（ダイヤル、文字盤、針がある）、そしていま言っていた小さな呼び鈴があった。失礼ながら君はなかなか学があるのですね、正直言ってこの仕事には勿体ないくらいあるんじゃないですか、と私が（そう言っても気を悪くはしませんよね、と添えて）言うと、男はそれに答えて、そうした多少のずれは大きな組織ならまずどこでもふんだんに見つかるものです、と言った。救貧院、警察、さらにはあの最後の手段たる軍隊でもそうだと聞いています。鉄道会社でも大きなところはどこも似たり寄ったりです。私も若いころは、（こんな小屋にいる身で信じていただければの話ですが――私自身ほとんど信じられやしません）科学を学んでおったものでして、いろいろ講義も聞いたのですが、やがて放蕩に溺れ、せっかくの機会もみす

wise の wise と同じく、意味的には way に近い。

❾ would rarely be found wanting:「不足している（wanting）のが見出されることはめったにない」＝いくらでもある。このあたりは信号手の発言を伝えているわけだが、語彙的には語り手の言い方にある程度「翻訳」されている観もあり、このとおりの言い方を信号手がした、と限る必要はない。

❿ workhouse(s): 救貧院

⓫ that last desperate resource:「最後のやけっぱちの頼みの綱」。軍隊はしばしば、万策尽きた人にとっての最後の手段（the last resort）だと言われる。

⓬ in any great railway staff: どこの主要鉄道会社の人員でも

⓭ if I could believe it, sitting in that hut: 'if you can believe it, sitting in a hut like this' というような信号手の言葉が間接話法になっている。

⓮ natural philosophy: 自然哲学。今日でいう自然科学。

lectures; but he ❶had run wild, ❷misused his opportunities, ❸gone down, and never risen again. ❹He had no complaint to offer about that. ❺He had made his bed, and he lay upon it. It was ❻far too late to make another.

5   ❼All that I have here condensed he said in a quiet manner, with ❽his grave dark regards divided between me and the fire. He ❾threw in the word 'Sir,' from time to time, and especially when he referred to his youth, — as though to request me to understand that ❿he claimed to be nothing but what I found him. He was

10 several times interrupted by the little bell, and had to ⓫read off messages, and send replies. Once he had to ⓬stand without the door, and display a flag as a train passed, and make some verbal communication to the driver. ⓭In the discharge of his duties, ⓮I observed him to be remarkably exact and ⓯vigilant, ⓰breaking off

15 his discourse at a syllable, and remaining silent until what he had

---

❶ had run wild: 乱暴な生き方に走った

❷ misused his opportunities: 機会の使い方を誤った

❸ go(ne) down: 落ちぶれる

❹ He had no complaint to offer: 現代では I have no complaint to make の方が普通。

❺ He had made his bed, and he lay upon it: ことわざ 'As you make your bed, so you must lie on it.' (自分で寝床を用意したなら、そこに身を横たえなければならない) に基づく。「自業自得だ (と彼は言った)」

❻ far too late: まったく遅すぎる。much too late と言ってもだいたい同じ。

❼ All that I have here condensed: 「ここで私が要約したすべてを」とは、p. 68, ll. 7-8 の 'Had he much to do there?' から続いてきた会話全体を指す。

❽ his grave dark regards: 重々しい、暗いまなざし

❾ threw in ...: ～を投げ入れた、挟んだ

❿ he claimed to be nothing but what I found him: このままの言葉を遣ったわけではないだろうが、あえて直接話法に直せば、'I claim to be nothing but

みす無駄にして、落ちるところまで落ちてそれっきり二度と上がれなかったのです。まあでも、愚痴を言うつもりはありません。身から出た錆ですから。もういまさら取り返しはつきません。

　──かように私がまとめた話を、男は静かに、その重々しい暗いまなざしを私と暖炉とに均等に分けながら語ったのだった。「旦那」という言葉も時おり挟み、特に、若いころを物語る際には、自分はごらんのとおりの人間なのですと強調するかのように「旦那」も増えた。話の最中に何度か呼び鈴が鳴り、そのたびに男は話を中断してメッセージを読みとり、返答を送った。一度は詰所の外に立って、通過する列車に旗を上げ、運転士に向かって何か口頭でも通信を行なった。職務を遂行しているその姿を見る限り、きわめて几帳面で注意深い。単語の途中であっても話をやめ、任務を終えるまでは何も言わなかった。

what you find me.'（私は自分がいまあなたが見ている私でしかないと申し立てます）別に本来はもっと立派な人間なのだ、などと言い張るつもりはないということ。

❶ read off:「（計器などの）（目盛りなど）〜を読み取る」（『動詞を使いこなすための英和活用辞典』）

❷ stand without the door: without は第 1 巻 p. 12, l. 1, 'Without, the night was cold and wet' について註❶に書いたとおり、現代では outside が普通。

❸ In the discharge of his duties: 義務の遂行にあたっては

❹ I observed him to be ...: 彼が〜であることを見てとった

❺ vigilant: 警戒を怠らない、油断しない

❻ breaking off his discourse at a syllable:「ある音節で発話（discourse）を中断して（breaking off）」とは、呼び鈴が鳴ったらたとえ単語の途中でも瞬時に話すのをやめ（て職務に向かっ）た、ということ。

to do was done.

In a word, I should have ❶set this man down as one of the safest of men to be employed in ❷that capacity, ❸but for the circumstance that while he was speaking to me he twice ❹broke off with a fallen colour, turned his face towards the little bell when it did NOT ring, opened the door of the hut (which was kept shut to ❺exclude the unhealthy damp), and looked out towards the red light near the mouth of the tunnel. On both of those occasions, he came back to the fire with ❻the inexplicable air upon him ❼which I had remarked, without being able to define, when we were so far asunder.

Said I, when I rose to leave him, '❽You almost make me think that I have met with a ❾contented man.'

(❿I am afraid I must acknowledge that I said it to ⓫lead him on.)

'I believe I used to be so,' he ⓬rejoined, in the low voice in

---

❶ set this man down as one of the safest ...: set A down as B で「A を B と見なす」。

❷ that capacity: その立場、役割（信号手、ということ）

❸ but for ...: 〜を別にすれば、〜がなければ

❹ broke off with a fallen colour: 重々しい顔色（a fallen colour）で急に黙った。broke off は p. 74, ll. 14-15 の breaking off his discourse と同じ。

❺ exclude the unhealthy damp: 不健康な湿気を排除する

❻ the inexplicable air: 不可解な雰囲気

❼ which I had remarked, without being able to define, when we were so far asunder:「我々がはるか遠く離れていた（so far asunder）ときに、はっきり言葉にする（define）こともできずに私が気づいていた（had remarked）ところの」。remark は現代では「述べる」の意味になることが多く、こういう場合は notice を使う方が普通。「我々がはるか遠く離れていた(asunder)とき」

要するに、この仕事を任せるにはまさに適任と思える人物だったわけだが、そんな男にも一点だけ気になるところがあった。私と話している最中に二度、沈んだ面持ちで口を噤み、鳴ってもいない呼び鈴の方に顔を向け、体に悪い湿気が入らぬよう閉めきっている小屋の扉を開け、トンネルの入口近くの赤い警告灯の方を見やったのである。どちらの場合にも、最初ずっと上から見たときにはっきり言葉にできぬまま私が感じとっていたあの不可思議な雰囲気を漂わせて、男は暖炉の前に戻ってきた。

　そろそろ暇を告げようと立ち上がりながら、私は「君の話を聞いていると、この暮らしにほとんど満足しているんじゃないかと思えてきますね」と言ってみた。

（これが相手をけしかけるための一言だったことは、自分でも認めざるをえない。）

「前はたしかにそうだったのです」と男は、最初に口を開いたときと同じ低

とは冒頭でこの谷の上と下にいたときのこと。
❽ You almost make me think that …: 君を見ていると、ほとんど〜と思えてくる
❾ contented:（現状に）満足している。'happy and satisfied because your life is good'（*Longman Dictionary of Contemporary English*）
❿ I am afraid I must acknowledge that …: 〜であると残念ながら認めざるをえない。I am afraid がなくてもほとんど意味は変わらず、自分の発言に下心があったことを認める言葉。
⓫ lead him on: 彼を誘い込む、けしかける
⓬ rejoin(ed): p. 68, l. 5 と同じ。

which he had first spoken; 'but **❶**I am troubled, Sir, I am troubled.'

❷He would have recalled the words if he could. He had said them, however, and I **❸**took them up quickly.

'With what? What is your trouble?'

5   'It is very difficult to **❹**impart, Sir. It is very, very difficult to speak of. **❺**If ever you make me another visit, I will try to tell you.'

'But I **❻**expressly intend to make you another visit. **❼**Say, when shall it be?'

'I **❽**go off early in the morning, and I shall be on again at ten 10 to-morrow night, Sir.'

'I will come at eleven.'

He thanked me, and went out at the door with me. 'I'll show my white light, sir,' he said, in his peculiar low voice, 'till you have found the way up. When you have found it, don't call out! And 15 when you are at the top, don't call out!'

His manner seemed to **❾**make the place strike colder to me, but

---

❶ I am troubled: この 'troubled' という形だと、「トラブル」というよりは「悩み」を抱えている感じ。worried, anxious に近い。

❷ He would have recalled the words if he could: recall は「思い出す」の意で使うことが多いが、ここは日本語の「リコール」に近い。「～を取り消す、撤回する」。

❸ took them up quickly: すかさずその言葉を（相手が recall する間もなく）引き継いだ

❹ impart: ～を伝える、告げる

❺ If ever you make me ...: If you make me ... とそんなに変わらないが、「もし万一～してくれるなら」という感じに、いわば「もし」度が強まる。それで語り手も、そんなに仮定度を強める必要はないと言いたげに But（だって～）で始めている。

❻ expressly: はっきりと

い声で言った。「ですがいまは、あることに悩まされているのです、旦那。私には悩みごとがあるのです」

　できることならたったいま口にしたその言葉を撤回したいと思っている様子。だがもう手遅れである。私は間髪を容れず問いを返した。

「どんなことだね？　どんなことに悩まされているのかね？」

「大変言いづらい話なのです、旦那。大変、大変語りにくい話なのです。もしもういっぺんおいでいただければ、お話ししてみてもいいですが」

「ぜひもう一度来ることにするよ。で、いつがいいかね？」

「明日の朝早く非番になりまして、明日の夜十時にまた参ります」

「では十一時に来よう」

　男は私に礼を述べ、一緒に扉まで出てきた。「のぼる道に出られるまで、白い光を点けておきましょう」と彼はまたも妙に低い声で言った。「道が見つかっても、声を立てないでください！　そして上に着いたときも、声を立てないでください」

　その言い方で、何だかその場全体がひときわ寒々しくなった気がしたが、

❼ Say:（呼びかけで）ねえ
❽ go off: 仕事が終わる
❾ make the place strike colder to me: strike は「〜という感じを与える」。

I said no more than, '❶Very well.'

'And when you come down to-morrow night, don't call out! Let me ask you ❷a parting question. What made you cry, "Halloa! Below there!" to-night?'

5 '❸Heaven knows,' said I. 'I cried something ❹to that effect ―'

'Not to that effect, Sir. Those were the very words. I know them well.'

'❺Admit those were the very words. I said them, no doubt, because I saw you below.'

10 'For no other reason?'

'What other reason could I possibly have?'

'You had no feeling that ❻ they were conveyed to you in any supernatural way?'

'No.'

15 He wished me good night, and held up his light. I walked by the side of ❼the down Line of rails (with ❽a very disagreeable

---

❶ Very well: 「大変結構」ではなく「わかりました」の意。言い方によっては喧嘩腰になったりもするが、ここは単純に「了解」ということ。

❷ a parting question: 別れ際の質問、最後の質問

❸ Heaven knows: 神だけが知っている、知るもんか

❹ to that effect: そのような趣旨の

❺ Admit those were the very words: まさにそのとおりの言葉だったとしよう。*Admit that he is uninteresting; what does that matter?* (面白みのない奴だとしよう。だからどうなんだ? *Oxford English Dictionary*, 1904 年の用例) ここを I admit ... と直している版もあるが、オリジナルどおり Admit ... のままで意味は十分に通る。

❻ they were conveyed to you in any supernatural way: they はいま問題になっている 'Halloa! Below there!' という言葉。それが何らかの超自然的な (supernatural) 方法で語り手に伝達された (were conveyed) という可能性

私はただ「わかった」とだけ答えた。

「そして明日の夜いらしたときも、声を立てないでください。最後にひとつお訊ねします。さっきはどうして『おーい！ そこの人！』とどなられたんです？」

「さあねえ」と私は言った。「何だかそんなようなことを言った気も——」

「そんなような、じゃありません、旦那。まさにそのとおりを仰有ったんです。私にはわかるんです、覚えのある言葉ですから」

「まさにそのとおり言ったとしよう。そう言ったのは、当然、下に君が見えたからだろうね」

「ほかに理由はありませんね？」

「ほかにどんな理由がありうるというのかね？」

「何か普通でない力で、その言葉が外から伝わってきたような気はしませんでしたか？」

「いいや」

　男は別れの言葉を口にし、光を掲げてくれた。下りの線路ぞいを私は歩いていって（列車がうしろからやって来るような気がして非常に居心地が悪

はないか、信号手は疑っている。

❼ the down Line of rails: 下りの線路

❽ a very disagreeable sensation of ...: 〜という非常に不快な感覚

sensation of a train coming behind me) until I found the path. It was easier to ❶mount than to descend, and I got back to my inn ❷without any adventure.

Punctual to my appointment, I placed my foot on ❸the first
5 notch of the zigzag next night, as the distant clocks were striking eleven. He was waiting for me at the bottom, with his white light on. 'I have not called out,' I said, when we came close together; 'may I speak now?' '❹By all means, Sir.' '❺Good night, then, and ❻here's my hand.' 'Good night, Sir, and here's mine.' With that we walked
10 side by side to his box, entered it, closed the door, and sat down by the fire.

'I have made up my mind, Sir,' he began, ❼bending forward as soon as we were seated, and speaking in a tone ❽but a little above a whisper, 'that you shall not have to ask me twice what troubles
15 me. ❾I took you for some one else yesterday evening. That troubles me.'

---

❶ mount: 〜をのぼる

❷ without any adventure: この adventure は accident や trouble に近い。

❸ the first notch of the zigzag: p. 60, ll. 3-4 に 'I found a rough zigzag descending path notched out（ジグザグに降りていく道が粗く刻まれているのが見えた）とあった。

❹ By all means: ぜひどうぞ

❺ Good night: ここでは「こんばんは」。それほど多くはないが皆無ではない。 *Oxford English Dictionary* でも goodnight の項に、'As part of a customary expression of good wishes on parting (or occasionally meeting) at night or before going to bed'（夜に別れるとき——あるいは時に、出会ったとき——や、寝床に就くときに交わす挨拶の言葉）とある。

❻ here's my hand: 片手を差し出し、握手を誘っている。

❼ bending forward as soon as we were seated: いかにも腰を据えて話そう

かった）、やがてさっきの道にたどり着いた。上がるのは下るより楽だった。私は何の厄介もなく宿屋に戻った。

翌日の晩、約束の時間どおり、ジグザグの坂道に最初の一歩を踏み入れると、遠くで時計が十一時を打った。男は下で白い光を点けて私を待っていた。「声は立てなかったよ。もう喋ってもいいかね？」と私はそばまで来てから言った。「結構ですとも、旦那」。「ではごきげんよう、ひとつ握手と行こう」。「ごきげんよう、旦那、握手と行きましょう」。こうして我々は並んで詰所に歩いていき、中に入って扉を閉め、暖炉の前に座った。

「もう肚を決めました」と男は、腰を下ろしたとたんに身を乗り出し、ほとんど囁くような声で切り出した。「私が何に悩まされているのか、もう一度お訊ねいただくには及びません。私は昨日の夜、旦那を誰か別の人間と見間違えたのです。そいつに私は悩まされているのです」

としているしぐさ。
❽ but a little above a whisper: 囁き声よりほんの少し大きな声で。but は only の意で、p. 26, ll. 3-4 の 'the vision embraced but little more than one at a time'（一度にほぼ一部屋しか見えないようになっていた）で既出。
❾ I took you for some one else yesterday evening. That troubles me: こう言われれば当然聞き手は、自分を誰か他人と見間違えたという事実に相手が心乱されているのだと思う。なので次行で 'That mistake?' と語り手が訊くのはまったく自然であり、それに対する信号手の 'No. That some one else'（いえ、その他人〔に心乱されているん〕です）というのは何とも意表をつく答え。

'That mistake?'

'No. That some one else.'

'Who is it?'

'I don't know.'

5   'Like me?'

'I don't know. I never saw the face. The left arm is across the face, and the right arm is waved, — violently waved. This way.'

I followed his action with my eyes, and it was the action of an arm **❶**gesticulating, **❷**with the utmost passion and vehemence, '**❸**For
10 God's sake, clear the way!'

'One moonlight night,' said the man, 'I was sitting here, when I heard a voice cry, "Halloa! Below there!" I **❹** started up, looked from that door, and saw this Some one else standing by the red light near the tunnel, waving as I just now showed you. The voice
15 seemed **❺**hoarse with shouting, and it cried, "**❻**Look out! Look out!" And then again, "Halloa! Below there! Look out!" I caught

---

❶ gesticulating <gesticulate:「(興奮したり勢いづいたりして)しきりにジェスチャーを交える、盛んに身振り〔手まね〕を使う」(『研究社 新英和大辞典』)
❷ with the utmost passion and vehemence: この上ない熱っぽさと激しさで
❸ For God's sake, clear the way!: 頼むから道を空けてくれ！
❹ started up: この start は p. 58, ll. 9-10 の 'and an oncoming rush that caused me to start back' の start と同じで、驚いて体を急に動かすという意。
❺ hoarse with shouting: 叫んだせいでしゃがれて
❻ Look out!: 気をつけろ！

「見間違えたことにかね？」

「いいえ、その誰か別の人間にです」

「誰なのかね、それは？」

「わかりません」

「私と似ているのかね？」

「わかりません。顔は見たことがありませんから。左腕で顔を覆って、右腕を振っているのです――激しく、こんなふうに」

　男の動作を私は目で追った。それは、ひどく興奮し、必死に「どいてくれ、早く！」と伝えている腕の動きだった。

「月の出ている晩のことでした」と男は言った。「私がここに座っていると、叫び声が聞こえたのです。『おーい！　そこの人！』。ハッと飛び上がって扉から見てみると、その誰か別の人間がトンネル近くの警告灯の脇に立って、いまお見せしたように腕を振っていたのです。懸命に叫んだせいで嗄れてしまったらしい声で、『危ない！　危ない！』と叫び、それからまた『おーい！　そこの人！　危ない！』。私はランプを手に取って、赤い光を点け、その人

up my lamp, turned it on red, and ran towards the figure, calling, "What's wrong? What has happened? Where?" ❶It stood just outside the blackness of the tunnel. I advanced so close upon it that ❷I wondered at its keeping the sleeve across its eyes. I ❸ran
5 right up at it, and ❹had my hand stretched out to pull the sleeve away, ❺when it was gone.'

'Into the tunnel?' said I.

'No. I ❻ran on into the tunnel, five hundred yards. I stopped, and held my lamp above my head, and saw ❼the figures of the
10 measured distance, and saw ❽the wet stains stealing down the walls and ❾trickling through the arch. I ran out again faster than I had run in (❿for I had a mortal abhorrence of the place upon me), and ⓫I looked all round the red light with my own red light, and I went up the iron ladder to ⓬the gallery atop of it, and I came down

❶ It stood: the figure を受けているので he ではなく it で不自然ではない。the figure が人間かどうかもいまひとつ定かでない、という含みも生じて効果的。

❷ I wondered at its keeping the sleeve across its eyes: wonder at ... は「～に驚く」。このセンテンス全体、現代なら I was surprised to see that it kept the sleeve across its eyes. とでも言うところか。

❸ ran right up at it: そのすぐ近くまで駆けていった。こういう right は現代英語でも非常によく使う。たとえば第2巻 p. 84, l. 14: 'I can smell her skin, like Irish Spring soap, right next to me.' (彼女の肌の匂いが、アイリッシュ・スプリング石鹸みたいな匂いがすぐそばに感じられる)

❹ had my hand stretched out: 片手をのばした

❺ when it was gone: 前にカンマがあるので (また、内容的にも)、訳すとすれば「……したところで、それが消えた」と前から訳す。うしろから「それが消えたとき、……したところだった」と訳すのは不適。

❻ ran on into the tunnel: ran on は「走りつづけた」。

❼ the figures of the measured distance: l. 1 の the figure は「人影」「人の姿」

影の方に駆け出しながら、『どうしたんです？　何があったんです？　どこで？』と呼びかけました。人影はトンネルの闇のすぐ外に立っていました。近くまで寄っていくと、そいつが相変わらず袖で目を覆っているので私は驚いてしまいました。すぐ前まで駆けよって、袖をどかそうと手をのばしたところで、人影が消えたのです」

「トンネルのなかにかね？」と私は訊いた。

「いいえ。私はそのままトンネルのなかに入って、五百ヤード走りました。立ちどまってランプを頭上にかざしてみると、入口からの距離を書いた数字が見えたのです。湿ったしみが幾筋も壁を伝って流れ、丸い天井からもぽたぽた水が滴り落ちていました。入ってきたときよりもっと速く走って外に出て（何しろそこにいるのが嫌で嫌でたまりませんでしたから）、自分のランプの赤い光を掲げて、トンネル前の警告灯の周りを見渡し、鉄梯子を伝って

だったが、こちらの the figures は「数字」。「測定した距離を示す数字」。

❽ **the wet stains stealing down the walls:** ジメジメしたしみがそっと壁を伝って。steal は動作がひっそりしていることを指す。

❾ **trickling through the arch:** アーチ状の天井から滴り落ちて。'If liquid trickles somewhere, it flows slowly in drops or in a thin stream.'（液体が trickle するとは、しずくあるいは細い筋となってゆっくり流れること。*Long-man Dictionary of Contemporary English*）

❿ **for I had a mortal abhorrence of the place upon me:** なぜなら、その場所に対する死ぬほど嫌な気持ち（a mortal abhorrence）が湧いてきたから。upon me がなくても文は成立するし意味もそんなに変わらないが、これがあることで、嫌悪感が生々しく身に感じられたことが伝わってくる。

⓫ **I looked all round the red light with my own red light:** 一つ目の the red light はすでに何度も出てきている（直近では p. 84, ll. 13-14）トンネル入口近くにある警告灯。二つ目は l. 1、l. 9 で言及される 'my lamp'。

⓬ **the gallery atop of it:** トンネルの上にある通路

again, and ran back here. ❶I telegraphed both ways, "An alarm has been given. Is anything wrong?" The answer came back, both ways, "❷All well."'

❸Resisting the slow touch of a frozen finger tracing out my spine, ❹I showed him how that this figure must be ❺a deception of his sense of sight; and how that ❻figures, originating in disease of the delicate nerves that minister to the functions of the eye, were known to have often troubled patients, some of whom had become conscious of the nature of their affliction, and had even proved it ❼by experiments upon themselves. '❽As to an imaginary cry,' said I, '❾do but listen for a moment to the wind in this unnatural valley while we speak so low, and to ❿the wild harp it makes of the telegraph wires.'

⓫That was all very well, he returned, after we had sat listening for a while, and he ⓬ought to know something of the wind and the wires, — he who so often passed long winter nights there,

---

❶ I telegraphed both ways: 両方の駅に電報を打ったということ。

❷ All well: これはp. 80, 註❶のVery wellとは違って文字どおり「万事異常なし」。

❸ Resisting the slow touch of a frozen finger tracing out my spine: 「一本の凍った指のゆっくりした感触 (the slow touch) が、私の背骨をなぞる (tracing out my spine) のに抗いながら (Resisting)」

❹ I showed him how that this figure must be ...: 現代英語では how か that のどちらかのみ。次行の how that も同様。

❺ a deception: 欺き

❻ figures, originating in ...: figures, / originating / in disease of the delicate nerves / that minister / to the functions of the eye, / were known / to have often troubled patients, / some of whom / had become conscious / of the nature of their affliction と切って読む。「人影／起因する／繊細な神経の病に／司る／目の機能を（ここまでが主部）／知

てっぺんの通路まで行って、また降りてきて、駆け足でここに戻ってきました。上り下り両方の駅に電報を打ちました。「キケンノシラセアリ。ナニカアツタノカ？」。両方から返事が来ました——「イジヨウナシ」。

凍った一本指に背骨をゆっくり撫でられる感触に抗いながら、私は男に向かって、その人影はきっと錯覚の産物にちがいない、目の諸機能を司る繊細な神経を患っているせいで人影が見えるというのはよくある話であって、人によってはそうした症状を自覚するに至る場合もあり、実験によってそれを再現してみせたりもするのだ、と言った。「架空の叫び声については」と私は言った「こうやって二人でひそひそ話している最中、このおよそ自然とは言いがたい谷間に吹く風にしばし耳を澄ましてみたまえ。そして、風が狂おしいハープのようにかき鳴らす電線の響きにも」

仰有ることはよくわかります、と男は、二人でしばらくじっと耳を澄ました末に言った。風や電線なら、私も少しは知っています。長い冬の夜、何度も何度も、一人ここで見張りを務めてきたのですから。ですが、話はまだ終

られている／患者をしばしば悩ませてきたことを／そのうちの何人かは／自覚していた／自分の苦しみの性質を」。originate in: 〜に由来する、起因する。minister to ...: 〜を司る

❼ by experiments upon themselves: 自分自身で実験して

❽ As to: 〜に関しては。p. 71, 註⓫で解説したとおり。

❾ do but listen: but は「とにかく」という感じで、現代英語なら just listen などと言うところ。

❿ the wild harp it makes of the telegraph wires:「風（it）が電線を素材にして作る狂ったハープ」。

⓫ That was all very well: That's/It's all very well は「いかにも結構だが」と不同意を示す決まり文句で、あとに but を伴うのが普通。ここでも次の文が But で始まる。

⓬ ought to know: 知っているはずだ、知っていて当然だ

alone and watching. But ❶he would beg to remark that he had not finished.

I asked his pardon, and he slowly added these words, touching my arm, —

5 'Within six hours after ❷ the Appearance, ❸ the memorable accident on this Line happened, and within ten hours the dead and wounded were brought along through the tunnel over the spot where the figure had stood.'

❹ A disagreeable shudder crept over me, but I did my best 10 against it. ❺ It was not to be denied, I rejoined, that this was ❻ a remarkable coincidence, ❼ calculated deeply to impress his mind. But it was ❽ unquestionable that remarkable coincidences did continually occur, and they ❾must be taken into account in dealing with such a subject. Though ❿to be sure I must admit, I added 15 (for I thought I saw that he was going to ⓫bring the objection to

---

❶ he would beg to remark that he had not finished: おそらく信号手は 'I would beg to remark that I have not finished.' というようなことを言った。would beg to remark ...: 失礼ながら〜だと申し上げたい

❷ the Appearance: p. 84, l. 13 の this Some one else もそうだが、信号手が幽霊に言及するときには鍵になる言葉が大文字で始まっていることが多い。

❸ the memorable accident: ちなみにこの作品が出版される 5 年前の 1861 年、英国南東部の都市ブライトン近郊のクレイトン・トンネルで英国の鉄道史上最大規模の列車事故が起きている（死者 23 人、負傷者 176 人）。

❹ A disagreeable shudder: 不愉快な身震い

❺ It was not to be denied: 否定できない。It の内容は that 以下の this was a remarkable coincidence。譲歩の響きがある表現であり、このあとに but ... が来ることを予想させる。

❻ a remarkable coincidence: 驚くべき偶然

❼ calculated deeply to impress his mind: 彼の心にいかにも強い印象を残し

わっていないのです。

　これは失礼、と私が詫びると、男は私の腕に触れて、こうゆっくり付け足した――

「人影が現われてから六時間以内に、この路線の歴史に残る大事故が起きて、十時間以内に、死者や負傷者がトンネルの向こうから運び出されて、人影が立っていた地点を通っていったのです」

　不快な戦慄が湧き上がってきたが、私は精一杯それに抗った。たしかに驚くべき偶然だとは認める、と言葉を返した。それが君の心に強く残ったのも無理はない。しかし、驚くべき偶然というものが日夜起きていることは疑いない事実であって、こうした出来事を考える上でもそのことを勘定に入れないといけないよ。まあたしかに――と私は（いまにも男が反論しようとしているように見えたので）言い足した――常識ある人間であっても、日常をめぐるさまざまな計算を行なう際に偶然というものを軽視しがちなことは認め

そうである。calculated to ... で「～しそうな」の意。つまりこの calculated は likely に近く、「計算する・される」というような意味はない。第3巻 p. 32, ll. 6-8 に 'Your observation [...] is simply calculated to destroy this journal'（君の一言で……この新聞は破滅だ）の形で既出。

❽ unquestionable: 疑う余地がない

❾ must be taken into account: 考慮に入れないといけない

❿ to be sure I must admit ...: もちろん、～ということも認めないといけない。「～」の部分は p. 92, l. 1 の men of common sense did not ... から文末まで。

⓫ bring the objection to bear upon me: 私に反論をぶつけてくる。bring ... to bear on/upon ...:（圧力・影響などを）～に加える。*A lot of pressure was brought to bear on the president to resign.*（辞任するよう社長に大きな圧力が加えられた。『動詞を使いこなすための英和活用辞典』）

bear upon me), men of common sense **❶**did not allow much for coincidences in making the ordinary calculations of life.

He again begged to remark that he had not finished.

I again begged his pardon for **❷**being betrayed into interruptions.

'**❸**This,' he said, again laying his hand upon my arm, and **❹**glancing over his shoulder with hollow eyes, 'was just a year ago. Six or seven months passed, and I had recovered from the surprise and shock, when one morning, as the day was breaking, I, standing at that door, looked towards the red light, and saw **❺**the spectre again.' He stopped, with a fixed look at me.

'Did it cry out?'

'No. It was silent.'

'Did it wave its arm?'

'No. It **❻**leaned against the shaft of the light, with both hands before the face. Like this.'

Once more, I followed his action with my eyes. It was **❼**an

---

❶ did not allow much for coincidences in making the ordinary calcu-lations of life: allow for ... で「〜を考慮に入れる」「〜が入る余地を作る」。「日常のいろんな計算を行なう際に (in making the ordinary calculations of life) 偶然というものをあまり考慮に入れない (did not allow much)」。この calculations は p.90, l. 11 の calculated とは違い、まさに「計算」の意味。

❷ being betrayed into interruptions: 直訳は「だまされて中断・妨害 (inter-ruptions) に走ってしまった」。betrayed は話の流れ、状況につい乗せられて、という感じ。「うっかり話をさえぎってしまった」。

❸ This: 90 ページから話題にしてきた大事故のこと。

❹ glancing over his shoulder: 肩越しに見やって。全身でふり向くのではなく、首だけ回してうしろを見るということ。第 4 巻 p. 72, ll. 2-3 では 'looked over his shoulder at Ellie'（首だけうしろに回してエリーの方を見た）という形で出てきた。

ざるをえないがね。

　男はふたたび、話はまだ終わっていないのです、と言った。

　私はふたたび、つい口をはさんだことを詫びた。

「これがちょうど一年前のことです」と男は、もう一度片手を私の腕に添えて、虚ろな目でちらっとうしろをふり返りながら言った。「それから半年かそこらが過ぎ、私も驚きとショックから立ち直りました。そしてある朝、夜が明けるころ、扉のところに立って警告灯の方を見てみると、またあの亡霊が見えたのです」。男はそこで言葉を切り、私をじっと見据えた。

「そいつは声を上げたかね？」

「いいえ。何も言いませんでした」

「腕は振ったかね？」

「いいえ。警告灯の柱に寄りかかって、両手を顔の前に出していました。こんなふうに」

　今度もまた、私は男の動作を目で追った。それは喪のしぐさだった。墓石

---

❺ the spectre: 幽霊
❻ leaned against the shaft of the light: 警告灯の柱 (the shaft) に寄りかかっていた
❼ an action of mourning: 誰かの死を悼む動作

action of mourning. I have seen such an attitude in stone figures on tombs.

'❶Did you go up to it?'

'I ❷came in and sat down, partly to ❸collect my thoughts, partly
5 because ❹it had turned me faint. When I went to the door again, daylight was above, and the ghost was gone.'

'But nothing followed? ❺Nothing came of this?'

He ❻touched me on the arm with his forefinger ❼twice or thrice, giving a ❽ghastly nod each time: —

10 'That very day, as a train came out of the tunnel, I noticed, at ❾a carriage window on my side, what looked like ❿a confusion of hands and heads, and something waved. I saw it ⓫just in time to signal the driver, Stop! He ⓬shut off, and put his brake on, but the train drifted past here a hundred and fifty yards or more. I
15 ran after it, and, as I went along, heard terrible screams and cries. A beautiful young lady had died ⓭instantaneously in one of the

---

❶ Did you go up to it?: それに近寄ったかね。go up to は何かをするために近づく、という含み。*I went up to a policeman to ask directions.* (おまわりさんが立っているところへ行って道をたずねた。『動詞を使いこなすための英和活用辞典』)

❷ came in: 中へ戻った

❸ collect my thoughts: 考えをまとめる、気持ちを落着ける

❹ it had turned me faint: それを見たせいで頭がくらくらしていた。turn には時に、*His behavior turned me sick.* (彼の行動にはうんざりした。『研究社 新英和大辞典』)のように「人を~にする」の意味がある。faint は形容詞で「眩暈がして」。

❺ Nothing came of this?: ここから何の結果も生じなかったのか? come of ...: ~から結果として生じる。*I did ask a few questions, but nothing came of it.* (私はいくつか質問をしたのだが、何の成果もなかった。*Longman Dictionary of Contemporary English*)

❻ touched me on the arm with his forefinger: 'touching my arm' (p. 90,

---

に刻まれた人の姿にそういう姿勢を見たことがある。

「そいつの方に行ってみたかね？」

「小屋のなかに戻って腰を下ろしました。気持ちを落着かせたかったし、眩暈もしてきたものですから。もう一度扉まで出てみると、陽はもう昇っていて、幽霊は消えていました」

「でも、何も起きなかったのかね？　それとも何かあったのか？」

　男は人差指で私の腕に二度か三度触れ、そのたびに何とも不気味に首を縦に振った。

「まさにその日、トンネルから列車が出てきたところで、ある客車のこちら側の窓に、いくつもの手や頭がこんがらがっているのが見えて、何かが振られました。止まれ！　と運転士に合図するのにぎりぎりのタイミングでした。運転士はエンジンを止めてブレーキをかけましたが、列車はここを抜けてそのまま一五〇ヤードばかり滑っていきました。あとを追うと、走っているさなかに、恐ろしい悲鳴や叫び声が聞こえてきました。あるコンパートメント

ll. 3-4)、'laying his hand upon my arm' (p. 92, l. 5) とあるように、信号手は亡霊の話をするときには必ず語り手の腕に触れている。

❼ twice or thrice: two or three times

❽ ghastly: ぞっとするような。*Oxford English Dictionary* の 'Suggestive of the kind of horror evoked by the sight of death or carnage'（死や殺戮の光景が引き起こすたぐいの恐ろしさを示唆する）という説明がつねに文字どおり当てはまるわけではないが、この語が類語（terrible, frightful など）とどう違うかは的確に言い表わされている。

❾ a carriage window: 客車の窓

❿ a confusion of hands and heads: いくつもの手や頭から成る混沌。手や頭が入り乱れているさま。

⓫ just in time to ...: 〜するのにぎりぎり（just）間に合って

⓬ shut off:（エンジンなどを）止めた

⓭ instantaneously: 即座に

compartments, and was brought in here, and laid down on this floor between us.'

❶Involuntarily I pushed my chair back, as ❷I looked from the boards at which he pointed to himself.

5 'True, Sir. True. ❸Precisely as it happened, so I tell it you.'

I could think of nothing to say, ❹to any purpose, and my mouth was very dry. The wind and the wires ❺took up the story with ❻a long lamenting wail.

He ❼resumed. 'Now, Sir, ❽mark this, and judge how my mind 10 is troubled. The spectre came back a week ago. ❾Ever since, it has been there, ❿now and again, ⓫by fits and starts.'

'At the light?'

'At the Danger-light.'

'What does it seem to do?'

15 He repeated, ⓬if possible with increased passion and

---

❶ Involuntarily: 思わず

❷ I looked from the boards ...: I looked / from the boards at which he pointed / to himself と切って読む。him ではなく himself となっているのは、「彼が指した床板から、指した本人に目を移した」ということ。

❸ Precisely as it happened, so I tell it you: 起きたとおりに、そっくりお話ししています。as と so が呼応している。*As rust eats (into) iron, so care eats (at) the heart.*（錆が鉄をむしばむと同じように心労は心をむしばむ。『研究社　新英和中辞典』）'So I tell it you.' は現代では 'So I tell it to you.'

❹ to any purpose: 何らかの役に立つような。この purpose は「効果」の意。*I tried several times but to no purpose.*（何度か試みたが全くむだだった。『コンパスローズ英和辞典』）

❺ took up the story: 物語を引き継いだ

❻ a long lamenting wail: 長々と続く嘆きの声。wail は第 1 巻 'The Monkey's Paw' の結末でも母親の痛ましい叫びを表わすのに使われていた。p. 62, ll. 14-15: 'a long loud wail of disappointment and misery'（長い、けたたましい、

で、若く美しい女性が一瞬にして息絶えたのです。この小屋に運び込まれて、まさにここの、旦那と私のあいだの床に横たえられました」

　私は思わず椅子をうしろに押し、男が指さした床板から男本人に目を移した。

「本当です、旦那。本当なんです。起きたことをそのままお話ししているのです」

　私は何も言うことが思いつかなかった。口がからからに渇いていた。風と電線が、話を引き継ぐかのように長い慟哭（どうこく）の叫びを上げた。

　男はふたたび口を開いた。「お聞きください、お聞きになって、私の心がどれほど苛（さいな）まれているかご判断ください。つまり——亡霊が一週間前に戻ってきたのです。以来ずっと、切れぎれに何度もあそこに現われているのです」

「あの光のところに？」

「ええ、あの警告灯のところに」

「何をしている様子なのかね？」

　男はもう一度、さっきよりいっそう激しい興奮と必死さで、「どいてくれ、

失意と悲嘆の叫び声）
❼ resume(d): 再開する。p. 62, l. 1 に 'I resumed my downward way' の形で既出。
❽ mark this: 注意して聞いてください
❾ Ever since: それからというものずっと
❿ now and again: 時おり。now and then とほぼ同じとされるが、個人的には now and again の方がほんの少し頻度が高い気がする。たとえばここの now and again を now and then に変えてしまうと、「亡霊が何度も戻ってくるのです」という信号手の訴えの切実さがほんの少し薄れる気がする。
⓫ by fits and starts: 断続的に、時々思い出したように。成句。
⓬ if possible with increased passion and vehemence: 直訳は「可能なら、よりいっそうの熱っぽさと激しさで」。p. 84, l. 9 ですでに男は 'with the utmost passion and vehemence'（この上ない熱っぽさと激しさで）という具合に、最初の列車事故が起きる前に見た人影のしぐさを熱演してみせているわけで、それ以上の熱っぽさ、激しさなどありえないように思えるのだが、という含み。

vehemence, ❶that former gesticulation of, 'For God's sake, clear the way!'

Then he went on. 'I have no peace or rest for it. It calls to me, ❷for many minutes together, in an ❸agonised manner, "Below
5 there! Look out! Look out!" It stands waving to me. It rings my little bell—'

❹I caught at that. 'Did it ring your bell yesterday evening when I was here, and you went to the door?'

'Twice.'

10 '❺Why, see,' said I, 'how your imagination ❻misleads you. My eyes were on the bell, and my ears were open to the bell, and ❼if I am a living man, it did NOT ring at those times. No, nor at any other time, except when it was rung ❽in the natural course of physical things by the station communicating with you.'

15 He shook his head. '❾I have never made a mistake as to that yet, Sir. I have never confused ❿the spectre's ring with the man's.

---

❶ that former gesticulation of 'For God's sake, clear the way!': p. 84, ll. 6-7 で男が自ら説明したしぐさ 'The left arm is across the face, and the right arm is waved,—violently waved' のこと。

❷ for many minutes together: この together は「連続して、ぶっ続けに」の意。

❸ agonised: 苦悩に満ちた

❹ I caught at that <catch at ...: （機会・提案などに）飛びつく

❺ Why, see: ほらごらん

❻ mislead(s): 〜を惑わせる

❼ if I am a living man: 直訳は「私が生身の人間であるなら」。このように、確実なことをあえて仮定的に言って、何かを強く断定することがある。If I am a living man, I'll be home tonight.（何としても絶対今夜帰ってくるよ）

❽ in the natural course of physical things:「物理的な物の自然の流れの中で」＝物理的に自然な成り行きで

早く！」のしぐさを繰り返した。

　そして彼は話を続けた。「一瞬たりとも心が安らぎません。何分もずっと、そいつは私に呼びかけるのです、苦悶に満ちた様子で、『そこの人！　危ない！　危ない！』と。立って私に手を振るのです。そして呼び鈴を鳴らし──」

　その一言に私は飛びついた。「昨日の夜、私がここにいたときにもそいつは呼び鈴を鳴らして、君はそのたびに扉の方へ行ったかね？」

「はい、二度」

「ほうらね」と私は言った。「やっぱり君の想像のせいさ。私の目は呼び鈴に向いていたし、耳も呼び鈴に向かって開いていた。そして、この命に誓って言うが、二度とも呼び鈴は鳴らなかった。そうとも、ほかの場合も同じさ、駅から通信が来て物理の法則どおりに鳴ったとき以外は全部気のせいなのさ」

　男は首を横に振った。「旦那、私はそういうことを間違えたりはしません。亡霊が鳴らしたのと、人間が鳴らしたのを混同したことは一度もありません。

❾ I have never made a mistake as to that yet: それについては（as to that）まだ間違えたことが一度もない。今後は間違えるかもしれないが、という含みはなく、そういうことで間違ったりは絶対しない、という自信を感じさせる言い方。

❿ the spectre's ring: 亡霊が鳴らした音

The ghost's ring is ❶a strange vibration in the bell that it derives from nothing else, and ❷I have not asserted that ❸the bell stirs to the eye. I don't wonder that ❹you failed to hear it. But *I* heard it.'

'And did the spectre seem to be there, ❺when you looked out?'

5   '❻It WAS there.'

'Both times?'

He repeated firmly: 'Both times.'

'Will you come to the door with me, and look for it now?'

He ❼bit his under lip as though he were somewhat unwilling, 10 but arose. I opened the door, and stood on ❽ the step, while he stood in the doorway. ❾There was the Danger-light. There was the dismal mouth of the tunnel. There were the high, wet stone walls of the cutting. There were the stars above them.

'Do you see it?' I asked him, ❿taking particular note of his face. 15 ⓫His eyes were prominent and strained, but ⓬not very much more so, perhaps, than my own had been when I had directed them

---

❶ a strange vibration ... it derives from nothing else: it は the spectre。「亡霊が他の何から引き出すのでもない（まさに自分自身から引き出す）不思議な振動」。

❷ I have not asserted that ...: assert は「〜と断言する、主張する」。

❸ the bell stirs to the eye: 見た目に呼び鈴が動く＝呼び鈴の動きが目で確認できる

❹ you failed to hear it: p.28 の註❹で述べたとおり、failed に「失敗した」というニュアンスはない。failed to hear it で単に「聞こえなかった」。

❺ when you looked out: この looked out は何度か出ている 'Look out!'（気をつけろ）とは違い、文字どおり「外を見た」。

❻ It WAS there: 語り手の did the spectre *seem to* be there ...? という言い方に反発しているので was が強調されている。

❼ bit his under lip:『しぐさの英語表現辞典』の bite one's lip(s) の項には、「唇（主

亡霊が鳴らすときは、まさに亡霊そのものから伝わってくる奇妙な振動なのです。それに、呼び鈴が動いているのが目に見えるなどとも言っておりません。旦那にそれが聞こえなかったのも無理はありません。ですが私には聞こえたのです」

「で、外を見たら亡霊がいるように思えたのかね？」

「いたんです」

「二度とも？」

　男はきっぱり私の言葉を繰り返した──「二度とも」

「いま私と一緒に行って、見てみてくれるかね？」

　いささか気が進まぬ様子で男は下唇を噛んだが、結局立ち上がった。私は扉を開けて踏み段に立ち、男は戸口に立った。警告灯が見えた。トンネルの陰鬱な入口が見えた。切り通しの湿った岩壁が高くそびえていた。その上に星が出ていた。

「見えるかね？」と私は、男の顔にとりわけ注意を払いながら訊いた。目が飛び出し、張りつめた表情が浮かんでいたが、たぶん私が同じ地点をじっく

として下唇）をかむ〘不快・困惑・立腹などを抑制するときの口もと〙」とある。

❽ the step: （戸口の）上がり段

❾ There was the Danger-light: ここから There で始まる簡潔なセンテンスが4つ続き、語り手の目のすばやい動きを伝えている。

❿ taking particular note of his face: 彼の顔にとりわけ注意して。take note of ...: 〜に注目する

⓫ His eyes were prominent and strained: 目が飛び出し、緊張していた

⓬ not very much more so, perhaps, than my own had been: 私自身の目（my own）もきっと大して変わらぬくらい so (=prominent and strained) であっただろう、ということ。

earnestly towards the same spot.

'No,' he answered, 'It is not there.'

'❶Agreed,' said I.

We went in again, shut the door, and resumed our seats. I was
thinking ❷how best to improve this advantage, ❸if it might be
called one, when he took up the conversation ❹in such a matter-of-
course way, ❺so assuming that there could be no serious question
of fact between us, that I felt myself ❻placed in the weakest of
positions.

'By this time you will fully understand, Sir,' he said, 'that what
troubles me so dreadfully is the question, What does the spectre
mean?'

I was not sure, I told him, that I did fully understand.

'❼What is its warning against?' he said, ❽ruminating, with his
eyes on the fire, and only ❾by times turning them on me. 'What is
the danger? Where is the danger? There is danger ❿overhanging

---

❶ Agreed: 賛成、承知した

❷ how best to improve this advantage: この有利な立場 (advantage= 外に
亡霊の姿がなかったこと) をどうやって最大限に利用する (best to improve)
か

❸ if it might be called one: そう (advantage と) 呼んでもよいとすれば＝本
当に advantage かどうかも定かでないが

❹ in such a matter-of-course way: しごく当たり前のような様子で

❺ so assuming that ...: この so は次の行の that I felt myself ... につながる
(assuming のすぐ次の that にではなく)。「(彼が) いかにも～だと決めたよう
な態度を取る (assuming) ものだから……私は自分が～だと感じた」。

❻ placed in the weakest of positions: 最も弱い立場に置かれて。二人しかい
ないので the weakest は the weaker と言っても同じ。

❼ What is its warning against?: その警告は何に対する警告なのでしょう？

り見やったときの目だってさして変わりはしなかっただろう。

「いいえ、見えません」と男は答えた。

「そのとおり」と私は言った。

　我々は詰所のなかに戻って、扉を閉め、ふたたび腰を下ろした。いまの好結果——と呼べるかどうかもよくわからなかったが——をどう活用したものかとこっちが思案していると、男がさも当然のように、我々のあいだで事実をめぐる疑いなどありえぬかのような口調で話を続けたものだから、私の方が弱い立場に置かれた気にさせられてしまった。

「これでもうおわかりいただけたでしょう、旦那」と彼は言った。「私をひどく悩ませているのが、『亡霊は何を言おうとしているのか？』という問いであることが」

　どういうことかね、よくわからないね、と私は答えた。

「あれは何の警告なのか？」と男は思いに沈みながら言って、目を暖炉に据え、私のことは時おり、思い出したように見るだけだった。「どんな危険なのか？　危険はどこにあるのか？　路線のどこかに危険が差し迫っている。

❽ ruminating ＜ruminate: 熟考する
❾ by times: 時々。at times の方が普通。
❿ overhang(ing):（覆いかぶさるように）垂れ下がる

103

somewhere on the Line. **❶**Some dreadful calamity will happen. It is not to be doubted this third time, **❷**after what has gone before. But surely this is **❸**a cruel haunting of *me*. What can *I* do?'

He pulled out his handkerchief, and wiped the drops from his
5   heated forehead.

'If I **❹**telegraph Danger on either side of me, or on both, I can give no reason for it,' he went on, wiping the palms of his hands. 'I should get into trouble, and do no good. They would think I was mad. **❺**This is the way it would work, — Message: "Danger! Take
10 care!" Answer: "What Danger? Where?" Message: "Don't know. But, for God's sake, take care!" They would **❻**displace me. **❼**What else could they do?'

His **❽**pain of mind was most **❾**pitiable to see. It was the mental torture of a **❿**conscientious man, **⓫**oppressed beyond endurance by
15 **⓬**an unintelligible responsibility involving life.

'When it first stood under the Danger-light,' he went on,

---

❶ Some dreadful calamity: 何らかのひどい災難、大惨事
❷ after what has gone before: これまでに起きたことのあとでは、起きたこと を思えば
❸ a cruel haunting: 残酷な取り憑き方。haunt は pp. 7-18 の Virginia Woolf 短篇のタイトル（'A Haunted House'）で既出。
❹ telegraph Danger on either side of me: 左右どちらか（の駅）に＜危険＞ と電報を打つ
❺ This is the way it would work: こんなふうに（以下のように）事が運ぶでしょ う
❻ displace: ～を解雇する
❼ What else could they do?: 彼らにほかに何ができるか＝そうするしかないで しょう
❽ pain of mind: 心痛

104

何か恐ろしい惨事が起きるんです。いままで二度あったことから見て、今回も疑いの余地はありません。ですがこんなふうに出てこられては、私には何とも酷な話です。私はどうすればいいというのです？」

　男はハンカチを取り出し、熱っぽい額に浮かぶ滴を拭った。

「上りか下りの駅に、あるいは両方に、〈キケン〉と電報を送ろうにも、理由を説明することはできません」と男は両の手のひらを拭いながら続けた。「面倒なことになるのがオチで、何の役にも立ちません。狂人扱いされるだけです。きっとこんなふうですよ。通信――『キケン！　チユウイセヨ』。返信――『ナンノキケンカ？　ドコカ？』。通信――『ワカラナイ。デモタノムカラチユウイセヨ！』。私は馘首でしょうよ。向こうだってほかにどうやりようがあります？」

　男の煩悶は見ていて何とも痛ましかった。良心的な人間が、人の生命を左右する不可解な責任を負わされ、耐えがたいほど圧迫されている。拷問と言うほかない。

「警告灯の下に初めてあれが現われたとき」と男は話を続け、黒い髪をうし

❾ pitiable: 哀れな、不憫な
❿ conscientious: 誠実な、良心的な
⓫ oppressed beyond endurance: 忍耐（endurance）の限度を超えて圧迫されて
⓬ an unintelligible responsibility involving life: 命が関わる（involving life）、訳のわからない（unintelligible）責任

putting his dark hair back from his head, and **❶**drawing his hands outward across and across his temples **❷**in an extremity of feverish distress, '**❸**why not tell me where that accident was to happen, — if it must happen? Why not tell me how it could be **❹**averted, —
5 if it could have been averted? When on its second coming it hid its face, why not tell me, instead, "She is going to die. Let them keep her at home"? **❺**If it came, on those two occasions, only to show me that its warnings were true, and so to **❻**prepare me for the third, why not warn me plainly now? And I, **❼**Lord help me! **❽**A mere
10 poor signal-man on this solitary station! Why not go to somebody **❾**with credit to be believed, and power to act?'

When I saw him in this state, I saw that **❿**for the poor man's sake, as well as for the public safety, what I had to do **⓫**for the time was to **⓬**compose his mind. Therefore, **⓭**setting aside all question
15 of reality or unreality between us, I **⓮**represented to him that

---

❶ drawing his hands outward across and across his temples: across and across（左右に何度も）というフレーズは、ディケンズが何度か他作品でも使っている。*Joe apologetically drew the back of his hand across and across his nose.*（ジョーは申し訳なさげに何度も手の甲で鼻をこすった。*Great Expectations*）

❷ in an extremity of feverish distress: 熱っぽい苦悩の極み（an extremity）に至って

❸ why not tell me: why didn't it tell me

❹ avert(ed): 〜を避ける、防ぐ

❺ If it came ... only to show me that ...: 〜ということを私に示すだけのために来たのなら

❻ prepare me for the third: 三番目（の事故）への心の準備をさせる

❼ Lord help me!: 文脈によっては日本語の「ああ！」とほとんど変わらない嘆きの表現であったりもするが、ここはまさに「神様助けてください」といったよ

ろへ撫でつけ、狂おしい苦悩を極まらせ両手で額を何度も外向けにこすった。「起きねばならぬのなら、事故が起きるとなぜ言ってくれなかったのか？ 避けられるものなら、どうやったら避けられるかなぜ言ってくれないのか？ 二度目に現われたときも顔を隠しているばかりで、なぜ言ってくれぬのか、『彼女は死ぬのだ、家から出すな』と？ 二度とも、単に警告が嘘ではないことを伝えるばかりで、三度目への心構えをさせたのだから、いっそ今度ははっきり警告してくれればいいじゃありませんか？ ああ、神よ、私を救いたまえ！ この辺鄙な信号所に据え置かれた一介の信号手たる私を！ 人に信用してもらえるだけの人望と、行動できるだけの力を持った者のところに行ってくれればいいのに！」

　男のこうした有様を見た私は、この哀れな人物のために、そして公共の安全のためにも、当面自分がなすべきは、彼の気持ちを落着かせることだと悟った。現実か非現実かといった我々二人の問題は棚上げにして、私は説いた。

うに訳しても大げさではないだろう。
❽ A mere poor signal-man: この poor は「貧しい」というより「哀れな」。ll. 12-13 の 'for the poor man's sake' の poor も同じ。
❾ with credit to be believed: 信じてもらえるような信用・名声（credit）を持った
❿ for the poor man's sake, as well as for the public safety: 哀れな男のためにも、公共の安全のためにも。信号手が錯乱して事故が起きる可能性も考慮している。
⓫ for the time: 当座、さしあたり（for the time being）
⓬ compose: 〜を落着かせる、心を和らげる
⓭ set(ting) aside ...: 〜をひとまず脇に置く
⓮ represented to him that ...: 〜だと彼に指摘した。次行からもうひとつ（that at least it was ...）、この represented からつながる that 節が始まる。

❶whoever thoroughly discharged his duty must do well, and that
❷ at least it was his comfort that he understood his duty, though
he did not understand these ❸confounding ❹Appearances. In this
effort I succeeded far better than in the attempt to ❺reason him out
5 of his conviction. He became calm; ❻the occupations incidental to
his post as the night advanced began to make larger demands on
his attention: and I left him at two in the morning. I had offered to
stay through the night, but he would not hear of it.

❼That I more than once looked back at the red light as I
10 ascended the pathway, that I did not like the red light, and that I
should have slept but poorly if my bed had been under it, I see no
reason to conceal. Nor did I like ❽the two sequences of the accident
and the dead girl. I see no reason to conceal that either.

But what ran most in my thoughts was ❾the consideration how
15 ought I to act, ❿having become the recipient of this disclosure? I

---

❶ whoever thoroughly discharged his duty must do well: whoever は
anyone who とだいたい同じ。「自分の職務を完全にやり遂げる (thoroughly
discharged) 者は、誰であれ (whoever)、立派にやっている (do well) に
ちがいない」。

❷ at least it was his comfort that ...: 少なくとも～ということは彼にとって慰
めだ

❸ confounding: 混乱させられる

❹ Appearances: p. 90, l. 5 の the Appearance と同じ意味合い。

❺ reason him out of his conviction: 論理的に説明 (reason) して、信号手の
確信 (conviction) を捨てさせる。We must talk her out of (attempting)
this foolish plan. (彼女を説得してこのばかな計画を (試みるのを) 思いとど
まらせなければならない。『コンパスローズ英和辞典』) out of を into にすれば、
逆に「説得して～させる」の意になる。We talked him into it. (みんなで説得
してそうさせた)

❻ the occupations incidental to his post: 職務に付随する (incidental) さま

任務をきちんと果たしている人間は立派に世の役に立っているはずだ、少なくとも君は、この訳のわからぬ亡霊とやらは理解できずとも自分の義務は理解しているではないか、それだけでも大きな慰めではないか、と。この説得は、男の妄信を解こうとしたときよりもずっとうまく行った。男は見るからに落着いてきた。夜も更けるにつれ、仕事もいろいろ増えて、彼としてもより職務に集中せざるをえなかった。私は午前二時に彼の許を去った。夜通しつき合うと申し出たのだが、男は頑として聞かなかったのだ。

坂道をのぼりながら自分が警告灯の方を一度ならずふり返ったこと、警告灯に嫌な感じを抱き、あんなものが頭上にあったらろくに眠れないだろうと思ったことを隠すつもりはない。そして、事故、若い女性の死という展開に嫌な感じを抱いたことも隠すつもりはない。

だが、何より私の胸にあったのは、このような話を打ち明けられた身として、自分はどうふるまうべきか？という問いであった。男が聡明で、警戒を

ざまな務め（occupations）

❼ That I more than once looked back …: いきなりいわゆる「that 節」（〜だということ）が出てきて、読者ははじめから、これはちょっと変わった文だぞ、といわば「身構える」ことになる。案の定、もう２つ that 節が続き（that I did not like …; that I should have slept …）、最後に I see no reason to conceal が出てきて、「これら３つの that 節の内容を、隠す理由が私には見あたらない」というふうにまとまる。I should have slept but poorly: 現代英語なら I would have slept (only) poorly となるか。if my bed had been under it: it は the red light。

❽ the two sequences of the accident and the dead girl: まずは事故、次は女性の死、と連続して起きた２つの出来事、ということ。

❾ the consideration how ought I to act: 私はどうふるまうべきなのかという問題

❿ having become the recipient of this disclosure: この打ち明け話（this disclosure）の受け手（the recipient）となって

had proved the man to be **❶**intelligent, vigilant, painstaking, and exact; but how long might he remain so, in his state of mind? Though in **❷**a subordinate position, **❸**still he held a most important trust, and would I (for instance) like to **❹**stake my own life on **❺**the
5 chances of his continuing to **❻**execute it with precision?

❼Unable to overcome a feeling that there would be something **❽**treacherous **❾**in my communicating what he had told me to his superiors in the Company, **❿**without first **⓫**being plain with himself and proposing **⓬**a middle course to him, I **⓭**ultimately
10 resolved to offer to accompany him (**⓮**otherwise keeping his secret **⓯**for the present) to **⓰**the wisest medical practitioner we could hear of in those parts, and to take his opinion. A change in his time of duty would come round next night, he had **⓱**apprised me, and he would **⓲**be off an hour or two after sunrise, and on again soon
15 after sunset. I had **⓳**appointed to return **⓴**accordingly.

---

❶ intelligent, vigilant, painstaking, and exact: 理知的で、油断のない（vigilant）、労を惜しまぬ（painstaking）、厳密な（exact）

❷ a subordinate position: 下位の職位

❸ still he held a most important trust: この still は「とはいえ、それでも」。trust は信頼から生じる責任、義務。

❹ stake my own life on ...: 私自身の命を〜に賭ける

❺ the chances of his ...: 彼が〜する可能性、見込み

❻ execute it with precision: それ（a most important trust）を正確に果たす

❼ Unable to overcome a feeling that ...: that 節は l. 9 の ... proposing a middle course to him まで続く。

❽ treacherous: 裏切るような、不実な

❾ in my communicating ...: if I communicated ... と言ってもほぼ同じ。communicate A to B の形になっている（A は what he had told me, B は his superiors in the Company）。

忘らぬ、勤勉で几帳面な人間であることはすでにこの目で見てきた。だがあのような精神状態では、いつまでそうしたままでいられるだろう？　地位としては高くなくとも、重い責任を担っている身である。たとえば私自身、彼がその責任を正しく履行しつづけるという方に自分の命を賭けることができようか？

　まずは本人と腹蔵なく話しあって妥当な道を探ることもせずに、男から聞いた話を鉄道会社の上司に伝えるのはどこか裏切りだという思いを私は捨てきれなかった。私は結局、この近所で一番良さそうな医者のところに一緒に行ってあげよう、意見を聞かせてもらうといい、と申し出てみることに決めた。それ以外はひとまず、この一件は秘密にしておこうと思った。男の次の勤務は翌日の夜にはじまるとさっき本人から聞いている。陽が昇ってから一、二時間で非番になって、陽が暮れてまもなくまた仕事に戻るのだ。そのころにもう一度来ると私は男に告げた。

❿ without first ...: まず〜もしないで

⓫ be(ing) plain with ...: 〜と率直に話す

⓬ a middle course: 中間の道、妥協策

⓭ ultimately: 結局

⓮ otherwise: ほかの点では

⓯ for the present: 当面。p. 106, l. 13 の for the time とだいたい同じ。

⓰ the wisest medical practitioner we could hear of: 我々が評判を聞ける（we could hear of）中で一番の医師、開業医

⓱ apprise(d): 〜に知らせる

⓲ be off an hour or two after sunrise, and on again: off は仕事が終わること、on が始まること。

⓳ appoint(ed) to ...: 〜すると約束する。現代では promise to ... の方が普通（appointment= 会う約束 の形では残っているが）。

⓴ accordingly: それに合わせて

Next evening was a lovely evening, and I ❶walked out early to enjoy it. The sun was ❷not yet quite down when I ❸traversed the field path near the top of the deep cutting. I would ❹extend my walk for an hour, I ❺said to myself, half an hour on and half an 5 hour back, and it would then be time to go to my signal-man's box.

❻Before pursuing my stroll, I stepped to the brink, and mechanically looked down, from the point from which I had first seen him. ❼I cannot describe the thrill that seized upon me when, close at the mouth of the tunnel, I saw the appearance of a man, 10 with his left sleeve across his eyes, passionately waving his right arm.

The nameless horror that ❽oppressed me passed in a moment, for in a moment I saw that this appearance of a man was a man indeed, and that there was a little group of other men, standing at 15 a short distance, to whom he ❾seemed to be rehearsing the gesture he made. The Danger-light was not yet lighted. ❿Against its shaft, a

---

❶ walked out: 出かけた。went out の方が普通。

❷ not yet quite down: まだ完全には沈んでいない

❸ traverse(d): 〜を越える、横断する

❹ extend: 〜を延長する

❺ said to myself: 独り言を言ったわけではなく、胸の内で思ったということ。「独り言を言う」の実例は第3巻 p. 152, l. 7, 'When Charley was up, I could hear him talking to himself …'（バッターボックスに立ったチャーリーが、ブツブツ独り言を言ってるのが聞こえた）など。

❻ Before pursuing my stroll: わが散歩を遂行する前に

❼ I cannot describe the thrill that seized upon me: このように thrill は、「快感」ではなく「恐怖」の戦慄を意味することもある。

❽ oppress(ed): 〜にのしかかる

❾ seemed to be rehearsing the gesture he made: さっきやったしぐさをく

　翌日の晩は何とも爽やかな晩で、私はその快さを満喫しようと早めに宿を出た。深い切り通しのてっぺん近くまでつながった山道を抜けているさなか、陽はまだ完全に沈んでいなかった。私は散歩を一時間引きのばすことにした。三十分行って、三十分で帰ってくる。そうしたらちょうどわが信号手の詰所を訪れる時間である。

　散歩をはじめる前に、縁まで歩み出て、初めて男を見た位置から、何も考えずに下を見てみた。そのとき襲われた戦慄を、どう言い表わしたらいいか私にはわからない──トンネルの入口近くに人の影が見えて、左の袖で目を覆い、懸命に右腕を振っていたのである。

　私を圧迫した名状しがたい恐怖は、次の瞬間過ぎ去った。というのも、次の瞬間私は、その人の影が、事実人であることを見てとったのである。加えて、そばに何人かの男たちが集まっていて、最初の男は皆に向かってさっきのしぐさを繰り返しているらしい。警告灯はまだ灯っていない。警告灯の柱に立てかけるようにして、昨日まではなかったちっぽけな間に合わせの小屋

り返しているようだった。rehearse は「リハーサルをする」以外に、このように「～をくり返して言う」の意にもなる。

❿ Against its shaft:（警告灯の）柱に寄りかかって

little low hut, entirely new to me, had been made of some ❶wooden supports and tarpaulin. It looked no bigger than a bed.

With an ❷irresistible sense that something was wrong, — with ❸a flashing self-reproachful fear that ❹fatal mischief had come
5 of my leaving the man there, and ❺causing no one to be sent to ❻overlook or correct what he did, — I descended the notched path with all the speed I could make.

'What is the matter?' I asked the men.

'❼Signal-man killed this morning, Sir.'

10 'Not the man belonging to that box?'

'Yes, Sir.'

'Not the man I know?'

'You will ❽recognise him, Sir, if you knew him,' said the man who ❾spoke for the others, ❿solemnly uncovering his own
15 head, and raising the end of the tarpaulin, '⓫for his face is quite composed.'

---

❶ wooden supports and tarpaulin: 木の支柱や防水シート
❷ irresistible: 抑えようのない。「抗いがたく魅力的な」の意になることが多いが、ここはそうではない。
❸ a flashing self-reproachful fear: パッと湧き上がる (flashing)、自責に満ちた恐怖
❹ fatal mischief had come of ...: 〜のせいで破滅的な害が生じた。come of は「〜の結果として起こる」の意であり、p. 94, l. 7 で 'But nothing followed? Nothing came of this?' の形で既出。
❺ causing no one to be sent: 誰を派遣させもせず
❻ overlook or correct: 〜を監督するか、是正するかする
❼ Signal-man killed: The signal-man was killed
❽ recognise: 人を見て誰だかわかったり、場所や物を見てどこ・何だかわかったりすること。第 1 巻 p. 184, l. 8 の 'There was nothing I recognised' (見

が、何本かの材木と防水布を使って作ってあった。ベッドとさして変わらぬ大きさに見えた。

　何かあったのだ、という抑えがたい思いを抱えて——私が男をあそこに一人置き去りにし、彼の行ないを監督、矯正する人間を送らなかったせいで致命的な災いが起きたのだ、という自責に満ちた恐怖が一気に湧いてきて——私は全速力で細い坂道を降りていった。

「どうしたのかね？」私は男たちに訊ねた。

「信号手がけさ事故死したんです、旦那」

「そこの詰所の男じゃないだろうね？」

「まさにその男です」

「私が知っている男じゃないだろうね？」

「ご存知なのでしたら、ごらんになればわかります」と皆を代表して答えている男は言い、重々しく自分の帽子を脱ぎながら、防水布の一端を持ち上げた。「顔は少しも歪んでおりませんから」

覚えのあるものは何ひとつなく）など本シリーズでも頻出。

❾ spoke for the others: そこにいた男たちを代表して喋っていた

❿ solemnly: 厳かに

⓫ for his face is quite composed: composed は生きている人間であれば「落着いている」といった意になるところ。p. 106, ll. 13-14 では 'what I had to do for the time was to compose his mind'（当面自分がなすべきは、彼の気持ちを落着かせることだと思った）とあった。

'O, how did this happen, how did this happen?' I asked, turning from one to another as ❶the hut closed in again.

'He ❷was cut down by an engine, Sir. No man in England knew his work better. But somehow ❸he was not clear of the outer rail. It
5 was just ❹at broad day. He had struck the light, and had the lamp in his hand. As the engine came out of the tunnel, his back was towards her, and she cut him down. That man drove her, and ❺was showing how it happened. Show the gentleman, Tom.'

The man, who wore ❻a rough dark dress, stepped back to his
10 former place at the mouth of the tunnel.

'Coming round the curve in the tunnel, Sir,' he said, 'I saw him at the end, ❼like as if I saw him down a perspective-glass. There was no time to ❽check speed, and ❾I knew him to be very careful. As he didn't seem to ❿take heed of the whistle, I shut it off ⓫when
15 we were running down upon him, and called to him as loud as I could call.'

---

❶ the hut closed in: close in は「迫ってくる」の意になることが多いが、この closed in は「閉じた」。

❷ was cut down by an engine: 機関車にはねられた

❸ he was not clear of the outer rail: 外側の線路から離れていなかった。clear of ... で危険物などから「離れて」の意。

❹ at broad day: in broad daylight（真昼間に）

❺ was showing how it happened: どうやって起きたのか、実演していたところだった

❻ a rough dark dress: 粗末な黒っぽい服。dress という語は現代ではもっぱら女性のワンピースを指し（第4巻 p.110 の註❺参照）、男性の服の意になることは珍しい。

❼ like as if I saw him down a perspective-glass: 男のことを望遠鏡で覗いているように。正しい英語としては as if があれば like は余計。逆に日常的な英

「ああ、いったい何があったんだ、何があったんだ？」と私は、布がふたたび閉じられるとともに、一人ひとりの顔を見ながら訊いた。

「機関車にはねられたのです、旦那。イングランド中、この男ほど自分の仕事を知り尽くしている者はおりませんでした。それがなぜか、外側のレールから出ていなかったのです。陽もすっかり出ていました。男は警告灯を点けて、ランプも手に持っていました。機関車がトンネルから出てきたとき、背を向けていて、機関車にはねられたのです。そこにいるのが機関車を運転していた男でして、いまも皆にそのときの様子を説明していたところです。トム、旦那にもご説明しなさい」

　粗末な黒っぽい服を着たその男は、さっきいたトンネルの入口に戻っていった。

「トンネルのカーブを曲がってきたところでした」と男は言った。「そうしたらトンネルの端にあの男が見えたんです、ちょうど望遠鏡で覗いたみたいな按配に。速度を落とす時間はもうありませんでしたし、あの男が実に注意深い人間だということは承知しておりました。ところが、警笛を鳴らしてもまるで耳に入っていない様子なので、どんどん迫っていくなかで警笛を止め、精一杯の大声で呼びかけたんです」

語では as if の代わりに like を使い、like I saw him … となることも多い。

❽ check speed: スピードを落とす

❾ I knew him to be very careful: 現代では I knew he was very careful の方が普通。

❿ take heed of ...: 〜を気に留める

⓫ when we were running down upon him: 男をいまにも轢きそうになると

'What did you say?'

'I said, "Below there! Look out! Look out! For God's sake, clear the way!"'

I **❶**started.

5 'Ah! it was a **❷**dreadful time, Sir. I never **❸**left off calling to him. **❹**I put this arm before my eyes not to see, and I waved this arm to the last; but it was no use.'

❺Without prolonging the narrative to dwell on any one of its
10 curious circumstances more than on any other, I may, **❻**in closing it, **❼**point out the coincidence that the warning of the Engine-Driver included, not only the words which the unfortunate Signal-man had repeated to me as haunting him, but also **❽**the words which I myself — not he — had attached, and that only in my own
15 mind, to the gesticulation he had imitated.

---

❶ started: p. 58, l. 10 の start back（飛びのく、のけぞる）、p. 84, l. 12 では started up（ハッと飛び上がって）の形で出てきた start と同じ。

❷ dreadful: 恐ろしい

❸ left off <leave off ...: ～をやめる

❹ I put this arm before my eyes not to see, and I waved this arm to the last: p. 84, l. 6 の描写（'The left arm is across the face, and the right arm is waved, — violently waved.'）がすでにあるので、一つ目の this arm は左腕、二つ目は右腕だとわかる。

❺ Without prolonging the narrative to ...: Without prolonging the narrative / to dwell on any one of its curious circumstances / more than on any other と切って読む。「語りを長引かせることはしないが／もろもろの奇妙な事柄のどれかひとつをくどくど語って／ほかの一連の事柄以上に」。

「何と言ったのかね？」

「『そこの人！　危ない！　危ない！　どいてくれ、早く！』と言いました」

　私はぎょっとした。

「ああ！　恐ろしかったですよ、旦那。最後まで男に呼びかけたんです。見るのが怖くて腕で目を覆って、こっちの腕は最後の最後まで振っていたんですが、駄目でした」

　この話をめぐる奇妙な点を一々くどくど述べ立てるつもりはないが、最後にひとつだけ、ある偶然について触れておきたい。機関士の発した警告は、不幸な信号手が己にとり憑いて離れぬと私に訴えていたあの言葉のみならず、彼ではなく私が、しかも私の胸のうちのみで、彼が真似てみせたしぐさと結びつけていた言葉を含んでいたのである。

❻ in closing it: それ（the narrative）を締めくくるにあたって

❼ point out the coincidence that ...: ～という偶然を指摘する

❽ the words which I myself — not he — had attached ... to the gesticulation
he had imitated: 彼ではなく私自身が、彼が真似たしぐさ（the gesticulation
he had imitated）に結びつけた（attached）言葉。たしかに、機関士が言った 'For
God's sake, clear the way!' という言葉はすでに二度出てきているが（p. 84, ll.
9-10, p. 98, ll. 1-2）、いずれも語り手の頭の中でのみ生じている言葉である。

ちなみに

　この作品が発表される 5 年前に起きた大きな鉄道事故のことはすで
に註に記したが、加えて発表前年の 1865 年 6 月 9 日、ケント州ステ
イプルハーストで、ディケンズ自身と彼の愛人とその母親が乗ってい
た列車が脱線事故を起こし、10 人の死者が出た。3 人は命に別状は
なく、ディケンズはほかの乗客たちの救助にも努めたが、人々が目の
前で死んでいく情景に大きなショックを受けたといわれる。事故から
ちょうど 5 年後の 1870 年 6 月 9 日、文豪は 58 歳で亡くなった。

The Demon Lover
Elizabeth Bowen

悪魔の恋人

エリザベス・ボウエン

難易度 2
★ ★ ☆

エリザベス・ボウエン

(Elizabeth Bowen, 1899-1973)

アイルランド／イギリスの小説家。第二次世界大戦中、ロンドン大空襲（the Blitz）が続くなかロンドン市民が覚えた不安を描いた作品が複数あり、ここに収めた 'The Demon Lover' もそのひとつ。雑誌 *The Listener* の 1941 年 11 月号に掲載され、1940 年 9 月から 41 年 5 月まで続いた the Blitz の記憶もまだ生々しいなかで読まれた。

Toward the end of her day in London Mrs Drover ❶went round to her shut-up house to look for several things she wanted to take away. Some belonged to herself, some to her family, who were by now used to their country life. It was late August;
5 it had been ❷a steamy, showery day: at the moment ❸the trees down the pavement ❹glittered ❺in an escape of ❻humid yellow afternoon sun. Against ❼the next batch of clouds, already ❽piling up ink-dark, broken chimneys and ❾parapets ❿stood out. In her once familiar street, ⓫as in any unused channel, an unfamiliar
10 ⓬queerness had ⓭silted up; a cat ⓮wove itself ⓯in and out of ⓰railings, ⓱but no human eye watched Mrs Dover's return.

'The Demon Lover' というタイトルを見て、英語圏の読者は、同じタイトルの、イギリスの古いバラッドを連想する。すでに人妻となった女性の許に、昔の恋人が戻ってきて、彼女を連れ出し、船に乗せ……このあたりで男が悪霊であることが見えてきて、船が沈んで歌は終わる。読者はボウエンの物語がこの歌をどうなぞり、どうずれるかを考えながら読むことになる。

❶ went round to her shut-up house: 閉めた自宅に寄った。go round はほかの場所に行ったあとに行く、というニュアンス。*Let's go round to Tom's house on the way home.* (帰りがけにちょっと回って、トムの家に寄ろう。『動詞を使いこなすための英和活用辞典』)

❷ a steamy, showery day: 蒸し暑い、にわか雨の多い一日

❸ the trees down the pavement: 舗道の先の木々。p. 56, l. 8 の 'and looked down the Line' (線路の方を見やった) と同じで、down は「高低」を言っているわけではない。

❹ glitter(ed): きらきら輝く

❺ in an escape of ...: (通常、水・ガスなどが) 漏れ出て

❻ humid: 湿気の多い、蒸し暑い

❼ the next batch of clouds: a batch は「ひとまとまり」「一回分」の意で、その中ではある程度の均質性があるという含みがある。*I have a batch of letters for you to sign.* (署名していただく手紙が一束ほどあります。『ロングマン英和辞典』)

　ロンドンでの一日も終わりに近づいてきたところで、ドローヴァー夫人は持って帰りたいものを探しに、畳んだ自宅に立ち寄った。自分の持ち物、もう田舎の生活にもすっかり慣れた家族の持ち物を探すつもりだった。八月後半の、湿気の多い、時おり雨も降る日。と、舗道の先に並ぶ木々が、水気を含んだ黄色い午後の陽光を解き放ってギラッと光った。次に流れてきた、すでにインクのような暗い色に積み上がりつつある雲のかたまりを背景に、家々の壊れた煙突や欄干がくっきり浮かび上がった。使われない水路がつねにそうなるように、かつてよく知っていた街路に、見慣れぬ奇妙さが砂泥のように溜まっている。猫が一匹、階段の手すりのすきまから出たり入ったりをくり返したが、いかなる人間の目もドローヴァー夫人の帰還を見届けては

❽ piling up ink-dark: インクのように黒々と積み重なって

❾ parapet(s): （バルコニー・橋などの）欄干、手すり

❿ stood out <stand out: 目立つ、際立って見える

⓫ as in any unused channel: 直訳は「使われていないどんな水路とも同じように」。

⓬ queerness: 奇妙さ。queer はいまでは規範的でない性的指向を表わす言葉として市民権を獲得している言葉だが、1910 年代から homosexual の類義語として、侮蔑的に使われはじめた。1939 年刊、ゲイ作家 Christopher Isherwood の Goodbye to Berlin でも一人の登場人物が 'Men dressed as women? As women hey? Do you mean they're queer?'（女装した男？　女装だって？　クィアってこと？）と言っている。ここでは基本的に strange の同義語だが、strange よりもいわばストレンジ度が高い感じがする。

⓭ silt(ed) up: 沈泥がたまる。l. 9 の as in any unused channel の比喩を引き継いでいる。

⓮ wove itself <weave itself: 縫うようにして（ジグザグに）進む

⓯ in and out of ...: 〜を出たり入ったり

⓰ railing(s): 手すり、欄干

⓱ but no human eye watched ...: 単に「誰も見ていなかった」の意にとれそうだが、人間以外の目については話は別、ともとれる言い方である。

❶Shifting some parcels under her arm, she slowly **❷**forced round her **❸**latchkey in **❹**an unwilling lock, then gave the door, which had **❺**warped, a push with her knee. **❻**Dead air came out to meet her as she went in.

5   The staircase window having **❼**been boarded up, no light came down into **❽**the hall. But one door, she could just see, stood **❾**ajar, so she went quickly through into the room and **❿**unshuttered the big window in there. Now **⓫**the prosaic woman, looking about her, **⓬**was more perplexed than she knew by everything that she saw, by **⓭**traces of her long former habit of life — **⓮**the yellow smoke-stain up the white marble mantelpiece, the ring left by a vase on the top of **⓯**the escritoire; **⓰**the bruise in the wallpaper where, on the door being thrown open widely, **⓱**the china handle had always hit the wall. **⓲**The piano, having gone away to be stored, had left

---

❶ Shift(ing): 〜を移す

❷ forced round ...: 〜を力ずくで回した

❸ (a) latchkey: バネ錠の鍵

❹ an unwilling lock: unwilling はむろん普通は無生物には使わない。街が 'an unfamiliar queerness' を帯び、物も言うことを聞かない世界。

❺ warp(ed): 歪む

❻ Dead air came out to meet her: やっと開いたドアの向こうから「出迎える」(meet) のは「死んだ」空気。dead は空気について言えば「澱んだ」ということで、*Oxford English Dictionary* にも 'Of water, air, etc.: Without motion or current; still, standing'（（水や空気について）動き、流れがない。静止している）という定義があって、決して特異な表現ではないが、この文脈で使われると、いわば「死臭」が感じられることも確か。

❼ be(en) board(ed) up: 板を打ちつけられる

❽ the hall: ここでは「玄関」。

❾ ajar: (ドアが) 半開きで

❿ unshutter(ed): 〜の鎧戸を開ける

いなかった。いくつかの包みを小脇に持ち替えて、夫人は玄関の鍵をゆっくりと、なかなか動こうとしない錠の中で回し、それから、少し歪んできたドアを膝でぐいと押した。入ってきた彼女を死んだ空気が出迎えた。

　階段の窓に板を打ちつけてあるので、玄関広間には何の光も注いでこない。が、ひとつのドアがわずかに開いているのがどうにか見えたので、そそくさと広間を通って部屋に入り、大きな窓の鎧戸を開けた。そしていま、想像力豊かとは言えないこの女性はあたりを見回し、そこに見えるものに、かつての生活の長い習慣の跡に、すっかり当惑してしまった。白い大理石のマントルピースに付いた黄色い煙のしみ。書き物机の上の花瓶が残した輪。壁紙の、ドアを乱暴に開けたとき磁器製の取っ手がかならずぶつかる場所に出来た傷あと。倉庫に運ばれたピアノも、寄木張りの床に、鳥のかぎ爪のような足跡を置いていっていた。埃は大して忍び込んでいなかったが、物体一つひとつ

❶ **the prosaic woman**: 平凡な、想像力のないこの女性。語り手は an unfamiliar queerness や dead air が主人公の過剰な想像力の投影だと見るように誘導してはいない。
❷ **was more perplexed than she knew**:「自分でわかる以上に（＝自覚しようもないほど）困惑させられた」。
❸ **trace(s)**: 形跡、名残
❹ **the yellow smoke-stain up the white marble mantelpiece**: 白い大理石の炉棚（mantelpiece）に付いた黄色い煙のしみ。up は部屋を見回している Mrs Drover の視線が上に移動している感じ。
❺ **the escritoire**:（引出し付きの）書き物机
❻ **the bruise in the wallpaper**: bruise は普通、人間や果物など有機体の表面に出来たあざのことを言う。
❼ **the china handle**: 磁器の取っ手
❽ **The piano, having gone away**: go away も普通は「立ち去る」であって、無生物がなくなるときにはあまり使わない（痛みなどが「消える」の意味では使うが）。

what looked like ❶claw-marks on its part of ❷the parquet. Though not much dust had ❸seeped in, each object wore ❹a film of another kind; and, ❺ the only ventilation being the chimney, ❻ the whole drawing-room smelled of ❼the cold hearth. Mrs Drover put down
5 her parcels on the escritoire and left the room to ❽proceed upstairs; the things she wanted were in a bedroom chest.

She had been anxious to see how the house was — ❾ the part-time caretaker she shared with some neighbours was away this week on his holiday, known to be not yet back. ❿ At the best of
10 times ⓫ he did not look in often, and she was never sure that she trusted him. There were some ⓬cracks in ⓭the structure, ⓮left by the last bombing, ⓯on which she was anxious to keep an eye. ⓰Not that one could do anything —

⓱A shaft of refracted daylight now lay across the hall. She
15 ⓲ stopped dead and stared at the hall table — on this lay a letter addressed to her.

---

❶ claw-mark(s): かぎ爪の跡
❷ the parquet: 寄せ木細工（の床）。parquet は /pɑ́:keɪ/ と読む。
❸ seep(ed) in: しみ込む
❹ a film: 膜
❺ the [...] ventilation: 風通し、空気の流通
❻ the [...] drawing-room: 応接間、客間
❼ the [...] hearth: 暖炉の床
❽ proceed: 進む
❾ the [...] caretaker: 管理人
❿ At the best of times: 最もよい時でも。*It's crowded at the best of times, but today it was unbearable.*（ましな時でも混んでいる場所だが、今日はもう耐えられなかった。*Longman Dictionary of Contemporary English*）
⓫ he did not look in often: しばしば立ち寄りはしなかった

に別種の膜がかかっている。空気が通る経路は煙突だけなので、居間全体、冷えた暖炉の匂いがした。ドローヴァー夫人は持っていた包みをすべて書き物机の上に下ろし、居間を出て二階へ向かった。夫人が求めているものは、寝室に置いた収納箱に入っているのだ。

　家がどういう様子なのかも、前々から見てみたいと思っていた。近所の何軒かと共同でパートタイムの管理人を雇っているのだが、今週この人物は休みを取っていて、まだ戻ってきていないことがわかっている。まあ休みでなくとも頻繁に来るとは言いがたく、この男を信頼していいものか、夫人はどうにも決めかねていた。建物にはこのあいだの爆撃で生じたひびがいくつかあり、気をつけて見ていなくてはと思っていた。べつに何かやりようがあるというわけでもないのだけれど……。

　屈折した日の光がひと筋、いつの間にか玄関広間に差していた。彼女はぴたっと立ちどまり、そこに置かれたテーブルを呆然と見た。テーブルの上に、彼女に宛てた手紙が一通置かれていたのだ。

❷ crack(s): 割れ目、ひび
❸ the structure: 建築物、建物
❹ left by the last bombing: 大空襲への最初の直接的言及。
❺ on which she was anxious to keep an eye: この段落で二度使われている anxious は基本的には eager, keen の意だが、「不安な」という意味も重なって聞こえる。
❻ Not that one could …: ～できるというものでもないのだが。*They were slightly late, not that it mattered.*（彼らはちょっと遅れた。別に問題はなかったが。『ロングマン英和辞典』）
❼ A shaft of refracted daylight: 一筋（A shaft）の屈折した（refracted）昼の光
❽ stopped dead: 急に立ち止まった

She thought first — ❶then the caretaker *must* be back. ❷All the same, ❸who, seeing the house shuttered, would have dropped a letter in at the box? It was ❹not a circular, it was not a bill. And the post office ❺redirected, to the address in the country, ❻everything

5 for her that came through the post. The caretaker (even if he *were* back) did not know ❼she was due in London today — ❽her call here had been planned to be a surprise — so ❾his negligence in the manner of this letter, leaving it to wait in the dusk and the dust, ❿annoyed her. ⓫Annoyed, she picked up the letter, which

10 ⓬bore no stamp. But it cannot be important, ⓭or they would know . . . She took the letter rapidly upstairs with her, without a stop to look at ⓮the writing till she reached what had been her bedroom, where she ⓯let in light. The room looked over the garden and other gardens: the sun had gone in; as ⓰the clouds sharpened and

15 lowered, the trees and ⓱rank lawns seemed already to ⓲smoke

---

❶ then the caretaker *must* be back: then は「それなら」。

❷ All the same: それでもやはり、とはいうものの

❸ who [...] would have dropped a letter in at the box?: 誰が手紙を郵便受けに入れようと思うだろう？ 'box' は玄関ドアの中央にあるスロット。ここから手紙を入れれば、玄関内側のドア付近の床に落ちることになる。

❹ not a circular [...] not a bill: ちらしでも請求書でもない

❺ redirect(ed): （手紙を）転送する

❻ everything [...] that came through the post: 郵便局を通ってきたものはすべて

❼ she was due in London today: 彼女が今日ロンドンに来ることになっていた。*The train is due in London at 5 p.m.* （列車はロンドンに午後 5 時に到着予定）

❽ her call here: 彼女のこの家への訪問、立ち寄り

❾ his negligence in the manner of this letter, leaving it to wait in the dusk and the dust: 直訳は「この手紙に見られる、それ（手紙）が薄闇（the

128

とっさに思ったのは、ならば管理人は戻ってきたんだ、ということだった。とはいえ、家に鎧戸が降りているのを見て、誰が手紙を郵便受けに入れようと思うだろう？　広告でもないし、請求書でもない。そして郵便物であれば、彼女に宛てられたものはすべて、郵便局が田舎の住所へ転送してくれるはずだ。管理人は（かりに戻っているとして）夫人が今日ロンドンへ来る予定にしていたことを知らない。この訪問は一種抜き打ちのつもりだったのだ。したがって、この手紙をこの薄暗がりに置きっ放しにし、埃が積もるに任せるというのは、怠慢と言うほかない。そのことが夫人を苛立たせた。苛立ったまま、手紙を手に取ると、そこには切手が貼られていなかった。でもそんなのは大したことじゃない。郵便局だってきっと……彼女は手紙を持って急いで二階に上がり、かつて自分の寝室だった部屋にたどり着くまで、中を見ようと止まりはしなかった。部屋に入って、光を入れた。窓から庭が見え、よその家々の庭も見える。日はもう沈んでいた。雲がくっきりかたまり、低く垂れ込めるなか、木々やぼさぼさの芝は、早くも闇にくすぶっているように

---

dusk）と埃の中で待つよう置き去りにするという怠慢さ（negligence）」。

❿ annoy(ed): 〜をムッとさせる

⓫ Annoyed: 前文で使った言葉がくり返され、かなり目立つ。「無神経な管理人に苛立つドローヴァー夫人」というイメージが、この後の展開に（あるいは、読者がそれを受けとめるやり方に）どう影響するか。

⓬ bore no stamp: 切手を貼っていなかった

⓭ or they would know . . .: 省略された部分の言葉を「復元」するとしたら、たとえば 'or they would know better than to put it in the mail slot of a shuttered house'（でなければ、畳んだ家の郵便受けに入れるような真似はしないだろう）とかが考えられる。

⓮ the writing: 筆跡

⓯ let in light: ここでも鎧戸を開けたと思われる。

⓰ the clouds sharpened and lowered: 雲の輪郭がはっきりし、下がってきた

⓱ rank:「はびこった、茂りすぎた」の意の形容詞（「地位」の意の名詞とは別の言葉）。

⓲ smoke with dark:「闇を煙のように上げている」。特異な、不吉に印象的な表現。

with dark. ❶Her reluctance to look again at the letter came from the fact that ❷she felt intruded upon — ❸and by someone ❹contemptuous of her ways. However, in ❺the tenseness preceding the fall of rain she read it: it was a few lines.

5

Dear Kathleen: ❻You will not have forgotten that today is our anniversary, ❼and the day we said. The years have gone by ❽at once slowly and fast. ❾In view of the fact that nothing has changed, I shall rely upon you to keep your promise. I was sorry to see you leave London, ❿but was satisfied that you would be back in time. ⓫You may expect me, therefore, at the hour arranged. Until then . . .   ⓬K.

Mrs Drover looked for the date: It was today's. She dropped the
15 letter onto the bed-springs, then picked it up to see the writing again — her lips, beneath the remains of lipstick, beginning to go

---

❶ Her reluctance to look again at the letter: letter までが主部。reluctance to ...: ～する気になれないこと

❷ she felt intruded upon: 侵入された感じがした

❸ and by someone ...: この and ははっきり「しかも」の意がある。

❹ contemptuous of ...: ～を蔑んで

❺ the tenseness preceding ...: ～に先立つ緊張感

❻ You will not have forgotten that today is our anniversary: 普通なら「結婚記念日の話かな」と思うような言い方。

❼ and the day we said: ——その思いが、この言葉で否定される。

❽ at once slowly and fast: at once A and B で「A であり同時に B」。このあとにも p. 132, ll. 2-3 で looked at once urgently and stealthily、ll. 14-15 で at once energetic and calm の形で出てくる。

❾ In view of the fact that ...:「～という事実に照らして」という意の、いささ

見えた。手紙に目を戻そうという気になれないのは、勝手に侵入された、という気持ちが消えないからだった。それも、彼女のやり方を蔑ろにする誰かに。けれど結局、雨が降り出す前のいささか緊迫した空気の中で、彼女はそれを読んだ。ほんの数行の手紙だった。

ディア・キャスリーン　君は忘れていないはずだ、今日が僕たちの記念日であり、申し合わせた日だということを。あれ以来年月はゆっくり、そしてあっという間に過ぎた。何も変わってはいないという事実に鑑み、君が約束を守ってくれるものと思っている。君がロンドンを去るのを見て残念だったが、間に合うよう戻ってくると信じて疑わなかった。したがって、取り決めた時間に僕が来ると考えてくれていい。ではそれまで……　　　K

ドローヴァー夫人は日付を探した。今日だった。彼女はベッドのスプリングの上に手紙を放り出し、それからふたたび拾い上げて字をもう一度見てみた。残った口紅の下、彼女の唇が白くなっていった。自分の顔が変わったこ

か堅苦しい表現。

❿ but was satisfied that you would be back in time: このように satisfied は「満足して」ではなく「納得して」「確信して」の意になることがある。*I'm satisfied (that) my son has done his best.*（私は息子が全力を尽くしたと確信している。『コンパスローズ英和辞典』）in time: 間に合って

⓫ You may expect me, therefore, at the hour arranged: この expect は「誰かが来るものと思う（思って待つ）」の意。*What time is Mr. Long expected back?*（ロングさんはいつお帰りになるでしょうか。『コンパスローズ英和辞典』）

⓬ K.: 手紙の書き手のイニシャルがドローヴァー夫人と同じであることをどう考えるかは、読者に委ねられている。

white. She felt so much the change in her own face that she went to the mirror, ❶ polished a clear patch in it, and looked at once ❷ urgently and stealthily in. She was ❸ confronted by a woman of forty-four, ❹ with eyes starting out under ❺ a hat-brim that had
5 been rather carelessly pulled down. She had not put on any more powder since she left the shop where she ate her solitary ❻tea. The pearls her husband had given her on their marriage ❼hung loose round ❽her now rather thinner throat, slipping in the V of the pink wool ❾jumper her sister knitted last autumn as they sat round the
10 fire. ❿Mrs Drover's most normal expression was one of controlled worry, but of assent. Since the birth of the third of her little boys, ⓫attended by a quite serious illness, she had had ⓬an intermittent muscular flicker to the left of her mouth, but in spite of this she could always ⓭sustain a manner that was at once energetic and
15 calm.

---

❶ polished a clear patch in it: つまり、鏡の大半は曇ったり埃が付いたりしていて clear ではないということ。

❷ urgently and stealthily: 切迫して、かつ、こっそりと

❸ confront(ed): 〜に直面する、〜と対面する

❹ with eyes starting out: 一瞬 staring out のミスプリントかと思うが、start out で、恐怖のせいで目が「飛び出る」の意。

❺ a hat-brim: 帽子のつば

❻ tea: 早めの夕食。「午後 3 時から 5 時ごろにとる紅茶つき軽食」(『コンパスローズ英和辞典』)

❼ hung loose: 緩く垂れていた

❽ her now rather thinner throat: この now の使い方は p. 122, ll. 8-9 の her once familiar street (かつてよく知っていた街路) の once の使い方と同じ。

❾ jumper: イギリス英語ではセーターのこと。

とをまざまざと感じたので、鏡の前に行って、一部をこすって澄ませ、はやる思いでこっそり覗いてみた。目の前に四十四歳の女がいて、ややぞんざいに引き下ろした帽子のつばの下から目が飛び出している。一人で夕方の食事を済ませた店を出て以来、白粉（おしろい）もつけていなかった。結婚したときに夫がくれた真珠は、いまやだいぶ細くなった喉にだらんと垂れて、去年の秋に暖炉を一緒に囲みながら姉が編んでくれたピンクのウールのセーターのVネックに滑り込んでいる。ドローヴァー夫人の一番普通の表情は、抑制された、だが容認の混じった心配とも言うべきものだった。三番目の息子を出産したときに大病を患って以来、口の左側の筋肉が断続的に引きつるようになっていたが、それでもちゃんと、精力的でしかも落着いて見える物腰を保つことができた。

❿ Mrs Drover's most normal expression was one of controlled worry, but of assent: 一番普段の表情が心配顔ではあるが、その心配は抑えようのないものではなく、ちゃんと制御されていて、状況を容認（assent）するような感じも混じっている、ということ。

⓫ attended by ...: 〜に伴われて

⓬ an intermittent muscular flicker: 直訳は「断続的な筋肉の小刻みな動き」。

⓭ sustain: 〜を維持する

Turning from her own face as ❶ precipitately as she had gone to meet it, she went to the chest where the things were, unlocked it, threw up the lid, and ❷ knelt to search. But as ❸ rain began to come crashing down she ❹ could not keep from looking over her shoulder at ❺ the stripped bed on which the letter lay. Behind the blanket of rain ❻ the clock of the church that still stood struck six — ❼ with rapidly heightening apprehension she counted each of the slow strokes. 'The hour arranged . . . My God,' she said, '*what hour? How should I . . . ? After twenty-five years . . .*'

The young girl talking to the soldier in the garden ❽ had not ever completely seen his face. It was dark; they were saying goodbye under a tree. Now and then — for ❾ it felt, from not seeing him at this ❿ intense moment, as though she had never seen him at all — she ⓫ verified his presence for these few moments longer by putting out a hand, which he each time pressed, without very

---

❶ precipitately: 突然に

❷ knelt <kneel: ひざまずく

❸ rain began to come crashing down: "rain comes/came crashing down" という言い方は、豪雨についてよく使われる。

❹ could not keep from ...ing: 〜しないではいられなかった

❺ the stripped bed: シーツが剥がれてマットレスがむき出しになっているということ。

❻ the clock of the church that still stood: 「まだ立っている教会」という言い方が爆撃の激しさを物語る。

❼ with rapidly heightening apprehension: 急激に高まってくる不安 (apprehension) とともに

❽ had not ever completely seen his face: had never completely seen his face とそんなに変わらないが、「まだ一度も見ていない」感じがより強まる。

　向きあったときと同じ唐突さで顔から目をそむけ、いろんなものが入れてある収納箱に行って、鍵を開け、蓋をはね上げて、膝をついて探しにかかった。だが、雨が強く降り出すなか、彼女は何度も、手紙が置いてある、マットレスがむき出しになったベッドの方をそっとふり向かずにいられなかった。雨の毛布の向こうで、いまだ崩れず建っている教会の時計が六時を打った――と、一気に募ってくる不安とともに彼女は、それがゆっくり打たれる音を一つひとつ数えた。「取り決めた時間……どうしよう」と彼女は言った。「それって何時のこと？　どうやってそんなこと……？　二十五年も前なのに……」

　庭で兵士と話している若い娘は、いまだに相手の顔をまともに見ていなかった。あたりは暗く、二人は木の下で別れを告げている。時おり、この張りつめたひとときに顔を見ていないせいでその姿をいままで一度も見たことがないような気がして、あと少しだけここにいる彼が本当にいることを確かめようと彼女が手を差し出すたび、男はその手をさして優しさも込めずに

❾ it felt [...] as though ...: あたかも〜のように感じられた
❿ intense: 張りつめた
⓫ verified his presence [...] by ...: 〜することによって彼がそこにいることを確かめた

much kindness, and **❶**painfully, **❷**on to one of the breast buttons of his uniform. That cut of the button on the palm of her hand was, principally, what she was to carry away. This was so near the end of **❸**a leave from France **❹**that she could only wish him
5 already gone. It was August 1916. **❺**Being not kissed, being drawn away from and looked at **❻**intimidated Kathleen till she imagined **❼**spectral glitters in the place of his eyes. Turning away and **❽**looking back up the lawn she saw, through branches of trees, the drawing-room window **❾**alight: she **❿**caught a breath for the
10 moment when she could go running back there into the safe arms of her mother and sister, and cry: 'What shall I do, what shall I do? He has gone.'

Hearing her catch her breath, her fiancé said, without feeling: 'Cold?'

15 'You're going away such a long way.'

'Not so far as you think.'

---

❶ painfully: 痛いのは彼ではなく彼女。

❷ on to one of the breast buttons ...: pressed からつながる。'He pressed her hand on to one of the breast buttons ...' という文を想定するといい。

❸ a leave: 特に軍人の「休暇」をいう。

❹ that she could only wish him already gone: もう行ってしまっていればいいのに、と願うことしかできない

❺ Being not kissed, being drawn away from and looked at: ここまでがこの文の主部。'He didn't kiss her' 'He drew away from her' 'He looked at her' というセンテンスを想定するとわかりやすい。

❻ intimidate(d): ～を怖気づかせる

❼ spectral glitters: glitter は冒頭 p. 122, ll. 5-6 では the trees down the pavement glittered (舗道の先に並ぶ木々がギラッと光った) という形で出てきた。ここは spectral (幽霊のような) という形容詞が添えられ、もっとずっ

ぎゅっと、軍服の胸のボタンに押しつけた。痛かった。手のひらに切り込む
ようなそのボタンの痛さ。それが彼女の持ち帰る一番主たるものになる。フ
ランスの戦場からの休暇はもう終わりに近づき、いっそもういなくなってほ
しいと思ってしまうほどだった。いまは一九一六年八月。キスもしてもらえ
ず、離れられ、見られているせいでキャスリーンは何だか怖気づいてしまい、
彼の目があるべきところに、幽霊のようなきらめきがあるさまを思い描いて
しまった。顔をそむけて芝生の方をふり向くと、木々の枝のすきまから、居
間の窓が灯っているのが見えた。彼女はその瞬間に向けてぐっと息を吸い込
んだ——あそこに駆け戻っていけて、母と姉の安全な腕の中に飛び込み、「ど
うしたらいい、どうしたらいい？　あの人は行ってしまった」と叫ぶことが
できる瞬間に向けて。

　彼女が息を吸い込むのを聞いて、婚約者は何の気持ちも込めずに「寒い
の？」と訊いた。
「あなたがすごく遠くへ行ってしまうから」
「君が思ってるほど遠くないさ」

と禍々^{まがまが}しい。
❽ looking back up the lawn: 芝生の方にさっと目を上げている感じ。
❾ alight: 明かりが灯って
❿ caught a breath for the moment when ...: 〜する瞬間を思って、ぐっと息
を吸い込んだ

❶'I don't understand?'

'You don't have to,' he said. 'You will. You know what we said.'

'But that was — ❷suppose you — I mean, suppose.'

'I shall be with you,' he said, 'sooner or later. You won't forget
5 that. You need do nothing but wait.'

Only a little more than a minute later she was free to run up
the silent lawn. Looking in through the window at her mother and
sister, who did not for the moment perceive her, ❸she already felt
that unnatural promise drive down between her and the rest of all
10 human kind. ❹No other way of having given herself could have
made her feel ❺so apart, lost and foresworn. ❻She could not have
plighted a more sinister troth.

Kathleen behaved well when, some months later, her fiancé
❼was reported missing, ❽presumed killed. Her family not only
15 supported her but were able to praise her courage ❾without stint

---

❶ 'I don't understand?': 「え、わからないわ」「どういう意味、それ？」

❷ suppose you—: 露骨に言葉を補うなら、'suppose you were killed in the war?' ということ。

❸ she already felt that unnatural promise drive down between her and the rest of all human kind: that unnatural promise という言い方は、あたかも二人がどんな約束をしたか自明であるかのようだが、むろん読者にとって約束の中身は曖昧なままである。l. 4 の 'I shall be with you [...] sooner or later' という男の言葉と、バラッド 'The Demon Lover' の物語とで、ある程度の見当はつくわけだが。また、この drive down はやや奇異な表現。彼女と人類とのあいだを drive down していくということで、くさびのように中に入って両者を隔てるということか。

❹ No other way of having given herself could have made her feel so ...: 'There were many ways she could have given herself, but she gave herself this way' という文を想定するといい。「(自分を与えるやり方はほかにもあっただろうが) ほかのいかなる与え方も、彼女をここまで〜だと感じさせ

「どういうこと？」

「わからなくていいよ」彼は言った。「いずれわかるし。僕たち、約束しただろ」

「でもあれは……万一あなたが……だから、万一」

「僕は君の許に行く」彼は言った。「遅かれ早かれ、いつかは。君はそのことを忘れはしない。君はただ待てばいいんだ」

　それから一分ちょっとで、音のしない芝生を駆けていくことができた。窓を通して母と姉を、いまはまだ彼女に気づいていない二人を見ると、その不自然な約束が、彼女と、人類全体とのあいだをもうすでに貫き、隔てていくのが感じられた。ほかのどんなやり方でわが身を与えたとしても、これほど自分が孤立し、失われ、見捨てられた気分にはならなかっただろう。これ以上不吉な契りもありえなかっただろう。

　数か月後、婚約者が行方不明となりおそらく戦死したとの報せが届いたとき、キャスリーンは立派にふるまった。家族も支えてくれた。夫となるはずだった人と言ったところで、何しろ相手のことはほとんど何も知らず悼みよ

---

❺ so apart, lost and foresworn: 3 語とも大変「よるべない」印象を与える形容詞。apart は前文の、人類との隔たりという話から自然に導かれる。lost は途方に暮れている印象、foresworn は存在をきっぱり否定されたと思っている印象。

❻ She could not have plighted a more sinister troth: *He could not have chosen a worse time to come back.*（戻ってくるには最悪のタイミングだった）などと同じ文型。plight/troth は古風な言葉で、通例 plight one's troth で「結婚の約束を言い交わす」の意となる。「これ以上禍々しい結婚の誓いもありえなかっただろう」。

❼ was reported missing: 行方不明と報告された。missing in action（戦闘中行方不明）をはじめ、missing は戦争に関して頻繁に使われる。

❽ presume(d): 〜と推定する

❾ without stint: 惜しみなく

because they ❶could not regret, as a husband for her, the man
they knew almost nothing about. They hoped she would, in a year
or two, ❷console herself — and ❸had it been only a question of
consolation things might have gone much straighter ahead. But
5 ❹her trouble, behind just a little grief, was ❺a complete dislocation
from everything. She did not reject other lovers, for these ❻failed
to appear: for years she failed to attract men — and with the
approach of her thirties ❼she became natural enough to share ❽her
family's anxiousness on the score. She began to ❾put herself out,
10 to ❿wonder; and at thirty-two she ⓫was very greatly relieved to
find herself being ⓬courted by William Drover. She married him,
and the two of them ⓭settled down in the quiet, ⓮arboreal part of
⓯Kensington: In this house the years piled up, her children were
born and they all lived till they were driven out by ⓰the bombs of

❶ could not regret: 〜を悼むこともできなかった
❷ console herself: 「自らを慰める」とは、要するにあきらめる、踏ん切りをつ
  けるということ。
❸ had it been only a question of consolation: if it had been only a
  question of consoling herself
❹ her trouble, behind just a little grief: 「少しでしかない悲しみのうしろにあ
  るトラブル」。婚約者を失った悲しみ自体は小さいが、その背後に別の問題があ
  るということ。婚約者は戦死しても完全にいなくなってはいない（かもしれない）
  ことが、このあたりから示唆されはじめる。
❺ a complete dislocation from everything: location は場所を見つけることな
  ので、dislocation は逆に場所を見失ってしまうこと。
❻ failed to appear: 現われなかった。p. 100, l. 3 の you failed to hear it.（聞
  こえなかった）と同じ。同様に、次行の she failed to attract men も「男た
  ちを惹きつけるのに失敗した」ではなく単に「男たちを惹きつけなかった」。
❼ she became natural enough to ...: 〜するくらい自然になった。「自然」とは

うもないのだから、彼女たちとしてもキャスリーンの健気さを惜しみなく讃える気になれた。一年か二年もすればあきらめもつくものと家族は期待した。あきらめというだけなら話はもっと迅速に進んだかもしれない。だが、ささやかな悲しみの陰で彼女が抱えた問題は、自分が周りのものすべてから完全に隔たってしまったことだった。ほかの求婚者を拒みはしなかった。拒もうにも誰も来なかったのだ。何年ものあいだ、誰ひとり彼女に惹かれなかった。そして三十代が見えてくるとともに、この点に関し家族の懸念を共有する程度には彼女も自然さを取り戻していた。進んで人前に出ていくようになり、あれこれ思案しはじめた。三十二で、ウィリアム・ドローヴァーが求愛してくれて大いに安堵した。彼と結婚し、二人でこの、ケンジントンの静かで緑の多い地区に落着いたのだ。この家で年月は積み上がっていき、子供たちが生まれ、次の戦争の爆撃で追い出されるまでみんなでここに住んだ。ドロー

やや奇異だが、要するに「世間並み」「常識的」ということ。

❽ her family's anxiousness on the score: その点（'she failed to attract men' という点）に関する家族の心配

❾ put herself out <put oneself out: to make an effort to do something that will help someone（誰かの助けになるようなことを頑張ってする。*Longman Dictionary of Contemporary English*）

❿ wonder: ここでは「思案する」あたり。

⓫ was [...] relieved: ほっとした

⓬ court(ed): （女性に）求愛する

⓭ settle(d) down: 身を固める、落ち着く

⓮ arboreal: 木の多い

⓯ Kensington: ロンドン南西部の高級住宅地。

⓰ the bombs of the next war: つまりドローヴァー夫人の婚約者が行った戦争は、いま起きている第二次世界大戦ではなく第一次世界大戦であることを、読者はここであらためて実感する。

the next war. Her movements as Mrs Drover ❶were circumscribed, and she ❷dismissed any idea that they were still watched.

❸As things were — dead or living the letter-writer sent her only a threat. Unable, for some minutes, to go on kneeling with her
5 back ❹exposed to the empty room, Mrs Drover rose from the chest to sit on ❺an upright chair whose back was ❻firmly against the wall. ❼The desuetude of her former bedroom, her married London home's whole air of being a cracked cup from which memory, with its reassuring power, had either evaporated or leaked away,
10 made a crisis — ❽and at just this crisis the letter-writer had, knowledgeably, struck. The ❾hollowness of the house this evening ❿cancelled ⓫years on years of voices, habits, and steps. Through the shut windows she only heard rain fall on the roofs around. To

---

❶ were circumscribed: 限定されていた

❷ dismissed any idea that they were still watched: still とあるからには、初めのうちは誰かに見張られているという思いがあったという前提。要するに、いままではずっと、死んだ婚約者に見張られていて男性も寄りつかなかったが、もう大丈夫だと思った、ということ。dismiss(ed):（考えなどを）捨てる

❸ As things were: 現状では

❹ expose(d): 〜を（危険・不快なものなどに）さらす。*The soldiers were exposed to enemy fire.*（その兵士たちは敵の砲火にさらされた。『コンパスローズ英和辞典』）

❺ an upright chair: 背もたれがまっすぐな椅子

❻ firmly against the wall: しっかりと壁に接して。何か頼りになるものを求めている彼女の心情が firmly に表われている。

❼ The desuetude of her former bedroom ...: まず bedroom までがこの文の主部1で、her married London home's whole air of being a cracked cup が主部2で、主部2に from which memory [...] had either evaporated or leaked away がかかり、made a crisis が述部。desuetude: 使われなくなっ

ヴァー夫人としての彼女の動きは抑制されたものであり、自分の動きがいま
も見られているという思いを彼女は捨て去った。

　目下のところ、死んでいるにせよ生きているにせよ、手紙を書いた者は、
脅しを送ってきたにすぎない。夫人は何分かのあいだ、空っぽの部屋に背中
をさらして膝をついていることもできず、収納箱の前から立ち上がり、まっ
すぐな背もたれが壁にしっかり接している椅子に腰かけた。かつての寝室が
使われることもなくなると、結婚して住んだロンドンの家全体が、ひびの入っ
たカップのような雰囲気を漂わせ、励ましを与えてくれるはずの記憶も蒸発
したか漏れ出たかしてしまっていた。そのことが危機を生じさせ、まさにそ
の危機を狙って手紙の書き手は、さも心得た様子で攻めてきたのだ。今晩の
家の虚ろさは、何年もあった声、習慣、足音を打ち消してしまっていた。閉
じた窓越しにも、周りの屋根に降る雨の音しか聞こえてこない。己を奮い立

た状態。air of being a cracked cup: ひびの入ったカップであるような雰囲
気。its reassuring power: それ（記憶）が持っている、人を安心させる力。
evaporate(d) or leak(ed) away: 蒸発するか漏れるかする

❽ and at just this crisis the letter-writer had, knowledgeably, struck: こ
の不吉な手紙がなくても、かつての家の荒廃ぶりに、ドローヴァー夫人は大
きな不安（crisis）に陥っている。そのことをいかにも知っているかのように
（knowledgeably）、手紙の書き手は絶妙のタイミングで攻撃してきた（struck）
ということ。

❾ hollowness: 虚ろさ

❿ cancel(led): ～を無効にする、打ち消す。cancel は日本語の「キャンセル」
よりずっと意味が広い。この意味では out を伴うことも多い。*This year's
profits more than canceled out our debts.*（今年の収益は社の負債を差し
引いても余りが出る。『動詞を使いこなすための英和活用辞典』）

⓫ years on years of voices, habits, and steps: シンプルな言葉が並んで、日
常のシンプルな生活を喚起する。

❶rally herself, she said ❷she was in a mood — and for two or three seconds shutting her eyes, told herself that she had imagined the letter. But she opened them — there it lay on the bed.

❸On the supernatural side of the letter's entrance she was not
5 permitting her mind to dwell. Who, in London, knew she ❹meant to call at the house today? ❺Evidently, however, that had been known. The caretaker, ❻*had* he come back, ❼had had no cause to expect her: He would have taken the letter in his pocket, to ❽forward it, ❾at his own time, through the post. There was no
10 other ❿sign that the caretaker had been in — but, if not? ⓫Letters dropped in at doors of ⓬deserted houses do not fly or walk to tables in halls. They do not sit on the dust of empty tables with ⓭the air of certainty that they will be found. There is needed some human hand — but nobody but the caretaker had a key. ⓮Under
15 the circumstances she did not care to consider, a house can be entered without a key. It was possible that she was not alone now.

---

❶ rally: 〜を元気づける

❷ she was in a mood <be in a mood: 不機嫌である

❸ On the supernatural side of the letter's entrance: 「手紙が入ってきたことの超自然的側面」。手紙の文面ではなく、そもそもそれが一階のテーブルの上にあったことのありえなさ。文頭の On は文末の dwell につながる（dwell on …: 〜についてくよくよ考える）

❹ mean(t) to …: 〜する気である

❺ Evidently: 明らかに

❻ *had* he come back: もし本当に戻ってきたとしても（Even if he had indeed come back）

❼ had had no cause to <have no cause to …: 〜する理由・動機はない

❽ forward: （郵便などを）転送する

❾ at his own time: 自分の都合のいい時に

たせようと、これは一時的に自分の気分がおかしくなったのだと考えてみた。そうして二秒か三秒目を閉じ、あの手紙は自分が想像したのだと自らに言い聞かせた。だが目を開けると、手紙はやはりベッドの上にあった。

　手紙が入ってきたということの超自然的な要素については、あまり考えないように努めた。今日彼女が家に寄るつもりだということを、ロンドンで誰が知っているというのか？　だがどうやら知られていたのだ。管理人は、戻ってきているとしても、彼女の到来を待つ理由はない。この手紙を見たらポケットに入れて、のんびり気の向いたときにポストに入れて転送したはずだ。管理人が入ってきた形跡はほかにない。でももし、入ってきていないとしたら？誰も住まなくなった家の玄関に入れられた手紙は、玄関広間のテーブルまでひとりで飛んでいったり歩いていったりはしない。いかにも見つけてもらえるものと確信した様子で、何もないテーブルの埃の上に載っていたりはしない。誰か人間の手が必要なのだ。だが鍵を持っているのは管理人だけだ。彼女が考えたくないある種の状況では、家は鍵がなくても入りうる。彼女がい

❿ (a) sign that the caretaker had been in: 管理人が来た形跡
⓫ Letters dropped in at doors: p. 128, ll. 2-3 の who [...] would have dropped a letter in at the box? の註で触れたとおり、玄関に設けられたスロットから入れられた手紙ということ。
⓬ deserted: 人の住まない
⓭ the air of certainty: 確信している雰囲気
⓮ Under the circumstances she did not care to consider: under the circumstances だけで成句として「こういう事情なので」の意になるが、この場合そこで切っては駄目で、she did not care to consider がつながっている。「彼女が考えたくもない、ある種の状況においては」。つまり、自然の法則が通用しないような存在がいる場合には、ということ。

She might be being waited for, downstairs. Waited for — until when? Until 'the hour arranged'. At least that was not six o'clock: six has struck.

She rose from the chair and went over and locked the door.

❶The thing was, to get out. To ❷fly? No, not that: she had to catch her train. As ❸a woman whose utter dependability was the keystone of her family life ❹she was not willing to return to the country, to her husband, her little boys and her sister, without the objects she had ❺come up to fetch. Resuming her work at the chest she ❻set about making up a number of parcels in a rapid, ❼fumbling-decisive way. These, with her shopping parcels, would be too much to carry; these meant a taxi — at the thought of the taxi ❽her heart went up and her normal breathing resumed. I will ❾ring up the taxi now; the taxi cannot come too soon: ❿I shall hear the taxi out there running its engine, till I walk calmly down to it through the hall. I'll ring up — But no: the telephone is cut off . . .

---

❶ The thing was, to ...: 問題は（何と言っても）〜ということだった

❷ fly: 逃げる（escape）

❸ a woman whose utter dependability was the keystone of her family life:「彼女が utterly dependable であることが家庭生活の要石（keystone）であるような女性」。utter: complete

❹ she was not willing to return to the country: ここで切って「彼女は田舎に帰りたがっていなかった」と考えてはいけない。このあとの without ... まで「ためて」おかないといけない。「〜せずに田舎に帰る気はなかった」。

❺ come up to fetch: up とあるのは田舎から都会に来ているから。fetch は物を「取ってくる」。

❻ set about making up ...: set about ...ing で「〜に取りかかる」。

❼ fumbling-decisive:「まごまごした」＋「断固たる」と、たがいに矛盾する形容詞二つが組み合わされている。

ま、この家に一人きりでいるのではないという可能性はある。誰かに、階下で待たれているのかもしれない。待たれている……いつまで？ 「取り決めた時間」まで。少なくともそれは六時ではない。六時はもう打った。

　夫人は椅子から立ち上がり、ドアまで行って鍵をかけた。

　肝腎なのは、出ていくこと。逃げる？　いや、そうじゃない。列車に乗らないといけないのだ。自分の完璧な安定性、信頼性こそ家庭生活の礎（いしずえ）と信じる女性として、取りに来た品々を持たずに田舎へ、夫と子供たちと姉の許へ帰ることはしたくない。収納箱での作業を彼女は再開し、いくつかの包みを手早く、不器用ながらも断固とした手付きで作る仕事を進めた。一連の買物の包みと合わせると、手で持ち運ぶには多すぎるだろう。ということは、タクシー。タクシーに乗ると思うと胸が軽くなり、息も正常に戻った。いますぐ電話で呼ぼう。タクシーが早く来すぎるなんてことはありえないのだから。タクシーのエンジン音が外から聞こえてきて、私は落着き払って玄関広間を抜けてタクシーまで歩いていくだろう。さあ、電話を──いや、駄目だ。回

❽ her heart went up: 心が軽くなった

❾ ring up ...: 〜に電話をかける

❿ I shall hear the taxi out there running its engine: out there という言い方に、家の中にいる自分が外にいるタクシーの音を聞いているさまを思い描いている感じがこもっている。次の till I walk calmly ... も、そのタクシーに向かって歩いていく自分の姿を想像している。

She ❶tugged at a knot she had tied wrong.

❷The idea of flight . . . He was never kind to me, ❸not really. I don't remember him kind at all. Mother said he never considered me. ❹He was set on me, that was what it was — not love. Not
5 love, not ❺meaning a person well. ❻What did he do, to make me promise like that? I can't remember — But ❼she found that she could.

She remembered ❽with such dreadful acuteness that the twenty-five years since then ❾dissolved like smoke and she
10 ❿instinctively looked for ⓫the weal left by the button on the palm of her hand. She remembered not only all that he said and did but ⓬the complete suspension of *her* existence during that August week. I was not myself — they all told me so at the time. She remembered — ⓭but with one white burning blank ⓮as where
15 acid has dropped on a photograph: ⓯*under no conditions* could she

---

❶ tug(ged) at ...: 〜をぐいと引っぱる
❷ The idea of flight: p.146, l. 5 で 'To fly?' と自問して、いやそうじゃない、列車に乗って家に帰るんだ、と否定したにもかかわらず、またここで「逃げる」という思いに戻っている（flight は fly の名詞形）。
❸ not really: 普通は no をやや和らげた言い方だが、ここはむしろ「いいや、そうじゃなかった」と男の冷たさをふたたび噛みしめている感じで、次の I don't remember him kind at all へとつながっていく。
❹ He was set on me: 私に「決めていた」。
❺ meaning a person well: 相手の幸福・喜びを願うということ。
❻ What did he do, to ...?: 〜するなんて、あの人はいったい何をやったのか
❼ she found that she could: remember を補う。
❽ with such dreadful acuteness: 恐ろしいほどの鋭さで
❾ dissolve(d): 溶解する
❿ instinctively: 本能的に

線はもう切られている……。間違って作った結び目を彼女は引っぱった。

逃げるという思い……あの人は私に優しかったためしがなかった。一度も。あの人が優しかったことなんて思い出せない。あの方はお前のことを思いやってくれないのね、と母親も言っていた。あの人は私に決めていた、そういうことだ。愛じゃない。愛じゃない、他人に好意を寄せるということじゃない。いったいあの人はどうやったのか、私にあんな約束をさせるなんて？もう思い出せない——いや、思い出せた。

その後の二十五年間が煙のように消えるほどの恐ろしい生々しさで彼女は思い出した。手のひらにボタンが残した腫れを、とっさに探したくらいだった。彼が言ったこと、やったことすべてが思い出されたばかりか、自分の存在がその八月の一週間、完全に中断したことを彼女は思い出した。私は自分自身じゃなかった。あのときみんなにもそう言われたのだ。彼女は思い出した。が、写真に酸が落ちた一か所のように、ただひとつ、白い燃えるような空白があった——いくら考えても彼女は、婚約者の顔を思い出せなかったの

---

❶ the weal: みみずばれ。ボタンが残した跡について使うにはかなり強い言葉。

❷ the complete suspension of *her* existence:「あの人」がどうこうではなく、ほかならぬ自分という人間が完全に停止していた、ということ。

❸ but with one white burning blank: 思い出しはしたのだが、そこにはひとつ、白い、燃えるような空白があったという、きわめて視覚的な、あたかも写真に空いた穴でも語っているような言い方。

❹ as where acid has dropped on a photograph: as は「酸（acid）が写真に落ちたところのような」

❺ *under no conditions*: いかなる条件下でも。このフレーズがあるために、このあとの語順に倒置が生じている。She could not remember his face under any conditions. とだいたい同じだが、こちらの方が響きがより絶対的。

remember his face.

So, wherever he may be waiting, I shall not know him. ❶You have no time to run from a face you do not expect.

The thing was to get to the taxi before any clock struck ❷what
5 could be the hour. She would slip down the street and round the side of the square to ❸where the square gave on the main road. She would return in the taxi, safe, to her own door, and bring the solid driver into the house with her to pick up the parcels from room to room. The idea of the taxi driver made her ❹decisive, bold: she
10 unlocked her door, went to the top of the staircase and ❺listened down.

She heard nothing — but while she was hearing nothing the
❻*passé* air of the staircase was ❼disturbed by ❽a draught that traveled up to her face. It ❾emanated from the basement: down
15 there ❿a door or window was being opened by someone who

---

❶ You have no time to run from a face you do not expect: You cannot run from a face … といった言い方の方が普通だろうが、この You have no time to … の方が、「気づいたときには手遅れ」という恐ろしさがいっそう生々しく伝わる。expect は第 1 巻 p. 172, ll. 15-16 の 'He had expected an old person somehow' (なんとなく老人を予想していた) と同じく、「予期する」であって「期待する」ではない。

❷ what could be the hour: the hour は、p. 130, ll. 11–12 で 'You may expect me, therefore, at the hour arranged' (したがって、取り決めた時間に僕が来ると考えてくれていい) というメッセージが読まれて以来ずっと問題になっている、その「時間」のこと。「何時だかはわからないが、その問題の時間でありうる時間」。

❸ where the square gave on the main road: 広場が大通りに面しているところ。*The window gave on the lawn.* (窓は芝生に面していた。『研究社 英和大辞典』)

❹ decisive: きっぱりした、果敢な

である。

　だから、彼がどこで待っているにせよ、私には彼のことがわからないだろう。予想していない顔から逃げようと思ってももう手遅れだ。

　肝腎なのは、何時であれその時計が時を打つ前にタクシーまでたどり着くこと。通りをそっと進んでいって、広場を回り込んで、広場が大通りに出るところまで行く。タクシーで、安全な身で玄関まで戻ってきて、逞しい運転手に一緒に家に入ってもらって、部屋から部屋へ荷物を集めて回る。タクシーの運転手のことを考えると、確固とした、大胆な気持ちになれた。さっきかけた部屋の鍵を開け、階段のてっぺんまで行って、下の物音に耳を澄ませた。

　何も聞こえなかった。聞こえなかったけれど、その間、階段の古びた空気を下からのぼって来たすきま風が乱し、彼女の顔にまで漂ってきた。風は地下室から発していた。地下でどれかのドアか窓が、いまこの瞬間に家を出る

---

❺ listened down: 下から音がしないかと耳を澄ました

❻ *passé*: 古めかしい

❼ disturb(ed): 〜をかき乱す

❽ a draught that traveled up to her face: 彼女の顔にまで上がってきたすきま風（a draught）。この例を見ても、travel は日本語の「旅する」よりも「移動する」「動く」に近い場合が多いことがわかる。*Sound travels through the air at about 330 meters per second.*（音は空中を毎秒約 330 メートルの速さで伝わる。『コンパスローズ英和辞典』）

❾ emanate(d): （光や音が）発する

❿ a door or window was being opened: was opened ではなく was being opened なので、「いままさに開けられている最中だった」ということ。

chose this moment to leave the house.

The rain had stopped; the pavements ❶ steamily shone as Mrs Drover ❷ let herself out by inches from her own front door into the empty street. ❸The unoccupied houses opposite continued to
5 meet her look with their damaged stare. ❹ Making towards ❺ the thoroughfare and the taxi, ❻she tried not to keep looking behind. Indeed, the silence was so intense — ❼one of those creeks of London silence ❽exaggerated this summer by the damage of war — that ❾no tread could have gained on hers unheard. Where her
10 street ❿ debouched on the square where people went on living, she grew conscious of, and ⓫checked, her unnatural pace. Across ⓬the open end of the square two buses ⓭impassively passed each

---

❶ steamily: 蒸気を出して

❷ let herself out by inches from her own front door: let oneself out は人 の案内を請わずに一人で出ていく、といった場合に使うことが多い。ここでは ドローヴァー夫人が、自分の家なのに（ドアの向こうに何がいるかわかったも のではないので）こっそり出ていく姿が強調されている。by inches: 少しずつ、 じりじりと

❸ The unoccupied houses opposite continued to meet her look with their damaged stare: 誰も住んでいない（unoccupied）、無生物である家々 が完全に人格を帯びているかのような言い方。「向かいの家」はこのように a/ the house opposite と言うのが普通で、an/the opposite house とはあま り言わない。meet は相手の視線に視線を返すこと。their damaged stare は 具体的には窓が割れていたり壁が崩れていたりするのだろうが、それを「損な われた凝視」と言い表わしている。

❹ Making towards ...: ～の方へ進んで

❺ the thoroughfare: 大通り

❻ she tried not to keep looking behind: 「うしろを見ないようにした」ではな い。「何度もうしろを見ないようにした」である。

ことにした誰かによって開けられているのだ。

　雨は止んでいた。舗道が湯気を立てて光るなか、ドローヴァー夫人は他人の家から出ていくかのように自宅玄関からゆっくり少しずつ、誰もいない通りに出ていった。向かいに並ぶ、空き家になった家々が、その損なわれたまなざしで彼女に視線を返しつづけた。大通りとタクシーの方へ向かいながら、何度もうしろをふり向くまいと彼女は努めた。静かさは本当に強烈だった。ところどころで川の支流のように生じるロンドンの静寂が、この夏は戦争の被害によってさらに強められている。いかなる足音が近づいてこようと、彼女に聞こえないはずはない。彼女の家がある通りが終わって、いまだ人が住んでいる広場に出ると、自分の不自然なペースを彼女は意識し、それを抑えた。広場の向こうに接した道路で、二台のバスが平然とすれ違っていく。女

❼ one of those creeks of London silence: one of those ... は「よくある〜のひとつ」。第3巻 p. 116, l. 4 では one of those cigar-ad pointed beards（葉巻の広告なんかでよく見る尖ったアゴひげ）という形で出てきた。「ロンドンによく生じる沈黙の入江」。

❽ exaggerated this summer by the damage of war: そしてそういう沈黙が、この夏は、空襲によっていっそう強められているということ。

❾ no tread could have gained on hers unheard:「いかなる歩み（tread）も、聞かれることなく（unheard）、彼女の歩み（hers=her tread）に迫る（gain on）ことはありえなかった」。

❿ debouch(ed): （川・道が）狭い所から広い所に合流する（出る）

⓫ check(ed): 〜を抑える。「確かめる」ではない。p. 116, ll. 12-13 に 'There was no time to check speed'（速度を落とす時間はもうありませんでした）の形で既出。

⓬ the open end of the square: 広場の、建物に面しているのではなく、道路に面している一辺ということ。

⓭ impassively: 無感情に。安心できる情景が出てきても冷たい擬人化が続く。

other: women, ❶a perambulator, cyclists, a man wheeling ❷a barrow ❸signalized, once again, the ordinary flow of life. At the square's most ❹populous corner should be — and was — the short ❺taxi rank. ❻This evening, only one taxi — but this, ❼although it
5 presented its blank rump, appeared already to be ❽alertly waiting for her. Indeed, without looking round the driver started his engine as she ❾panted up from behind and put her hand on the door. As she did so, the clock struck seven. The taxi faced the main road: to make the trip back to her house it would have to turn —
10 she had ❿settled back on the seat and the taxi *had* turned before she, surprised by its ⓫knowing movement, ⓬recollected that ⓭she had not 'said where'. She ⓮leaned forward to scratch at the glass panel that divided the driver's head from her own.

The driver ⓯braked to what was almost a stop, turned round
15 and ⓰slid the glass panel back: ⓱the jolt of this ⓲flung Mrs Drover

❶ a perambulator: 乳母車（古風。いまは pram が普通）
❷ a barrow: 手押し車
❸ signalize(d): 〜をはっきり示す
❹ populous: 人の多い
❺ taxi rank: タクシー乗り場
❻ This evening, only one taxi—but this, although ...: センテンスが不完全だったり（only one taxi の前に there was が省かれている）、ダッシュがやたらと使われたり、映画で言えばわざと手持ちカメラで撮ったような文章に、ドローヴァー夫人の落着かない視線が反映されている。
❼ although it presented its blank rump: 「無表情な臀部を見せているものの」。タクシーが何か不気味な動物であるかのような言い方。
❽ alertly: 油断なく
❾ panted up: あえぎながら近寄っていった
❿ settled back: ゆったりもたれた

たち、乳母車、自転車数台、手押し車を押している男。それらがふたたび、生活の普通の流れを印していた。広場の一番人の多い角に小さなタクシー乗り場があるはずだ。あった。今晩は一台しか待っていないが、その一台が、虚ろな後部をさらしながらも、なぜかはっきり彼女のことを待っていたように感じられた。実際、運転手はふり返りもせずに、うしろから彼女が息を切らせてやって来てドアに手をかけたとたんにエンジンを始動させた。彼女の手がドアに触れると同時に、時計が七時を打った。タクシーは大通りの方を向いている。彼女の家に行くにはUターンしないといけない。席に体を落着けた彼女は、タクシーが事実Uターンしてから、そのいかにも万事承知したような動きに驚き、そこで初めて、「行き先」を告げていないことに思いあたった。身を乗り出して、運転手の頭と自分の頭とを隔てているガラスのパネルを開けようと必死に引っかいた。

運転手はブレーキを踏んでほとんど停車し、ふり向いて、ガラスのパネルを元に戻した。その勢いでドローヴァー夫人は前に倒れ、危うくガラスに衝

❶ knowing: 心得た様子の。*Louisa gave me a knowing look.*（ルイーザは心得顔で私を見た。『ロングマン英和辞典』）

❷ recollect(ed): ～を思い起こす

❸ she had not 'said where': 'Say when'（人に飲み物を注ぐときに、いい分量になったら止めてね、と伝える言葉）は決まり文句だが、'say where' という成句があるわけではないので、ここで said where が引用符で囲まれているのは、一見奇異で、なかなか印象的。

❹ leaned forward: 身を乗り出した

❺ brake(d): ブレーキをかける

❻ slid: slide の過去形。

❼ the jolt: がくんという揺れ

❽ flung <fling: ～を投げ飛ばす

forward till her face was almost into the glass. Through **❶** the aperture **❷** driver and passenger, not six inches between them, remained for an eternity eye to eye. Mrs Drover's mouth **❸** hung open for some seconds before she could **❹** issue her first scream.
5 After that **❺** she continued to scream freely and to beat with her gloved hands on the glass **❻** all round as the taxi, **❼** accelerating without mercy, **❽** made off with her into **❾** the hinterland of deserted streets.

---

❶ the aperture: すきま
❷ driver and passenger: A and B という形で、AB が何らかのペアを成す場合（たとえば mother and daughter）、冠詞（the）はしばしば省略される。
❸ hung open: あんぐりと開いた
❹ issue: 〜を発する
❺ she continued to scream freely: freely が何とも皮肉な一語。
❻ all round: そこらじゅう
❼ accelerating <accelerate: 加速する
❽ made off with <make off with ...: 〜を連れ去る
❾ the hinterland: 奥地。むろん普通、都市について使う言葉ではない。

突するところだった。わずかなすきま越しに運転手と乗客は、たがいに十五センチも離れていない距離から、永遠に目を合わせたままでいた。ドローヴァー夫人の口が何秒かぱっくり開いたままでいたのち、彼女はようやく最初の悲鳴を外に出すことができた。そのあとはもう、何の抑制もなく悲鳴を上げつづけ、手袋をはめた手でガラスをそこらじゅう叩き、そのさなかにもタクシーは無情にスピードを上げ、彼女を乗せて、人けのない街並の奥地へと入っていった。

ちなみに

　この短篇はいろいろなアンソロジーに入っている有名な作品だが、バラッド 'The Demon（Daemon とも）Lover' を踏まえて書かれた有名な短篇はもうひとつある。第1巻で 'The Lottery' を取り上げたアメリカの作家 Shirley Jackson による、*The Lottery and Other Stories*（1949）に収められた 'The Daemon Lover' である。こちらはボウエン短篇とはまた違ったひねりが加えられ（the lover が待てど暮らせど現われず……）、併せて読んでみるといっそう面白い。

The Loves of Lady Purple
Angela Carter

レイディ・パープルの情事

アンジェラ・カーター

難易度 3
★ ★ ★

アンジェラ・カーター
(Angela Carter, 1940-1992)

　イギリスの作家。51歳で早すぎる死を遂げたあとも、フェミニズム文学の先駆的作家、マジック・リアリズムの鬼才として評価はなお高まりつづけている。本作 'The Loves of Lady Purple' を収めた *Fireworks* は 1974 年刊、カーター初めての短篇集で、刊行時に付いていた *Nine Profane Pieces*（冒瀆的作品 9 点）という副題がカーター文学の特徴の一端を伝えている。

Inside **❶**the pink-striped booth of the **❷**Asiatic Professor only **❸**the marvellous existed and **❹**there was no such thing as daylight.

The puppet master **❺**is always dusted with a little darkness. **❻**In direct relation to his skill he **❼**propagates **❽**the most bewildering
5　enigmas **❾**for, **❿** the more lifelike his marionettes, the more godlike his manipulations and the more radical **⓫** the symbiosis between inarticulate doll and articulating fingers. **⓬**The puppeteer **⓭**speculates in **⓮**a no-man's-limbo between the real and **⓯**that which, although we know very well it is not, nevertheless seems

---

❶ the pink-striped booth: この「ピンクの縞模様の小屋」という一言で、市（いち）、見世物という雰囲気が浮かび上がる。

❷ Asiatic: Asiatic は Asian と意味はほぼ同じだが、異国性がより強まる感じがする（現在では侮蔑的に響くので Asian の方が一般的）。

❸ the marvellous: the ＋形容詞で「～な人たち、～なこと」を意味する用法がこの作品では多用されている。次の段落だけでも the real (l. 8), the living (p. 162, ll. 1-2, l. 3), the undead (l. 2) がある。

❹ there was no such thing as daylight: ただ単に 'there was no daylight' と言うのに較べ、daylight を見下しているような響きが加わる。

❺ is [...] dusted with a little darkness: 少しの闇が（埃のように）かかっている

❻ In direct relation to ...: ～と正比例して

❼ propagate(s): (思想などを) 伝え広める

❽ the most bewildering enigmas: 人を最も困惑させる謎

❾ for: すぐあとにカンマが入っているので、すぐ前の enigmas とつながっているように見えるがそうではなく、「というのも」「なぜなら」の意（おおむね because と入れ替え可能——ただし文頭では使えないが）。本作では非常に多用されている。

❿ the more lifelike his marionettes, the more godlike his manipulations and the more radical ...: the 比較級, the 比較級（～すればするほど～である）の形にもうひとつ the 比較級が加わっている。「～すればするほど～であ

アジア人教授のピンクの縦縞の小屋の中には驚異しか存在せず、昼の光などというものはなかった。

この人形使いにはいつも、わずかな闇が埃のようにかぶさっている。人を心底戸惑わせる謎をくり広げ、己の技術を駆使する。その技術の高さに正比例して、教授の操る人形たちはいっそう生きているように見え、教授の行なう操作はいっそう神のようになり、物言わぬ人形と、物言うごとくにすべてを操る指との共生関係もますます根源的になっていく。現実と、現実ではないとよくわかっているにもかかわらず現実のように見えるものとのあいだ

り、～である」。lifelike と godlike が対をなし、marionettes（人形たち）と manipulations（操り）も頭韻によって対が際立つ。radical: 根本的な

⓫ the symbiosis between inarticulate doll and articulating fingers: 口がきけない（inarticulate）人形と、はっきり表現できる（articulating）指との共生（symbiosis）。inarticulate doll の前に冠詞（an か the）が入りそうなものだが、A and B の形において AB が対であることが明確な場合、冠詞がしばしば省かれることは p. 154, l. 16 の driver and passenger について述べたとおり。

⓬ The puppeteer: 人形使い。l. 3 の The puppet master や p. 162, l. 6 の The master of marionettes とほぼ同じ。

⓭ speculate(s) in ...: ～に投資する、賭ける

⓮ a no-man's-limbo between: 普通は no-man's-land（または no man's land）という形で、A でもなく B でもない「曖昧な中間地帯」という意味になる。そして limbo だけでも、カトリックでは地獄と天国の間に存在する場所を指し、広く「中間の、どっちつかずの、（しばしば）無視された状態」という意味がある。ここではその二つを合わせて、no-man's-limbo という珍しい表現を用い、その場の持つ暗い、どっちつかずさのようなものを強調している。

⓯ that which, although we know very well it is not, nevertheless seems to be real: that which は 'what you're saying doesn't make sense' などと言うときの what と同じ。it is not のあとに real を補って考える。

to be real. ❶He is the intermediary ❷between us, his audience, the living, and they, the dolls, the undead, who cannot live at all and yet who mimic the living in every detail since, though they cannot speak or weep, still they ❸project those signals of signification we
5 instantly recognize as language.

The master of marionettes ❹vitalizes inert stuff with the dynamics of his self. ❺The sticks dance, ❻make love, pretend to speak and, finally, ❼personate death; yet, ❽so many Lazaruses out of their graves they ❾spring again in time for the next performance
10 and ❿no worms drip from their noses nor dust clogs their eyes. ⓫All complete, they once again offer their brief imitations of men and women ⓬with an exquisite precision which is ⓭all the more

---

❶ He is the intermediary ...: the intermediary は「媒介者、仲介人」。長いセンテンスだが、He is the intermediary / between us, his audience, the living, / and they, the dolls, the undead, / who cannot live at all / and yet who mimic the living in every detail / since, / though they cannot speak or weep, / still they project those signals of signification / we instantly recognize as language と切って考えるとよい。yet は but とほぼ同じ意味だが、このように and と一緒に使われもするところが but と違う。and yet はこのあと何度か出てくる。

❷ between us, his audience, the living, and they, the dolls, the undead: his audience と the living は us の言い換えで、the dolls と the undead は they の言い換え。they は us と対応させるなら them になりそうなものだが、同じように between you and me を between you and I と言う例はしばしば見られる。人形を the undead と呼ぶのは、初めから生きていないのだから死んでもいないという理屈。

❸ project those signals of signification: 意味作用のあるシグナルを送り出す

❹ vitalizes inert stuff with the dynamics of his self: 自分自身が持つ活力(the dynamics) によって、生命のない (inert) もの (stuff) に生命を与える

❺ The sticks: 棒切れ

❻ make love: 性交する

の、どちらでもない真空地帯に人形使いは賭ける。教授は媒介者である。彼の観客である、生きている私たちと、彼ら人形、死んではいない者たちとのあいだの媒介者。死んでいない者たちは、生きることはまったくできなくとも、生きている者をあらゆる細部において模倣する。喋ることも、泣くこともできずとも、意味を有する信号、見る者が即座に言語として認識する信号を、彼らは送り出すのだから。

　マリオネットの主は、自己の躍動でもって命なき物に命を吹き込む。棒切れたちが踊り、愛しあい、喋るふりをし、しまいには死を装う。が、墓から出てくるラザロさながらに、次の公演時間が来ればふたたびパッと飛び上がり、鼻から蛆虫が垂れたりもせず埃が目に詰まっていたりもしない。どこも損なわれていない体で、男や女の模倣をまたしばし、極上の精緻さで披露するが、我々はそれが嘘であることを知っているがゆえにいっそう心乱される。

❼ personate death: 死を演じる、装う

❽ so many Lazaruses out of their graves: ここで切って、次の they がこの文の主語。so many は「非常に多くの」ではなく「同数の」の意。つまり、人形一体一体がラザロのようで、人形の数だけラザロがいるようだということ。ラザロはイエスが死から蘇らせた男。「さながら、墓から蘇ったラザロたちのごとくに」

❾ spring: 飛び上がる

❿ no worms drip from their noses nor dust …: ラザロのように墓の中にいたのなら、鼻から蛆虫がしたたり落ちたりもするだろうし、埃が目をふさいでもいる（clogs）だろうが、という前提に立って言っている。

⓫ All complete, they once again offer …: All complete, / they once again offer / their brief imitations of men and women / with an exquisite precision / which is all the more disturbing / because we know it to be false と切って読む。All complete: 体じゅうどこもちゃんとしている、ということ。

⓬ with an exquisite precision: 見事な正確さで

⓭ all the more …: ますます、なおさら〜だ。*I want to help him all the more because he is so helpless.*（彼がいかにも無力だからなおさら助けてやりたい。『コンパスローズ英和辞典』）

❶ disturbing because we know it to be false; and so this art, **❷** if viewed theologically, may, perhaps, be **❸**blasphemous.

Although he was only a poor travelling showman, the Asiatic Professor had become **❹** a consummate virtuoso of puppetry. He
5 **❺**transported his collapsible theatre, **❻**the cast of his single drama and **❼** a variety of properties in **❽** a horse-drawn cart and, after he played his play in many beautiful **❾**cities which no longer exist, such as Shanghai, Constantinople and St Petersburg, he and **❿**his small entourage arrived at last in a country in Middle Europe where
10 **⓫** the mountains sprout jags as sharp and unnatural as those a child outlines with his crayon, **⓬**a dark, superstitious Transylvania where they **⓭**wreathed suicides with garlic, pierced them through the heart with **⓮**stakes and **⓯**buried them at crossroads while

---

❶ disturbing: 人を不安にさせる、不穏な

❷ if viewed theologically: 神学的に見れば

❸ blasphemous: 不敬な、冒瀆的な。当初この作品の副題についていたと前述した profane という言葉よりずっと意味が強い。人形使いは人間を創造した神のふるまいを真似ているわけであり、たしかにキリスト教的には「冒瀆」と言える。

❹ a consummate virtuoso of puppetry: 人形芝居（puppetry）の究極の（consummate）名人（virtuoso）。

❺ transported his collapsible theatre, ...: 折り畳み式の（collapsible）劇場や〜を運んだ。以下、a variety of properties までが transported の目的語。

❻ the cast of his single drama: たったひとつの出し物の出演俳優たち

❼ a variety of properties: さまざまな小道具

❽ a horse-drawn cart: 馬が牽く荷車

❾ cities which no longer exist, such as Shanghai, Constantinople and St Petersburg: コンスタンチノープルはイスタンブルとなり、サンクトペテルブルクはこの作品の発表時はレニングラードとなっていて、文字どおりもはや存在しなかった（後者は 1991 年のソ連崩壊後にサンクトペテルブルクに戻った）。上海については、租界時代の上海がもはやないということか。

したがって、神学的見地から考えるなら、この営みは神に対する冒瀆かもし
れない。

　一介の貧しい旅芸人とはいえ、アジア人教授の人形使いの技はいまや至高
の名人芸の域に達していた。折り畳み式の舞台、ただひとつの劇の登場人物
たち、種々の小道具を荷車に載せて馬に牽かせ、上海、コンスタンチノープ
ル、サンクトペテルブルクといったもはや存在しない多くの美しい都市で劇
を上演した末に、教授とそのお伴の者たちは、中央ヨーロッパのどこかの、
子供がクレヨンで輪郭を描いたようなギザギザの山々が突き出ている国に着
いた。自殺した者の死体の周りにニンニクを花輪のように並べ、心臓に杭を

⓾ his small entourage: 少数のお付きの者たち。entourage は普通、王侯貴族
　や大統領などに用いる。
⓫ the mountains sprout ...: the mountains sprout jags / as sharp and
　unnatural / as those a child outlines / with his crayon と切る。sprout は
　普通、植物などが芽や葉を出すことを言うが、ここでは「ギザギザ」(jags) を出す、
　というやや異様なイメージで、それが子供がクレヨンを使って描くギザギザと似
　ていると続く（those は jags）。ここでも現実と虚構が入り交じる感覚。
⓬ a dark, superstitious Transylvania: 暗く迷信深いトランシルヴェニア。ブラ
　ム・ストーカーがかの名作を世に送り出して以来（1897）、この地名はドラキュ
　ラと不可分になった。
⓭ wreathed suicides with garlic: 自殺者 (suicides) にニンニクの輪をつけた。
　東欧では、神の教えに背いた者や自殺者は神の救いを受けられず吸血鬼になる
　という言い伝えがあった。ニンニクは言うまでもなく、何より強力な吸血鬼除け。
⓮ stake(s): 杭。心臓に杭を打ち込むのも、吸血鬼の息の根を止めるための基本。
⓯ buried them at crossroads: ヨーロッパでは自殺者は罪深い身とされ、墓地
　に埋葬してもらえず田舎道の十字路に葬られる時代が続いた。

❶ warlocks continually ❷ practised rites of immemorial beastliness in the forests.

He had only the two assistants, a deaf boy in his teens, his nephew, to whom he taught ❸ his craft, and ❹ a foundling dumb
⁵ girl no more than seven or eight ❺ they had picked up on their travels. When the Professor spoke, nobody could understand him for he knew only ❻ his native tongue, which was ❼ an incomprehensible rattle of staccato k's and t's, so he did not speak at all ❽ in the ordinary course of things and, ❾ if they had taken
¹⁰ separate paths to silence, ❿ all, in the end, signed a perfect pact with it. But, when the Professor and his nephew sat in the sun outside their booth in the mornings before performances, they held ⓫ interminable dialogues in sign language ⓬ punctuated by soft, wordless ⓭ grunts and whistles ⓮ so that ⓯ the choreographed
¹⁵ quiet of their discourse was like ⓰ the mating dance of tropic birds.

---

❶ warlock(s): 黒魔術師
❷ practised rites of immemorial beastliness: 遠い昔の (immemorial) 野蛮さ (beastliness) が具わる儀式 (rites) を執り行なった (practised)
❸ his craft: 自分の持っている技
❹ a foundling dumb girl: 口の利けない (dumb) 拾い子の (foundling) 女の子
❺ they had picked up on their travels: girl にかかる。
❻ his native tongue: 母語
❼ an incomprehensible rattle of staccato k's and t's: incomprehensible は「理解不能な」。rattle は赤ちゃんのガラガラや、ガラガラ蛇が音を出す器官を指す語であり (ガラガラ蛇は a rattlesnake)、教授の話す言葉も k や t が (たとえば m や l ではなく) 多用され、そういう音を連想させる響きだということ。
❽ in the ordinary course of things: 普通の事態では、ふだんは
❾ if they had taken separate paths to silence: 別々の道筋をたどって沈黙に

突き刺して十字路に埋める、暗く迷信深いトランシルヴェニア。その間ずっと森では、黒魔術師たちが太古からの残忍さを伝える儀式を行なっている。

　教授には助手が二人いるのみである。一人は十代の、耳の聞こえない男の子で、自分の甥であるこの子に教授は商売の技術を教え込んだ。もう一人は七歳か八歳の、口の利けない女の子で、捨て子だったのを巡業中に拾ったのだった。教授は自分の母語しか話さないので、喋っても誰一人理解できなかった。スタッカートのk音やt音の、訳のわからない連なり。というわけで教授はふだんはまったく喋らず、三人とも沈黙へとたどり着いた道筋は別々でも、最終的にはみな沈黙と完全な契約を交わした点では同じだった。とはいえ教授と甥は、朝のうち、公演の始まる前に芝居小屋の外で日なたに座っていたりすると、手話ではてしない対話をくり広げ、その合い間に柔らかな、言葉にならないうなり声や口笛が句読点のようにはさまるものだから、二人

　行き着いたとしても。教授は誰にも理解できない言語しか話さず、男の子は耳が聞こえず、女の子は口が利けず、と、それぞれ別々の理由で沈黙に至っている。

❿ all, in the end, signed a perfect pact with it: みな結局（in the end）、それ（it=silence）と完全な契約を結んだ

⓫ interminable: いつ果てるとも知れない、とめどない

⓬ punctuated by ...: ～によって区切られて、～の句読点がついて

⓭ grunts and whistles: うなり声や口笛

⓮ so that ...: それで～、そのため～

⓯ the choreographed quiet of their discourse: choreographed（振付けがついた）の一語が手話の複雑な、あざやかな動きを伝えている。quiet はここでは名詞で「静かさ」、discourse は「対話」。

⓰ the mating dance: 求愛ダンス

And **❶** this means of communication, **❷** so delicately distanced from humanity, **❸** was peculiarly apt for the Professor, who **❹** had rather the air of **❺** a visitant from another world **❻** where the mode of being was conducted in nuances rather than affirmatives. This
5 **❼** was due partly to his extreme age, for he was very old although **❽** he carried his years lightly even if, these days, in this climate, he always felt a little chilly and so **❾** wrapped himself always in **❿** a moulting, woollen shawl; yet, **⓫** more so, it was caused by **⓬** his benign indifference to everything except **⓭** the simulacra of **⓮** the
10 living he himself created.

Besides, however far the entourage travelled, **⓯** not one of its members had ever comprehended to any degree the foreign. They were all **⓰** natives of the fairground and, after all, all fairs are the same. Perhaps every single fair is no more than **⓱** a

---

❶ this means of communication: この伝達手段。means は「方法、手段」の意で単数扱い。

❷ so delicately distanced from humanity: 人間らしさからきわめて微妙に距離を置いていて

❸ was peculiarly apt: 不思議と適切だった

❹ had rather the air of ...: どことなく（rather）〜という気配があった

❺ a visitant: 訪問者

❻ where the mode of being was conducted in nuances rather than affirmatives: この部分が another world にかかる。「存在のあり方（the mode of being）が、断言（affirmatives）よりもむしろ微妙な差異（nuances）によって営まれる」

❼ was due partly to ...: 部分的には〜のせいだった

❽ he carried his years lightly: この lightly は、たとえば *wear one's learning lightly*（自分の知識をひけらかさない。『リーダーズ英和辞典』）などと同じ。

❾ wrapped himself [...] in ...: 〜にくるまった

❿ a moulting, woollen shawl: 毛が抜け落ちる（moulting）羊毛製の肩掛け。

の会話の、振付けされたような静けさは、熱帯の鳥同士が交わす求愛のダンスを思わせた。そしてこの、人間の行為から微妙にずれた通信手段は、教授には妙に合っていた。なぜなら彼には、どこか別世界からの訪問者のような雰囲気があったからだ。それも、生きる営みが主張や断言によってではなく微妙な陰影によって進められる世界から来た人という雰囲気が。これはひとつには彼が非常に高齢だったせいもある。まあ歳の割に若く見えるとはいえ、実はかなりの年齢であり、最近はこのへんの気候にいつも若干寒気を感じていて、毛がどんどん抜けていくウールのショールでいつも体を包んでいた。とはいえ年齢以上に大きな原因は、自らが創造した生者の幻影以外のすべてのことにとことん呑気に無関心であることだった。

　加えて、皆でどれだけ遠くまで旅をしても、三人のうち誰一人、いかなる異国的なるものもまったく理解しなかった。彼らはみな市の会場で生まれ育ったのであり、結局のところ市というものはどこへ行っても同じなのだ。

---

moult は鳥などの生き物について使うのが普通。
⓫ more so: それ（高齢であること）以上に
⓬ his benign indifference to ...: 〜に対する悪意なき無関心、無頓着
⓭ the simulacra: 現代フランス哲学経由で「シミュラークル」の形で日本語に定着した語で、「虚像」「イメージ」「幻影」といった意味。単数形は simulacrum。
⓮ the living he himself created: 自分が創り出した生者たち
⓯ not one [...] comprehended to any degree the foreign: the foreign が comprehended の目的語。「誰一人…異国的なるものを少しも理解しなかった」
⓰ natives of the fairground: the fairground で生まれ育った者たち。fairground は定期市が開かれる場。
⓱ a dissociated fragment of ...: 〜から分離した断片。a dissociated personality（分裂人格）というように、dissociate には「必要なつながりが断ち切られている」というニュアンスが伴う。

dissociated fragment of one single, great, original fair **❶**which was
❷inexplicably scattered long ago **❸**in a diaspora of the amazing.
❹Whatever its location, a fair maintains **❺**its invariable, self-
consistent atmosphere. **❻**Hieratic as knights in chess, the painted
5 horses on **❼**the roundabouts **❽**describe **❾**perpetual circles **❿**as
immutable as those of the planets and as **⓫**immune to the drab
world of here and now whose **⓬**inmates come to **⓭**gape at such
extraordinariness, **⓮**such freedom from actuality. **⓯**The huckster's
raucous invitations are made in a language beyond language,
10 or, perhaps, in **⓰**that ur-language of grunt and bark **⓱**which lies
behind all language. Everywhere, the same old women **⓲**hawk
glutinous candies which seem **⓳**devised only to make flies drunk
on sugar and, though **⓴**the outward form of such excessive sweets

---

❶ which was inexplicably ...: 以下は文末まですべて fair にかかる。

❷ inexplicably scattered: どういうわけか散り散りになった

❸ in a diaspora of the amazing: 驚くべきものたちが国外離散（ディアスポラ）する中で。バビロンに捕囚されていたユダヤ人がパレスチナから離散したという史実がイメージとしてある。

❹ Whatever its location: 場所がどこであれ。うしろに may be を補うとわかりやすいかもしれない。

❺ its invariable, self-consistent atmosphere: その変わらざる、首尾一貫した雰囲気

❻ Hieratic: 'highly stylized or formal'（高度に様式化された、もしくは形式ばった。*Merriam-Webster Dictionary*）

❼ the roundabouts: 回転木馬

❽ describe: ここでは「描写する」ではなく軌跡などを「描く」。

❾ perpetual circles: 永続する円

❿ as immutable as those of the planets: 惑星の描く円と同じくらい不変の

⓫ immune to the drab world of here and now: いま・ここのパッとしない（drab）世界の影響を受けない

170

一つひとつの市はすべて、ただひとつの偉大な原初の市の、繋がりを断ち切られた断片でしかないのではあるまいか。その原初の市がずっと昔、なぜか不可解にも各地に散らばり、驚異なるものの国外離散（ディアスポラ）が続いてきたのではないか。どの地で開かれようと、市はその不変の、一貫した雰囲気を保つ。回転木馬の、チェスにおけるナイトのように様式化された色とりどりの馬たちが描く恒久的な円は、惑星の描く円に劣らず不変であり、いま・ここの冴えない現実生活ともやはり惑星に劣らず無縁である。そのパッとしないいま・ここの住人たちが市にやって来て、かくも日常を超えたもの、かくも現実から自由であるものをあんぐり口を開けて見物するのだ。騒々しい呼び込みは、言語の向こう側に存する言語によって為されている。あるいは、すべての言語の背後に存するうなり声や吠え声から成る原初の言語によって、と言うべきか。どこへ行っても同じ老いた女たちが、蠅を糖分で酔わせることを唯一

---

⑫ inmates: 本来は刑務所などの施設の被収容者。ここでは、the drab world of here and now（要するに現実）の住人。

⑬ gape at such extraordinariness: ぽかんと口を開けて（gape）、それほどの非凡さ（extraordinariness）に見とれる

⑭ such freedom from actuality: それほど現実から解放されているさま

⑮ The huckster's raucous invitations: 呼び込み屋の騒がしい呼び声

⑯ that ur-language of grunt and bark: うなったり吠えたりする声から成る原初の言語。ur- は名詞の前について「原 -」の意味となる。通常以上に起源をさかのぼっているという響きがある。*Above Is Leonardo da Vinci's design for an ur-tank.*（上はレオナルド・ダ・ヴィンチによる原 - 戦車のデザイン。*Oxford English Dictionary*）

⑰ which lies behind all language: そしてどんな言語も、さかのぼればそういううなりや吠え声を起源に持っているはずだ、という前提に立っている。

⑱ hawk glutinous candies: べたべたの砂糖菓子を呼び売りする

⑲ devised only to make flies drunk on sugar: ひたすら蠅を砂糖で酔わせるために作られた

⑳ the outward form of such excessive sweets: 過度に甘い菓子の外見

may vary from place to place, ❶ their nature, never. ❷ A universal
cast of two-headed dogs, ❸ dwarfs, alligator men, bearded ladies
and giants in ❹ leopard-skin loin cloths ❺ reveal their singularities
in the sideshows and, wherever they come from, they ❻ share
5 the sullen glamour of deformity, ❼ an internationality which
acknowledges no geographic boundaries. Here, the grotesque is
❽ the order of the day.

❾ The Asiatic Professor picked up the crumbs that fell from
this heaping table ❿ yet never seemed in the least at home
10 there ⓫ for ⓬ his affinities did not lie with ⓭ its harsh sounds and
primary colouring although it was the only home he knew. He
had ⓮ the wistful charm of ⓯ a Japanese flower which only blossoms
when dropped in water for he, too, ⓰ revealed his passions through

---

❶ their nature, never: their nature never varies
❷ A universal cast: 普遍的な配役
❸ dwarf(s): 小人
❹ leopard-skin loin cloths: ヒョウ皮の腰巻
❺ reveal their singularities in the sideshows: サイドショーでそれぞれの特異
性をさらす。sideshow はサーカスなどの、メインの出し物ではない「余興」。
❻ share the sullen glamour of deformity: 畸形 (deformity) 特有の陰鬱な
魅力 (the sullen glamour) を共有している
❼ an internationality which acknowledges no geographic boundaries: 地
理的な境界線 (geographic boundaries) を認めない国際性
❽ the order of the day: 時の風潮、基調。*Casual clothes are the order
of the day.* (今日、服装はカジュアルが基調だ。*Longman Dictionary of
Contemporary English*)
❾ The Asiatic Professor picked up ...: The Asiatic Professor picked up
the crumbs / that fell from this heaping table / yet never seemed
in the least at home there / for / his affinities did not lie / with its

目的に作られたように思えるベトベトのキャンディを声を枯らして売っている。そういう過剰に甘い菓子は、外形こそ場所ごとに変わるかもしれないが、本質は決して変わらない。双頭の犬、小人、ワニ男、髭女、ヒョウ皮の腰巻きを着けた大男といった万国共通のキャストは、サイドショーの舞台に立ちおのおのの特異さをさらすけれども、どこの出であろうと、畸形というものの持つ一種陰気な華やかさはみな共通している。その国際性は、地理的な境界などいっさい関係ない。ここではグロテスクさこそが基調なのだ。

　食べ物が山と載ったこの食卓から、アジア人教授もいわばパン屑を拾っているわけだが、その食卓にあって教授はいつも、少しもくつろいでいるようには見えなかった。ここが彼の知る唯一の家ではあっても、その耳障りな音、どぎつい色に彼の共感が向けられているわけではなかったからだ。水中に落として初めて花開く日本の花のような、ある種憂いを帯びた魅力を教授は

harsh sounds and primary colouring / although it was the only home he knew と切る。「山盛りの (heaping) テーブルから落ちたパン屑 (the crumbs) を拾う」というのは日本語の「おこぼれに預かる」に近い。

❿ yet never seemed in the least at home: だが決して、少しもくつろいで (at home) いるようには見えなかった

⓫ for: ここも「というのも」「なぜなら」

⓬ his affinities did not lie with ...: 彼の共感 (affinities) は〜には寄せられていなかった

⓭ its harsh sounds and primary colouring: がさつな音と、原色的な色合い。primary colours といえば「原色」。

⓮ the wistful charm: 哀愁を帯びた、切なさに彩られた魅力

⓯ a Japanese flower which only blossoms when dropped in water: 水中に落ちて初めて花開く (blossoms) 日本の花とは、本物の花ではなくいわゆる「水中花」のことだろう。

⓰ revealed his passions through a medium other than himself: 自分自身ではない媒体 (a medium) を介して自分の情熱を明かした

a medium other than himself and this was his heroine, the puppet, ❶Lady Purple.

　She was the Queen of Night. There were glass rubies in her head for eyes and her ❷ferocious teeth, ❸carved out of mother
5　o' pearl, were always ❹on show for she had a permanent smile. Her face was as white as chalk because it was covered with the skin of ❺supplest white leather ❻which also clothed her torso, ❼jointed limbs and ❽complication of extremities. Her beautiful hands seemed more like weapons because her nails were so long,
10　❾five inches of pointed tin enamelled scarlet, and she wore a wig of ❿black hair arranged in a chignon ⓫more heavily elaborate than any human neck could have endured. This ⓬monumental *chevelure* ⓭was stuck through with many brilliant pins ⓮tipped with pieces of broken mirror ⓯so that, every time she moved, she

---

❶ Lady Purple: Arthur Waley 訳の *The Tale of Genji* (1925-33) では著者は Lady Murasaki と表記されている（Seidensticker による 1976 年刊の訳では Murasaki Shikibu）。といってこの人形に紫式部を思わせるところがあるわけではなく、むしろそうした連想がとことん場違いであることがポイントか。

❷ ferocious: 荒々しい

❸ carved out of mother o' pearl: 貝殻の真珠層を彫って作った。mother o' pearl: mother of pearl

❹ on show: 見えている。芸術作品などが「公開されて」の意になることが多い。*His paintings are now on show at a gallery.*（彼の絵は今画廊に展示されている。『コンパスローズ英和辞典』）

❺ supplest white leather: しなやかさを極めた白い革

❻ which also clothed ...: その白い革がさらに覆っていた（also clothed）のは、以下 her torso から extremities まですべて。

❼ jointed limbs: 継ぎ目のある手足

❽ complication of extremities: 先端部分（extremities）の複雑なさま

持っている。彼もまた、自分自身以外の媒介を通して初めて己の熱情を明か
す。その媒介とは彼のヒロインたる、操り人形レイディ・パープルだった。

　彼女は夜の女王だった。頭には目としてガラスの紅玉（ルビー）が入っており、真珠
層を彫った獰猛な歯は終始笑みを浮かべているためつねに露出していた。顔
はこの上なくしなやかな白い革の肌で覆われているのでチョークのように白
く、この白い革がさらに胴、継ぎ合わされた手足、そして手先足先の複雑な
部分をくるんでいた。爪がおそろしく長いので美しい両手は武器のように見
えた。先を尖らせた長さ十二センチのブリキに紅色のマニキュアが塗ってあ
るのだ。シニヨンに結った黒髪のかつらは、およそいかなる人間の首も耐え
られないほど重たく凝った造りだった。この堂々たる頭髪にはキラキラ光る
ピンがいくつも挿してあり、ピンの先端には割れた鏡の破片が付けてあるの

❾ five inches of pointed tin enamelled scarlet: まず so long と述べた爪の説
明。真っ赤なマニキュアを塗った (enamelled scarlet) 尖ったブリキ (pointed
tin) が 10 センチ以上のびている。

❿ black hair arranged in a chignon: シニヨンでまとめた黒髪

⓫ more heavily elaborate than any human neck could have endured: ど
んな人間の首も耐えられるはずがないほど重たく手の込んだ

⓬ monumental *chevelure*: とてつもなく堂々とした頭髪。chignon, coiffure（髪
型）、そしてこの *chevelure*（頭髪）など、頭髪関係の言葉にはフランス語が多い。

⓭ was stuck through with many brilliant pins: 多くのきらびやかなピンが挿
してあった

⓮ tipped with ...: 〜が先端についた

⓯ so that: p. 166, ll. 14-15 の so that the choreographed quiet of their
discourse was like ... と同じ「なので」「だから」。

❶cast a multitude of scintillating reflections which ❷danced about the theatre ❸like mice of light. Her clothes ❹were all of deep, dark, slumbrous colours — ❺profound pinks, ❻crimson and ❼the vibrating purple with which she was synonymous, ❽a purple the
5 colour of blood in ❾a love suicide.

She must have been the masterpiece of ❿a long-dead, anonymous artisan and yet she was nothing but a curious structure ⓫until the Professor touched her strings, for ⓬it was he who filled her with necromantic vigour. He ⓭transmitted to her ⓮an
10 abundance of the life he himself seemed to possess so tenuously and, when she moved, ⓯she did ⓰not seem so much a cunningly

❶ cast a multitude of scintillating reflections: 多数のきらめく (scintillating) 鏡像 (reflections) を放った

❷ danced about the theatre: 劇場内のあちこちで舞った。about は「〜の方々(ほうぼう)に」。books lying about the room (部屋のあちこちに散らかっている本。『研究社 新英和大辞典』)

❸ like mice of light:「光の鼠たち」はありふれた比喩ではなく、danced about the theatre からつながって出てきた独特の表現。

❹ were all of deep, dark, slumbrous colours: 深くて濃い、眠りを誘う (slumbrous) 色が揃っていた

❺ profound pinks: 深みのあるピンク

❻ crimson: 深紅

❼ the vibrating purple with which she was synonymous: 直訳は「彼女がその同義語になっている、震える紫」。

❽ a purple the colour of blood: 血の色である紫。the colour の前に of などの前置詞が要りそうだが不要。ドビュッシー「亜麻色の髪の乙女」('La fille aux cheveux de lin') の英訳題名は 'The Girl with Hair the Colour of Flax'。

❾ a love suicide: 心中

❿ a long-dead, anonymous artisan: 遠い昔に死んだ無名の職人

⓫ until the Professor touched her strings: むろんこの strings は人形の操り

で、動くたびに無数のきらめく鏡像が放たれ、それらが劇場じゅうを光の鼠みたいに踊り回った。彼女の服はさまざまに深い、暗い、眠たげな色が揃っていた。深み豊かなピンク、紅色（くれない）、そしてその名にもあるうち震える紫。それは心中（しんじゅう）の血の紫色だった。

彼女はきっと、もうずっと前に亡くなった名もない職人が作った渾身の一作だったにちがいない。けれども教授がその操り糸に触れるまでは、ただの珍しい作り物でしかなかった。教授こそが彼女に、妖しい魔術的な活力を与えたのである。教授は彼女に、自分ではごく希薄にしか有していないように見える生命を豊富に伝達し、彼女が動くときその姿は巧妙に模造した女性と

糸のことだが、この言い方は touch a string in somebody's heart（人の心の琴線に触れる）というフレーズも連想させる。

❷ it was he who filled her with necromantic vigour: 魔術の力（necromantic vigour）で彼女を満たしたのは教授だった。necromancy は魔術の中でも特に、邪悪な妖術、降霊術を指す。

❸ transmit(ted): 〜を伝達する

❹ an abundance of the life he himself seemed to possess so tenuously: 教授本人はきわめて希薄に（so tenuously）しか所有していないと思える生命の横溢（おういつ）（an abundance）

❺ she did not seem so much a ...: このように not ... so much という形を見たら as が出てくるのを待つ。not so much A as B で「A というよりむしろ B」の意。

❻ not [...] so much a cunningly simulated woman as a monstrous goddess: simulated（似せた）という言葉は、p. 168, ll. 9-10 で教授が 'the simulacra of the living he himself created'（自らが創造した生者の幻影）にしか関心がない、と述べられていたことを想起させるが、ここでは話がさらにエスカレートしていて、この人形が「生者の幻影」という次元を超えて「怪物のような女神」（a monstrous goddess）に見える、と述べられている。

simulated woman as a monstrous goddess, ❶at once preposterous and magnificent, who ❷transcended the notion she was dependent on his hands and ❸appeared wholly real and yet entirely other. ❹Her actions were not so much an imitation as a distillation and
5 intensification of those of a born woman and so she could become ❺the quintessence of eroticism, for ❻no woman born would have dared to ❼be so blatantly seductive.

The Professor allowed no one else to touch her. He himself looked after her costumes and jewellery. When the show was
10 over, he placed his marionette in ❽a specially constructed box and carried her back to ❾the lodging house where he and his children shared a room, for she was too precious to be left in the ❿flimsy theatre, and, besides, he could not sleep unless she lay beside him.

The ⓫catchpenny title of ⓬the vehicle for this remarkable
15 actress was: ⓭*The Notorious Amours of Lady Purple, the Shameless*

---

❶ at once preposterous and magnificent: preposterous（途方もない）は否定的に響く、magnificent は肯定的に響く形容詞であり、普通は同時に使われる二語ではないので、わざわざ at once（同時に）という言葉が添えられている。

❷ transcended the notion ...: notion のあとに that を補ってもいい。「～という観念を超えていた」

❸ appeared wholly real and yet entirely other: 完全に real に見える一方で、まったく other に見えた。other は日本語にしづらいが、人間とは違う「他なる」ということ。

❹ Her actions were not so much an imitation as ...: p. 176, l. 11 の she did not seem so much a ... に続いてふたたび not so much A as B のパターン。an imitation で完全に切ってしまわず、次の a distillation and intensification とともに、すべてそのあとの of those of a born woman につなげて考える。those は actions。「彼女の動きは、女に生まれた者（a born woman）の動きを模倣したもの（imitation）というよりは、それを蒸留した

いうよりは奇怪千万な女神という趣だった。異様な、と同時に壮麗なその姿は、教授の手に依存しているなどといった観念を超越して、とことん生々しく、かつまったく他なるものに見えた。動き一つひとつが、女に生まれた者の動きを模倣したというより、それを純化し強化したものであって、エロチシズムの神髄そのものと化していた。女に生まれた者は誰も、そこまで臆面もなく誘惑的になれはしない。

　教授はほかの誰にも彼女に触らせなかった。衣裳も装飾品も自分で世話した。見世物が終わると、特別にこしらえた箱に人形を入れ、子供二人と一部屋を借りている下宿屋に連れて帰った。粗末な芝居小屋に置いておくには彼女はあまりに貴重だったし、何より彼女が隣に横たわっていないと教授は眠れなかったのである。

　このめざましき女優のために作られた出し物は、「レイディ・パープル、恥を知らぬ東洋のビーナスの悪名高き情事」なるわざとらしい題がついてい

もの（distillation）、強化したもの（intensification）だった」

❺ the quintessence of eroticism: エロチシズムの精髄

❻ no woman born would have dared to …: 女に生まれ落ちた者の誰一人、〜する度胸はなかっただろう

❼ be so blatantly seductive: それほど露骨に誘惑的になる

❽ a specially constructed box: 特別にあつらえた箱

❾ the lodging house: 下宿屋

❿ flimsy: 薄っぺらな、チャチな

⓫ catchpenny: 俗受けを狙った

⓬ the vehicle: 本来は「乗り物」の意だが、ここでは「媒体」「手段」。

⓭ The Notorious Amours of Lady Purple …: 作品自体の 'The Loves of Lady Purple' というタイトルは、ここに出てくる外国語交じり（Amours はフランス語で「愛」「情事」）のエキゾチックなタイトルの意図的に平板な英語化と思える。

Oriental Venus. Everything in the play was entirely exotic. ❶The incantatory ritual of the drama ❷instantly annihilated the rational and ❸imposed upon the audience a magic alternative in which nothing was in the least familiar. ❹The series of tableaux which
5 illustrated her story were in themselves so filled with meaning that when the Professor ❺chanted her narrative in his impenetrable native tongue, the ❻compulsive strangeness of the spectacle ❼was enhanced rather than diminished. As he ❽crouched above the stage directing his heroine's movements, he ❾recited a verbal
10 recitative in ❿a voice which clanged, rasped and swooped up and down in a ⓫weird duet with ⓬the stringed instrument from which the dumb girl ⓭struck peculiar intervals. But ⓮it was impossible to mistake him when the Professor spoke in the character of

---

❶ The incantatory ritual of the drama: そのドラマの、呪文のごとき儀式性

❷ instantly annihilated the rational: 合理的なものを一瞬にして葬り去った。annihilate は /ənáɪəlèɪt/ と読む。

❸ imposed upon the audience a magic alternative: impose はたいてい impose A on/upon B（AをBに押しつける）の形で使われ、この場合もそうだが順番が入れ替わって impose on/upon B A となることも多い。a magic alternative とは現実に代わるもの、前行で言う 'the rational' に代わるものということ。

❹ The series of tableaux which illustrated her story: tableaux（単数形は tableau）とは「生きた人が扮装し静止した姿勢で舞台上などで名画や歴史的場面を再現すること」(『リーダーズ英和辞典』)で、19世紀までは家庭での娯楽でもあった。この一座の安手の人形劇にあっては、動きもおそらく最小限にとどめられ、タブロー的な演出が活用されたにちがいない。

❺ chanted her narrative in his impenetrable native tongue: chant は単調に「唱える」という響きであり、物語の中ではそれがしばしば呪文のように作用する(＝人を enchant する)場合が少なくない。impenetrable は「penetrate できない」、すなわち誰にもわかりようがないということ。

た。劇の何もかもがとことんエキゾチックだった。呪文のような儀式性が、合理的なものを瞬時に抹殺し、何ひとつ少しも見慣れたもののない魔法の代替物でもって観客たちに迫ってくる。一連の静止画（タブロー）が演じられて彼女の物語を伝え、それら自体に意味がきわめて濃密に詰まっているので、教授が彼女の物語を、誰にも伝わらない自分の母語で唱えると、見世物全体の否応ない異様さは減じるよりむしろ増加するのだった。舞台の上に覆いかぶさるようにして、ヒロインの動きを操りながら教授は言葉のレチタティーヴォを唱え、その声がガンガン、ギシギシと鳴り響き、すうっと上昇してはまた下降し、口の利けない女の子が奏でて奇妙な間合いを作り出す弦楽器と妖しいデュエットをくり広げる。けれども、教授がいつレイディ・パープルとなって語っ

❻ compulsive: 否応なしの、心を捉えて放さない
❼ was enhanced rather than diminished: 弱められるよりむしろ高められた
❽ crouched above the stage: 舞台の上に身をかがめた
❾ recited a verbal recitative: 言葉のレチタティーヴォ（オペラなどで、語るように歌う歌い方）を唱える。この recite は l. 6 の chant に近い。
❿ a voice which clanged, rasped and swooped up and down: 教授の声がお世辞にも美声ではないことがわかる。clang は鐘などがガンガン鳴ることを言い、rasp は名詞としては「やすり」であって、動詞としてもやすりが擦れるような音を意味する。swoop はふつう音ではなく動きを表わす言葉で、鳥などが一気に飛び上がったり降下したりする感じ。
⓫ weird: 不気味な
⓬ the stringed instrument: 弦楽器
⓭ struck peculiar intervals: 奇妙な間合いを奏でた
⓮ it was impossible to mistake him when the Professor spoke in the character of Lady Purple herself: そんな声で本当に妖艶な女性を演じられるのかと思うだろうが……という暗黙の前提があるので、このような言い方になっている。

Lady Purple herself **❶** for then his voice **❷** modulated to a thick, lascivious murmur like fur soaked in honey which **❸**sent unwilling shudders of pleasure **❹** down the spines of the watchers. In **❺** the iconography of the melodrama, Lady Purple **❻** stood for passion, 5 and all her movements were calculations in **❼**an angular geometry of sexuality.

The Professor somehow always **❽** contrived to **❾** have a few handbills printed off in the language of the country where they played. These always gave the title of his play and then they used 10 to **❿**read as follows:

*Come and see **⓫** all that remains of Lady Purple, **⓬** the famous prostitute and wonder of the East!*

15

A unique sensation. See how **⓭** the unappeasable appetites of

---

❶ for then: というのも、そういうときは（Lady Purple を演じるときは）

❷ modulated to a thick, lascivious murmur: modulate は声の調子が変わること。thick は声について使うと「不明瞭な」「かすれた」という意になる。lascivious: 好色な

❸ sent unwilling shudders of pleasure: 不本意な（unwilling）快楽の震え（shudders）を走らせた

❹ down the spines of the watchers: 観客たちの脊椎に

❺ the iconography: 「図像学」などと訳され、こういう図であればこういう意味や象徴を表わす、といった体系のこと。

❻ stood for passion: 情熱を表わした

❼ an angular geometry of sexuality: 直訳すれば「セクシュアリティの角張った幾何学」。人形は性のさまざまな要素を伝えるにあたっても、ぎくしゃくした木の動きで表わすしかないが、それが独特の妖艶さを生んでいることがほのめ

ているかは間違いようがなかった。そのときは声も変調して、蜂蜜に浸した毛皮のような、どこか濁った淫らな呟きと化し、観客たちの背骨に思わず快楽の戦きが走った。演じられるメロドラマの体系において、レイディ・パープルは情熱を体現し、その動作はすべて、セクシュアリティの角張った幾何学の計算値だった。

　どうやってだか、教授はいつも、上演する国の言語で書かれたチラシを一定数確保した。いつもかならず劇の題があって、それからこう書いてあった。

東洋の名だたる娼婦にして驚異、

レイディ・パープルの壮絶な末路をご覧あれ！

唯一無二のセンセーション。抑え難き欲求によって遂にレイディ・パー

かされている。

❽ contrived to ...: どうにかやりくりして〜した

❾ have a few handbills printed off: ビラ、チラシを何枚か印刷させる。print off は print out とそれほど変わらない。

❿ read: 文脈から明らかだが、この read は「読む」ではなく「読める」「書いてある」。

⓫ *all that remains of ...*:「〜で残ったものすべて」。「なれの果て」という日本語を連想させるような、いまや見るも無惨、という響き。

⓬ *the [...] prostitute*: 娼婦

⓭ the unappeasable appetites: 鎮めようのない欲望。安手のチラシにずいぶん高級な言葉を、と思うのは誤解で、むしろ陳腐な決まり文句という感じ。

Lady Purple turned her at last into ❶ the very puppet you see before you, pulled only by the strings of *lust*. Come and ❷ see the very doll, ❸the only surviving relic of the shameless Oriental Venus herself.

5

The ❹bewildering entertainment possessed ❺almost a religious intensity for, since ❻ there can be no spontaneity in a puppet drama, it always ❼ tends towards the rapt intensity of ritual, and, *10* at its conclusion, as the audience ❽ stumbled from the darkened booth, ❾ it had almost suspended disbelief and ❿ was more than half convinced, ⓫as the Professor assured them so eloquently, ⓬that the bizarre figure who had ⓭dominated the stage was indeed ⓮the petrification of ⓯ a universal whore and had once been a woman

---

❶ the very puppet you see before you: 芝居小屋で興行師が観客を前に、人形のかたわらで喋っている様子をそのまま再現している。

❷ see the very doll: まさにその人形をご覧あれ。l. 1 の the very puppet に続いてここでも very が強調に使われているが、これも文章を意図的に安っぽくしている。

❸ the only surviving relic: 現存する唯一の遺物

❹ bewildering:（人を）ひどく困惑させる

❺ almost a religious intensity: ほとんど宗教的と言っていい強烈さ

❻ there can be no spontaneity in a puppet drama: spontaneity（自発性）という語の原義は 'of one's own accord'（自然に、ひとりでに）であり、それはまさに人形劇ではありえない性質である。

❼ tends towards the rapt intensity of ritual: 儀式の持つ恍惚とした（rapt）強烈さに向かう

❽ stumble(d): よろよろ歩く

❾ it had almost suspended disbelief: it は the audience を指す。'suspension

プルは肉欲の糸によってのみ引かれる操り人形に変身し、この通り皆様の眼前に！　これぞ必見、百聞は一見に如かず、恥を知らぬ東洋のヴィーナスその人の唯一残存する遺物。

　見る者を戸惑わせる娯楽が、ほとんど宗教的な烈しさを帯びている。人形劇には自発的な動きというものはありえず、儀式の持つ陶然たる烈しさへとつねに傾く。劇が終わり、暗くなった芝居小屋からよたよたと出ていく観客は、疑う気持ちをほぼ捨て去っている。舞台の中心に立っていた奇怪な姿は、世にあまねく存在した娼婦が石化した姿であって、かつては生身の女性だったのであり、その体においてあまりに多くの生が生そのものを否定してきた

of disbelief' といえば文学を語る上での決まり文句で、「読者が作品を読むときに虚構の内容を一時的に真実として受け入れること」（『研究社 新英和大辞典』）。

❿ was more than half convinced: いまや「半分以上確信」していたその確信の内容は ll. 12-13 の that the bizarre figure ... から文末まで。

⓫ as the Professor assured them so eloquently: 教授がかくも雄弁に（eloquently）彼らに請けあった（assured）とおり。the audience を l. 11 では it で受けていたが、ここでは them で受けている。この一貫性欠如はごく自然。

⓬ that the bizarre figure: ここから長い that 節が始まるが、切り方は the bizarre figure / who had dominated the stage / was indeed the petrification / of a universal whore / and had once been a woman / in whom too much life had negated life itself, / whose kisses had withered like acids / and whose embrace blasted like lightning となる。

⓭ dominate(d): 〜に君臨する

⓮ the petrification: 石化したもの

⓯ a universal whore: 世界普遍の娼婦

185

❶in whom too much life had negated life itself, **❷**whose kisses had withered like acids and whose embrace blasted like lightning. But the Professor and his assistants immediately **❸**dismantled the scenery and **❹**put away the dolls who were, after all, only
5 **❺**mundane wood and, next day, the play was played again.

❻This is the story of Lady Purple as performed by the Professor's puppets **❼**to the delirious *obbligato* of the dumb girl's samisen and **❽**the audible click of the limbs of the actors.

10

The Notorious Amours of
Lady Purple
the Shameless
Oriental Venus

15

When she was only a few days old, her mother wrapped her in

---

❶ in whom too much life had negated life itself: （この女にあっては）あまりに多くの生が生それ自体を打ち消してきた

❷ whose kisses had withered like acids: そのキスは人を酸のように萎れさせた。ここでの wither は「萎れさせる」という他動詞的な意味だが、p. 38, ll. 10-11 の 'the blackness of the sable drapery appals'（真っ黒な壁掛けの黒さは見る者をぞっとさせる）について述べたとおり、他動詞の目的語をあえて省き、いわば対象は「誰でもいい」ことを示唆することによって強い印象を生み出している。訳ではしばしば「見る者を」「人を」といった言葉を補う必要がある。次の whose embrace blasted like lightning（その抱擁は稲妻のように人を爆発させた）の blast も同様。

❸ dismantle(d): 〜を解体する

❹ put away ...: 〜を片付ける

❺ mundane wood: ありふれた普通の木

❻ This is the story of ...: This はこれまで言ったことではなく、これから言う

のであって、そのキスは酸のように人を萎えさせ、その抱擁は稲妻のように
人を叩きのめした——そう雄弁に語る教授の言葉を、いまや観客は半分以上
信じるに至っていた。だが教授と助手たちはただちに風景を解体し、所詮は
ただの木にすぎぬ人形たちを片付け、翌日ふたたび劇が演じられるのだ。

　以下は、教授の操り人形たちによって上演されたレイディ・パープルの物
語である。これに、物言わぬ女の子の三味線が奏でる譫妄のごときオブリガー
トと、役者たちの手足がカチカチ鳴る音が伴ったのである。

レイディ・パープルの情事

恥を知らぬ東洋のヴィーナス

レイディ・パープルの

悪名高きアムール

生まれてから数日しか経っておらぬ彼女を、母親はぼろぼろの毛布にくる

ことを指す。the story of Lady Purple as performed by ...: 〜によって演
じられた形での、レイディ・パープルの物語。as が入ることで、ほかの人が演
じればまた別の物語になるかもしれないが、とにかく彼らが演じたバージョン
としては、というニュアンスが加わる。*the earth as seen (= as it is seen)
from a spacecraft*（宇宙船から見た地球。『コンパスローズ英和辞典』）

❼ to the delirious *obbligato* of the dumb girl's samisen and ...: 口のきけな
い女の子が弾く三味線と〜の狂乱の (delirious) 助奏 (*obbligato*) に合わせて。
to は dance to the music（音楽に合わせて踊る）の to と同じ。作者カーター
は 1969 年から 2 年間日本に住み、日本の性風俗に接してフェミニストとして
の意識を強めたが、と同時に文楽などのハイカルチャーにも触れており、それ
がこうした狂おしい形で作品に現われている。

❽ the audible click of the limbs of the actors: 操り人形の関節が鳴る音を表
わす語として、click はたしかにもっとも相応しい語だろう。limbs は「手足」。

a ❶tattered blanket and ❷abandoned her on the doorstep of a ❸prosperous merchant and his ❹barren wife. These ❺respectable bourgeois ❻were to become the siren's first dupes. They ❼lavished upon her all the attentions which love and money could devise

5 and yet ❽they reared a flower which, although perfumed, was carnivorous. At the age of twelve, she ❾seduced her foster father. ❿Utterly besotted with her, he ⓫trusted to her the key of ⓬the safe where he kept all his money and she immediately ⓭robbed it of every farthing.

10 Packing his treasure in a laundry basket together with the clothes and jewellery he had already given her, she then stabbed her first lover and his wife, her foster mother, in their bellies with a knife used in the kitchen to slice fish. Then she set fire to their house ⓮to cover the traces of her guilt. She ⓯annihilated her

---

❶ tattered: ぼろぼろの
❷ abandon(ed): 〜を捨てる、置き去りにする
❸ prosperous: 裕福な
❹ barren: 子を生まない
❺ respectable bourgeois: respectable は「尊敬すべき」ではなく、「まっとうな」「きちんとした」の意。映画 My Fair Lady の原作である George Bernard Shaw の戯曲 Pygmalion (1913) で貧しい花売り娘の Eliza が 'I'm a respectable girl' と訴えるのがその好例。bourgeois はここでは取り立てて「俗物」の含みはなく、単に「中産階級」。
❻ were to become the siren's first dupes: その妖婦 (the siren) の最初の餌食 (dupes) になる運命となった。ギリシャ神話に出てくる海の精セイレーンは、美しい歌声で船人を誘い寄せて難破させる。
❼ lavished upon her all the attentions which love and money could devise: lavish は lavish A on/upon B (またはここのように lavish on/upon B A) の形を取って「A を B に注ぎ込む」の意。devise は「考え出す」で、p. 170, ll. 12-13 に 'glutinous candies which seem devised only to make

188

み、羽振りのいい商人と、子供の出来ぬ妻とが住む家の戸口に置き去りにしたのでした。このまっとうなブルジョワ夫婦が、この魔性の女に誰より先に騙されることとなりました。二人は愛情を惜しまず金にも糸目をつけず贅を尽くして彼女を育てましたが、二人が育てていた花は、香りこそ馨しくとも、肉食性だったのです。十二歳に至り、この子は育ての父を誘惑しました。すっかり彼女に惚れ込んだ父親は、全財産をしまってある金庫の鍵を彼女に託し、彼女は時を移さず、ありったけの金を一文残らず奪ったのです。

　男の全財産を、すでに男からもらっていた衣服や宝石と一緒に洗濯カゴに詰めてから、彼女はこの一人目の愛人とその妻すなわち育ての母の腹に、台所で魚を切るのに使う包丁を突き刺しました。そうして罪の形跡を隠すために家に火を点けました。人生最初の家庭を炎で燃やしたことで己の幼年期を抹消した彼女は、その罪の燃えさかる炎の中から、さながら堕落した不死鳥

---

flies drunk on sugar'（蠅を糖分で酔わせることを唯一目的に作られたように思えるベトベトのキャンディ）の形で既出。

❽ they reared a flower which, although perfumed, was carnivorous:
rear(ed) は動植物を「育てる」。perfumed はかならずしも香水を使っているということではなく「かぐわしい」。carnivorous は花について言えば普通は「食虫」の意だが、この「花」が食すのは「虫」ではない。

❾ seduced her foster father: 養父を誘惑した

❿ Utterly besotted with her: 完全に彼女に夢中になって。besotted は夢中になった結果どうしようもなく愚かしくなったという響きがある。

⓫ trusted to her the key ...: trust to A B（A に B を預ける）という形。

⓬ the safe: 金庫

⓭ robbed it of every farthing: rob A of B（A から B を奪う）の形。farthing はかつての低価値の通貨単位で、日本語の「文」や「銭」に通じる。

⓮ to cover the traces of her guilt: 罪の痕跡を隠そうと

⓯ annihilate(d): p. 180, l. 2 と同じく「〜を滅ぼす、抹殺する」

own childhood in ❶ the blaze that destroyed her first home and, ❷springing like a corrupt phoenix from the pyre of her crime, she ❸ rose again in ❹ the pleasure quarters, where she at once ❺ hired herself out to the madame of ❻the most imposing brothel.

5   In the pleasure quarters, life passed entirely in ❼ artificial day ❽ for ❾ the bustling noon of those crowded alleys came at the time of ❿ drowsing midnight ⓫ for those who lived outside that ⓬inverted, sinister, abominable world which functioned ⓭only to gratify ⓮ the whims of the senses. ⓯ Every rococo desire ⓰ the

---

❶ the blaze: 炎、火事

❷ springing like a corrupt phoenix from the pyre of her crime: 堕ちた不死鳥 (a corrupt phoenix) のように、罪の薪 (the pyre) の中から飛び出して。不死鳥といえば炎の（普通はもっと汚れていない炎の）中からよみがえるものと相場が決まっている。pyre 自体は（しばしば火葬用の）あくまで「薪」の意だが、燃える炎のイメージがすでにはっきり伴う語で、語源をさかのぼれば古代ギリシャ語の「火」に行きつく。

❸ rose again: 不死鳥のイメージを持ち越しているので、あたかも死からよみがえったかのような言い方になっている。

❹ the pleasure quarters: 歓楽街

❺ hired herself out to ...: 要するに「〜に雇われた」ということだが、「自分を貸し出した」という言い方をすることで、いくぶん受動性が薄れる。

❻ the most imposing brothel: 一番立派な売春宿

❼ artificial: 人工的な

❽ for the bustling noon ...: この for もふたたび「というのも」で、以下の長い部分は the bustling noon of those crowded alleys / came at the time of drowsing midnight / for those who lived / outside that inverted, sinister, abominable world / which functioned / only to gratify / the whims of the senses と切って読めばいい。

❾ the bustling noon of those crowded alleys: それら混雑した裏道の騒がしい真昼

❿ drowsing midnight: まどろむ真夜中

のように飛び出して、歓楽街にふたたび姿を現わし、たちまちのうちに、街でもっとも堂々とした娼館のマダムにわが身を売り込んだのでした。

　歓楽街にあっては、生活は全面的に、人工の昼の中で過ぎてゆきます。こ この混みあった横丁の忙しない真っ昼間は、この世界の外で生きる人々にとっては眠気のさす真夜中に訪れるのです。見る、触る、嗅ぐといった五感の気まぐれをひたすら満たすために動いている、さかしまの、邪悪な、忌まわしい世界。人間の心が、その倒錯せる創意に導かれて生み出すあらゆる俗

⓫ for those who ...: この for は「〜にとっての」。

⓬ inverted, sinister, abominable: 転倒した、陰険な、忌まわしい

⓭ only to gratify ...: もっぱら〜を満足させるために

⓮ the whims of the senses: sense がこのように複数で使われるときはたいてい「五感」の意。第1巻 p. 148, l. 9: 'Danny's senses registered everything sharp and clear ...'（ダニーの五感は何もかもを痛いほどの強烈さで感じとった）whim(s): 気まぐれ

⓯ Every rococo desire ...: rococo はもともとは建築・美術の一様式を指すが、しばしば「俗悪」を意味する。この長い一文の切り方は: Every rococo desire / the mind of man might, / in its perverse ingenuity, / devise / found ample gratification here, / amongst the halls of mirrors, / the flagellation parlours, / the cabarets of nature-defying copulations / and the ambiguous soirées / held by men-women and female men. 文全体の動詞は found。desire – found – gratification はしばしば見られるつながりで、「欲望が - 見出した - 充足を」という流れであり、どういうところに見出したかが、here, amongst ... 以下で詳述されることになる。

⓰ the mind of man might, in its perverse ingenuity, devise: 直訳は「人間の精神が、その倒錯した独創性において編み出しうる」。これがすぐ前の desire にかかる。devise は p. 188, ll. 3-4 の 'They lavished upon her all the attentions which love and money could devise'（愛情を惜しまず金にも糸目をつけず贅を尽くして彼女を育てました）などすでに二度既出。

mind of man might, in its perverse ingenuity, devise found ample gratification here, amongst ❶the halls of mirrors, ❷the flagellation parlours, the ❸cabarets of nature-defying copulations and the ❹ambiguous soirées held by men-women and female men. ❺Flesh
5 was the speciality of every house and ❻it came piping hot, ❼served up with all the ❽garnishes imaginable. ❾The Professor's puppets dryly and perfunctorily performed these tactical manœuvres like toy soldiers in a mock battle of carnality.

Along the streets, ❿the women for sale, the mannequins
10 of desire, were displayed in ⓫wicker cages ⓬so that potential customers could ⓭saunter past inspecting them at leisure. These

❶ the halls of mirrors: ここで言っている「鏡の間」とは、宮殿にある富を誇示する部屋ではなく、まさにこういう fairground で見られるたぐいの、歪んだ鏡を張りめぐらした部屋。

❷ the flagellation parlours: 鞭打ちの部屋。この parlo(u)r は、a massage parlour, a beauty parlour などと同じ発想。

❸ cabarets of nature-defying copulations: cabaret は日本語の「キャバレー」とは異なる。大まかに「ショー」と考えてよい。nature-defying copulations: 自然の摂理に背く性交

❹ ambiguous soirées:「曖昧な夜会」とは、何が起きているかも判然としない、ということか。

❺ Flesh was the speciality of every house …: この一文、speciality, piping hot, served up, garnishes、と肉体を一貫して料理であるかのように語っている。the speciality: (レストランなどの) 名物、自慢の品。house は「家」ではなく「店」。on the house といえば「店のおごり」。

❻ it came piping hot …: come piping hot は「熱々で供される」という決まり文句。

❼ served up with …: 〜を添えて供され

❽ garnish(es): つけ合わせ。特に少量のサラダ、果物などのことを言い、「つま」にやや近い。

悪な欲求が、ここの鏡の広間、鞭打ち部屋、自然の理に反した性交を模した演芸、男女や女男たちが開く曖昧模糊とした夜会などを通してふんだんに満たされていきました。肉体こそすべての館の目玉商品であり、それが熱々に調理されて、想像しうるあらゆる付け合わせを添えて供されます。そして教授の操り人形たちは、そっけなく、おざなりに、さながら肉欲の擬似戦闘に携わる玩具の兵士のようにこうした行動を演じるのでした。

　外の通りでは、売られる女が、欲望のマネキンが、枝編み細工の檻に入れられて陳列され、客がぶらぶら歩いてゆっくり吟味できるようになっています。これら高貴なる娼婦たちは、偶像のようにじっと座っていました。本物

❾ The Professor's puppets dryly and perfunctorily performed these tactical manœuvres like toy soldiers in a mock battle of carnality: そうした官能を生み出す立役者である人形たちがその義務を dryly and perfunctorily（無味乾燥に、ぞんざいに）遂行するというところが印象的。この一文ではその義務遂行が戦闘のイメージで語られる。these tactical manœuvres: こうした戦術的な作戦。a mock battle of carnality: 肉欲（carnality）の偽の闘い

❿ the women for sale, the mannequins of desire: 人形が人間に限りなく近づく場では、人間が人形にたとえられるのもほぼ必然に思える。

⓫ wicker cages: 小枝で編んだ檻

⓬ so that potential customers could ...: so that ... can ...（〜が…できるように）はこのシリーズでも頻出。より口語的に that が省かれる場合も多い。第2巻 p. 30, l. 5: 'I tried to open it so I could get a stone in.'（あたしは石が入るようにとその口をあけようとした）potential ... は「〜となりうる存在」の意で、customer, buyer, client といった語と組み合わさることが多い。

⓭ saunter past inspecting them at leisure: ぶらぶら通り過ぎ（saunter past）ながら娼婦たちをゆっくり（at leisure）眺める

❶exalted prostitutes sat motionless as ❷idols. Upon their ❸real features had been painted ❹symbolic abstractions of ❺the various aspects of allure and ❻the fantastic elaboration of their dress ❼hinted it covered a different kind of skin. ❽The cork heels of
5 their shoes were so high they could not walk but only totter and ❾the sashes round their waists ❿were of brocade ⓫so stiff the movements of the arms were ⓬cramped and scant so they ⓭presented attitudes of physical unease which, though powerfully moving, ⓮derived partly, at least, from the deaf assistant's ⓯lack of
10 manual dexterity, for his ⓰apprenticeship had not ⓱as yet reached even ⓲the journeyman stage. Therefore the gestures of ⓳these

---

❶ exalted: 高位の

❷ idol(s): 日本語の「アイドル」とはだいぶ違い、むしろ「偶像」。日本のアイドルを重要な要素として取り上げた William Gibson の小説のタイトルは *Idol* ではなく *Idoru* となっていた。

❸ real features: 本物の目鼻立ち

❹ symbolic abstractions of ...: ～を象徴的に描いた抽象模様

❺ the various aspects of allure: 誘惑 (allure) のさまざまな面。allure で文意ははっきり切れる。

❻ the fantastic elaboration of their dress: 服がとてつもなく手が込んでいること

❼ hinted it covered a different kind of skin: hinted のあとに that を補った方が読みやすいかもしれない。

❽ The cork heels of their shoes were so high they could ... only totter: 長い文だが totter (よろよろ歩く) で文意ははっきり切れる。

❾ the sashes round their waists were ...: 以下の部分は the sashes round their waists / were of brocade so stiff / the movements of the arms were cramped and scant / so they presented attitudes of physical unease / which, / though powerfully moving, / derived / partly, at least, / from the deaf assistant's lack / of manual dexterity と切るとよ

194

の目鼻の上に、誘惑のさまざまな様相を象徴的に抽象化した模様が描かれ、服も途方もなく凝っていて、その下に違う種類の肌が隠れていることを匂わせています。靴のコルクのヒールはものすごく高く、歩くのは無理な相談で、よたよた動くのがせいぜいでしたし、腰に巻いた帯もきわめて硬いブロケードで出来ているので腕の動きは狭められ動きの種類も乏しく、肉体的にいかにも心地悪そうに見え、それがかえって見る者の心を強く動かすのですが、実のところこれは少なくとも部分的には、耳の聞こえない助手の手先が不器用なせいでした。少年の修業はいまだ、並の職人の域にすら達していなかったのです。したがって、これら高級娼婦たちのしぐさはゼンマイじかけのよ

い。the sashes: 腰帯、飾り帯

❿ were of brocade so stiff: あまりに硬いブロケードで出来ているので。of は「〜製の」の意。brocade は大まかには「金襴」に近い。

⓫ so stiff the movements of the arms were ...: so stiff のあとに that を補うとわかりやすいかもしれない。

⓬ cramped and scant: 窮屈で貧弱な

⓭ presented attitudes of physical unease: 肉体的な居心地悪さを感じさせる姿勢を示した。attitude はこのように肉体的な「姿勢」の意味にもなれば、精神的な「姿勢（態度）」の意にもなりうる。

⓮ derived partly, at least, from ...: derive from ... で「〜に由来する」。人形の「そそられる」ぎこちなさは助手の不器用さに由来するということで、人形劇の中の世界の話に外の話が忍び込む。

⓯ lack of manual dexterity: 手先の器用さの不足。要するに不器用だということ。

⓰ apprenticeship: 見習い

⓱ as yet: いまのところはまだ

⓲ the journeyman stage: 熟練労働者の段階。apprentice – journeyman – master という三段階がある。

⓳ these *hetaerae*: これら高級娼婦たちの身振り。*hetaerae* は古代ギリシャの教養ある遊女をいう（単数は hetaera）。

hetaerae ❶ were as stylized as if they had been clockwork. ❷ Yet, however fortuitously, all worked out so well it seemed each one ❸was as absolutely circumscribed ❹as a figure in rhetoric, ❺reduced by the rigorous discipline of her vocation to ❻the nameless essence

5 of the idea of woman, a metaphysical abstraction of the female which could, on payment of a specific fee, ❼be instantly translated into an oblivion ❽either sweet or terrible, depending on the nature of her talents.

    Lady Purple's talents ❾ verged on the unspeakable. ❿ Booted,

10 in leather, she became a mistress of the whip before her fifteenth birthday. ⓫Subsequently, she ⓬graduated in the mysteries of

---

❶ were as stylized as if they had been clockwork: 時計仕掛けであるかのように様式化されていた。as ... as ... と as if ... という二つのイディオムが合体している。よく使われる。

❷ Yet, however fortuitously ...: 長い一文だが、まずは l. 3 の ... in rhetoric までで切って考えるとよい。Yet, / however fortuitously, / all worked out so well / it seemed / each one was as absolutely circumscribed / as a figure in rhetoric と切る。however fortuitously: いかに偶然の幸いではあれ

❸ was [...] absolutely circumscribed: 完全に規定されていた

❹ as a figure in rhetoric: 修辞学における比喩的表現 (figure) のように。そもそも simile と metaphor の区別から始まって ('He is like a lion.' と言えば simile, 'He is a lion.' と言えば metaphor)、英語の修辞学はさまざまな区別・ルールが相当厳格なので、as absolutely circumscribed as a figure in rhetoric という言い方が自然に成り立つ。

❺ reduced by the rigorous discipline of her vocation to ...: で、そうやって厳格に規定されているそれぞれが、the rigorous discipline of her vocation（〔娼婦という〕職業の厳しい規律）によって変えられている (reduced) と述べている。reduced が出てきたらそのあとに to が出てくるのを待つとよい (reduce A to B: A を B に変える＝より単純なもの、劣るものに変えるという含み)。

うに型にはまっていました。けれども、偶然の幸運とはいえ、どうやらすべてがいい方向に働いて、一人ひとりが、技巧を凝らした文章の中の語句のようにきっちり枠に収まり、娼婦という職業の課す厳しい規律によって、女性という観念の、名前もない真髄に還元されていました。娼婦たちは女性なるものの形而上学的抽象であって、客が一定の料金を支払えば、それが即座に忘我状態へと、個々の才能に応じて甘美でも恐怖でもありうる忘我へと変換されるのです。

　そしてレイディ・パープルの才能はといえば、口にしがたい領域にもはや迫っていました。ブーツを履き、革のジャケットを着た彼女は、十五歳の誕生日を迎える前に鞭を使うすべをマスターしていました。やがて拷問室の神

❻ the nameless essence of the idea of woman: これが、娼婦たちが reduce された結果の状態である。「女という観念の、名前も与えられていない核心」。さらにこれが a metaphysical abstraction of the female（女性というものの形而上学的な抽象概念）とパラフレーズされ、今度はそのパラフレーズに、which could, on payment of a specific fee, be ...（特定の料金を払えば〜できる）と説明が加わる。

❼ be instantly translated into an oblivion: 瞬時に忘却へと変換される。oblivion はたいてい「忘却」と訳されるが、「忘我」に近いことも多い。

❽ either sweet or terrible, depending on ...: そしてその「忘我」は、条件次第で（どういう条件かは depending on のあとに述べられる）甘美でもありうるし恐ろしくもありうる、と述べている。

❾ verged on the unspeakable: 口にできないものの一歩手前まで来ていた。sweet でないことはむろん、terrible でもまだ全然言葉が足りない領域、という感じ。

❿ Booted: ブーツを履いて

⓫ Subsequently: その後

⓬ graduated in the mysteries of the torture chamber: 拷問室の秘儀を学び、卒業した

the torture chamber, where she thoroughly researched **❶** all manner of ingenious mechanical devices. She utilised **❷** a baroque apparatus of **❸** funnel, humiliation, syringe, thumbscrew, contempt and spiritual anguish; to her lovers, **❹** such severe usage was
5 both **❺** bread and wine and a kiss from her cruel mouth was the sacrament of suffering.

Soon she became successful enough to be able to maintain **❻** her own establishment. When she was at the height of her fame, **❼** her slightest fancy might cost a young man his patrimony and, as soon
10 as she **❽** squeezed him dry of fortune, hope and dreams, for she was quite **❾** remorseless, she abandoned him; or else **❿** she might, perhaps, lock him up in her closet and force him to watch her while she **⓫** took for nothing to her usually incredibly expensive bed a beggar encountered by chance on the street. **⓬** She was no

---

❶ all manner of ingenious mechanical devices: あらゆる種類の独創的な機械装置。all manner of は all kinds of とほぼ同じ（manners にならないところは違うが）。

❷ a baroque apparatus: 奇怪な装置。その構成要素が of 以下で具体的に示される。baroque も p. 190, l. 9 で出てきた rococo と同じで、元は芸術の一様式だが、しばしばもっと一般的に「奇怪な」の意となる。

❸ funnel, humiliation, syringe, thumbscrew: 漏斗、屈辱、浣腸器、ねじで親指を締めつける拷問具。構成要素として、違う次元のものたちが意図的に並べられているように思える。このあとに contempt and spiritual anguish（軽蔑と精神的苦悶）と来てますますバラバラになる。

❹ such severe usage: そうした容赦ない扱い。usage は要するに「use されること」の意。

❺ bread and wine: パンと葡萄酒。明らかに宗教的な響きがある。次行に出てくる sacrament もカトリックの聖餐式で用いられるパンとワインのこと。

❻ her own establishment: 自分の店。establishment は店・会社・学校などを広く指す。

198

秘を極め、あらゆるたぐいの精巧な機械仕掛けを研究しました。漏斗、恥辱、
浣腸器、親指締め、嘲笑、霊的苦悩といった要素から成る奇怪千万な装置を
活用し、彼女の愛人たちにとってはそうした苛酷な扱いもパンでありワイン
でした。彼女の残酷な口からのキスは、苦しみを神聖にするものにほかなり
ませんでした。

　人気は高まる一方で、まもなく彼女は自分の店を持てるようになりました。
名声の頂点にあった時期には、彼女のごく些細な思いつきでも、一人の若者
が親から受け継いだ財産すべてを奪ってしまいかねませんでした。どこまで
も無慈悲に、若者から絞れるだけ絞り取り、希望も夢も吸い尽くしてしまう
と、彼女は若者を捨てました。あるいは、若者をクローゼットに閉じ込め、
普段は信じがたいほど高値のベッドに、街でたまたま出会った乞食をただで
連れ込み、その営みを見るよう若者に強いました。性欲を持たない彼女は、

❼ her slightest fancy might cost a young man his patrimony: 直訳は「彼
女の最も小さな気まぐれが、一人の若者に財産を失わせてしまいかねない」。
cost A B で「A に B を失わせる」。*The work cost him his health.*（その仕
事で彼は健康をそこねた。『コンパスローズ英和辞典』）

❽ squeezed him dry of ...: 彼から〜を絞り取った

❾ remorseless: 無情な

❿ she might, perhaps, lock him up ...: perhaps は「たとえばの話」「まあそ
れ以外のやり方もあるのだが」といった感じ。

⓫ took for nothing to her usually incredibly expensive bed ...: took の目的語は
次行の a beggar encountered by chance on the street。for nothing: ただで

⓬ She was no malleable, since frigid, substance upon which desires
might be executed: since frigid（不感症なので）が挿入的に入っている。
malleable は普通、金属について言い、「形を自在に変えられる」の意。no を
抜いて挿入句も抜いて She was malleable substance upon which desires
might be executed. であれば、「彼女は男たちが欲望を実行に移せる、彼らの
思いどおりに形を変えられる存在だった」となる。

malleable, since frigid, substance upon which desires might be executed; she was not a true prostitute for she was ❶the object on which men prostituted themselves. She, ❷ the sole perpetrator of desire, ❸proliferated malign fantasies all around her and ❹used her
5 lovers as the canvas on which she executed boudoir masterpieces of destruction. Skins melted in the electricity she ❺generated.

Soon, either ❻to be rid of them or, simply, for pleasure, she ❼took to murdering her lovers. ❽From the leg of a politician she poisoned she cut out ❾the thighbone and took it to ❿a craftsman who made
10 it into a flute for her. She persuaded ⓫ succeeding lovers to play tunes for her on this instrument and, with ⓬the supplest and most serpentine grace, she danced for them ⓭ to its unearthly music.

---

❶ the object on which men prostituted themselves: 男たちが娼婦のように自分を売る、その対象

❷ the sole perpetrator: perpetrator は普通「悪事を行なう者」の意で、the sole perpetrator といえば「単独犯」。だがここは of desire と続いて、「欲望を実践する唯一の存在」の意になっている。

❸ proliferated malign fantasies: 有害な幻想を増殖させた。malign は benign（温和な）の反対語で、malignant（悪性の）とも同語源で、禍々しい響きがある。このあと p. 202, l. 5 でも her malign chamber music（悪意ある室内楽）の形で出てくる。

❹ used her lovers as the canvas on which she executed boudoir masterpieces of destruction: 愛人をカンバスとして利用し、その上で（on which）、破滅を描いた寝室（boudoir）の名作を仕上げた（executed）。boudoir は特に婦人の寝室、私室を意味し、古い言葉なので「閨房」がかなり近い。

❺ generate(d):（電気などを）発生させる

❻ to be rid of them: rid は get rid of ...（～を取り除く）の形で使うのが一番一般的だが、be rid of ...（～から解放されている）だと「鬱陶しい／嫌な／面倒なものがなくなった」というニュアンスがいっそう強い。He was a bully, and we're well rid of him.（あいつは弱い者いじめだったから、いなくなっ

男たちが欲望を実行に移すための、欲望に応じて形を変えられる存在ではありませんでした。その意味で彼女は本当の娼婦ではありませんでした。むしろ、男たちが自らを娼婦のように貶める、その対象だったのです。唯一自分だけが欲望を実践する存在として、周りじゅうに悪意ある夢想を増殖させ、己の愛人たちを、寝室における破滅の傑作を作るカンバスとして利用しました。彼女の生成させる電気を浴びて、皮膚も溶けていきました。

じきに、男たちを始末するためか、それとも単に快楽を求めてか、彼女は愛人たちを殺すようになりました。毒殺した政治家の脚から大腿骨を切り取り、職人のところへ持っていって横笛を作らせました。その後の愛人たちを説き伏せ、この楽器でメロディを吹かせて、この上なくしなやかに、蛇の優美さでもって、この世のものとも思えぬその音楽に合わせて、男たちのため

て本当によかった。*Longman Dictionary of Contemporary English*）

❼ took to murdering her lovers: take to ...ing で習慣的に何かを始めることを言う。*He has since taken to getting up early.*（彼はそれ以来早起きの習慣がついた。『コンパスローズ英和辞典』）

❽ From the leg of a politician she poisoned: この poisoned は「毒殺した」。

❾ the thighbone: 大腿骨

❿ a craftsman: 職人

⓫ succeeding lovers: そのあとに続いた愛人たち。この succeed は「成功する」ではない。

⓬ the supplest and most serpentine grace: the supplest と (the) most serpentine がどちらも grace にかかる。「最高にしなやかな、最高に蛇のような優雅さ」が直訳。

⓭ to its unearthly music: この to は p. 186, ll. 7-8 の to the delirious *obbligato* of the dumb girl's samisen（物言わぬ女の子の三味線が奏でる譫妄のごときオブリガートに合わせて）の to と同じ。p. 202, l. 5 でも to the sound of her malign chamber music の形で出てくる。unearthly は「この世のものとは思えない」。

At this point, the dumb girl put down her samisen and took up a bamboo pipe **❶** from which issued weird cadences and, though it was **❷** by no means the climax of the play, this dance was **❸** the apex of the Professor's performance for, as **❹** she stamped, wheeled and
5 turned to the sound of her malign chamber music, Lady Purple became entirely **❺** the image of irresistible evil.

She **❻** visited men like a plague, **❼** both bane and terrible enlightenment, and she was as **❽** contagious as the plague. The final condition of all her lovers was this: they **❾** went clothed in
10 rags **❿** held together with the discharge of their sores, and their eyes held an **⓫** awful vacancy, as if their minds had been blown out like candles. A parade of **⓬** ghastly spectres, they **⓭** trundled across the stage, **⓮** their passage implemented by medieval horrors for,

---

❶ from which issued weird cadences:（その竹笛から）奇妙なリズム（cadences）が出てきた（issued）

❷ by no means: 決して〜ではない

❸ the apex: 頂点

❹ she stamped, wheeled and turned: 足を踏み鳴らし、体を回し、向きを変えた。それぞれ「ドスッ」「クルッ」「サッ」という擬音が聞こえてくる感じ。

❺ the image of irresistible evil: the image はこのように of ... が続くと「〜の権化」という意味になることも多い。単なる「イメージ」ではなく、そのものをもっとも純粋に表わす姿という感じ。irresistible: resist しがたい＝抗しがたい

❻ visited men like a plague: この visit は病気や災害が「降りかかる」「襲う」の意。a plague: 疫病。主としてペストを指す古風な語で、コロナについてはあまり使われていない（動詞で「〜を絶えず悩ます」の意味ではいまも使われる）。

❼ both bane and terrible enlightenment: bane は「災い」の意味の名詞であり、bane と terrible enlightenment が同格（both A and B の A と B）。terrible enlightenment は、恐ろしいけれども真実を教えてくれるもの、といった意味合い。

に踊りました。ここに至り、物言わぬ女の子は三味線を置いて、竹の笛を手にとり、妖しい抑揚が笛から出てきます。決して劇全体のクライマックスではありませんが、この舞踏こそ教授のパフォーマンスの頂点でした。悪意ある室内楽の響きに合わせて彼女が足を踏み鳴らし、くるっと回り、向き直るなか、レイディ・パープルは抗いようなき悪の似姿そのものになっていきました。

　彼女は疫病のように男たちを襲いました。彼女は破滅の源であり、恐ろしい啓蒙でもあり、疫病に劣らず伝染性も強力でした。愛人たちのなれの果ての姿はみな同じで、襤褸に身を包み、その襤褸がばらばらになるのをとどめているのは腫れ物の膿のみで、あたかも心が蠟燭のごとく吹き消されてしまったかのように目には恐ろしい虚ろさが浮かんでいました。身の毛もよだつ亡霊たちのパレードという趣で彼らは舞台の上をのろのろ歩き、その通り

❽ contagious: 伝染性の
❾ went clothed in rags: 襤褸を着ていた、着て過ごした
❿ held together with the discharge of their sores: その襤褸がどうやってつなぎ留められていたかを述べている。the discharge: 膿。sores: 腫れ物
⓫ awful vacancy: ぞっとする空虚さ
⓬ ghastly spectres: 恐ろしい幽霊たち。ghastly は terrible や horrible よりも意味が強い。本書収録の Poe, 'The Masque of the Red Death' にも 'was ghastly in the extreme'（まさに身の毛もよだつ恐ろしさ）というフレーズが出てきた（p. 30, l. 3）。
⓭ trundle(d): 左右に揺れながら歩く
⓮ their passage implemented by medieval horrors: 前に with を補うとわかりやすいかもしれない。implement(ed) は不足などを「満たす」。「彼らの通路（passage）には中世のさまざまな恐怖が添えられ」。

here, ❶an arm left its socket and whisked up out of sight into the flies and, there, a nose hung in the air ❷after a gaunt shape that went ❸tottering noseless forward.

❹So foreclosed Lady Purple's pyrotechnical career, which
5 ended as if it had been indeed a firework display, in ashes, ❺desolation and silence. ❻She became more ghastly than those she had ❼infected. ❽Circe at last became a swine herself and, ❾seared to the bone by her own flame, ❿walked the pavements like ⓫a desiccated shadow. Disaster ⓬obliterated her. ⓭Cast out
10 with stones and oaths by those who had once ⓮adulated her, ⓯she was reduced to scavenging on the seashore, where she ⓰plucked hair from the heads of ⓱the drowned to sell to ⓲wigmakers

---

❶ an arm left its socket and whisked up out of sight into the flies: 腕が一本、関節窩 (socket) を離れて、舞台天井 (the flies) までさっと上昇して (whisked up) 消えた

❷ after a gaunt shape: after は「〜のあとを追うように」。gaunt: 痩せ衰えた

❸ totter(ing): よたよた歩く

❹ So foreclosed Lady Purple's pyrotechnical career:「かくしてレイディ・パープルの、花火の如く華々しい (pyrotechnical) キャリアも foreclose した」とあるので、foreclose は自動詞ということになり、辞書的には「抵当流れにする」といった意味しかないが、ここではおそらく fore- (あらかじめ) close (閉じる) と字面どおりに考えて、「あまりに早く終わった」というような意味ではないか。

❺ desolation: 荒廃

❻ She became more ghastly than those ...: ghastly は p. 202, l. 12 では ghastly spectres (身の毛もよだつ亡霊たち) の形で既出。

❼ infect(ed): 〜を感染させる

❽ Circe at last became a swine herself: ギリシャ神話に登場する魔女キルケは男を豚 (a swine) に変えてしまうが、それがここでは……ということ。Circe は英語では /sə́ːsi/ と読む。

道は中世の恐怖で埋め尽くされ、こちらでは片腕が肩からもげてさっと舞い
上がって天井に呑まれ、そちらでは鼻が宙に垂れ下がり、その前を痩せこけ
た鼻なしの姿がよたよたと歩んでいくのでした。

　同じように、レイディ・パープルの花火のごときキャリアも、事実花火を
打ち上げたかのように、灰と、荒廃と、沈黙とともに終わりを告げました。
自分が感染させた者たちよりもっとおぞましい姿に彼女はなり果てました。
男を豚に変える魔女キルケがとうとう自ら豚となり、己の炎によって骨まで
焼き焦がされ、水分の抜けきった影のように舗道を歩きました。災厄が彼女
を抹消しました。かつては追従した者たちに石と呪いの言葉でもって追放さ
れ、海辺で漂着物を漁る身に落ちぶれ、溺死体の頭から髪をむしり取り、彼
女ほど悪魔的でないがゆえにより幸運な娼婦たちの必要に応えるかつら制作

❾ seared to the bone: 骨まで焼かれて
❿ walked the pavements: 第 2 巻 p. 128, l. 14 でも we had to walk the streets（外をうろうろしてないといけなかった）という形で出てきたが、walk がこのように（walk down the street といった形ではなく）他動詞として使われると、「〜を歩き回る」というニュアンスが加わる。
⓫ a desiccated shadow: ひからびた影
⓬ obliterate(d): 〜を消し去る
⓭ Cast out with stones and oaths: 石や罵声（oaths）を浴びせられて追放され
⓮ adulate(d): 〜にへつらう
⓯ she was reduced to scavenging on the seashore: be reduced to ...（ここでは「〜に落ちぶれる」が適切）は p. 196, ll. 3-5 に 'reduced [...] to the nameless essence of the idea of woman'（女性という観念の、名前もない真髄に還元されて）という形で既出。scavenging <scavenge: ごみを漁る
⓰ pluck(ed): 〜を引き抜く
⓱ the drowned: 水死者たち
⓲ wigmaker(s): かつら職人

who **❶** catered to the needs of **❷** more fortunate since less diabolic courtesans.

　　❸ Now her finery, her **❹** paste jewels and **❺** her enormous superimposition of black hair hung up in the green room and
5　she wore **❻** a drab rag of coarse hemp for the final scene of her **❼** desperate decline, when, **❽** outrageous nymphomaniac, she **❾** practised extraordinary necrophilies on **❿** the bloated corpses the sea tossed contemptuously at her feet for **⓫** her dry rapacity had become entirely mechanical and still she repeated her former
10　actions **⓬** though she herself was utterly other. She **⓭** abrogated her humanity. She became nothing but wood and hair. She became a marionette herself, **⓮** herself her own replica, **⓯** the dead yet moving image of the shameless Oriental Venus.

---

❶ cater(ed) to the needs of ...: 〜の需要に応える

❷ more fortunate since less diabolic courtesans: courtesans (who are) more fortunate since they are less diabolic ということ。diabolic は「魔性の」、courtesan(s) は「娼婦」だが prostitute より「格」が上に聞こえる。

❸ Now her finery ... hung up in the green room: そしていま、華やかな服等々が楽屋に掛かっていた。この hung <hang は「掛ける」ではなく「掛かっている」。

❹ paste jewels: イミテーションの宝石

❺ her enormous superimposition of black hair: 直訳は「黒い髪の巨大な積み上がり」。

❻ a drab rag of coarse hemp: 目の粗い麻で出来た、くすんだ色の襤褸

❼ desperate decline: どうしようもないほどの凋落

❽ outrageous nymphomaniac: 荒れ狂った色情狂となって

❾ practised extraordinary necrophilies: 異常な死体性愛行為 (necrophilies) を実行した (practised)。practise はイギリス英語で practice の動詞形だが、アメリカ英語では動詞でも practice。

❿ the bloated corpses the sea tossed contemptuously at her feet: 海が

者たちに売って食いつなぎました。

　そしていま、華やかな衣裳、人造の宝石、巨大に積み上がった黒髪は楽屋に掛けられ、見るも哀れに零落した最後の場面を演じるべく彼女は粗い麻のくすんだ襤褸服を着ています。もはや常軌を逸した色情狂と化して、海が軽蔑もあらわに彼女の足下に投げてよこす膨張した死体相手に、尋常ならざる性行為を行なうようになっています。かねてからの乾いた貪欲さはいまやすっかり機械的なものと化し、もはや全面的に別の存在になり果てても、いまだかつてと同じ行為をくり返します。人間らしさはもう捨て去りました。いまや木と髪の毛だけになりました。自分がマリオネットに、自分自身のレプリカに、恥を知らぬ東洋のヴィーナスの死んだ、しかしいまだ動く似姿になったのです。

彼女の足下に侮蔑的に投げ捨てる、膨れ上がった死体。このあたりをはじめ、このレイディ・パープルの「物語」は一貫して強烈なイメージが紡がれるが、つねにどこか安っぽく煽情的でもある。それが場末の舞台で演じられる妖しい人形劇には相応しい。

⓫ her dry rapacity had become entirely mechanical: 彼女の乾いた強欲は、いまや完全に機械的なものになっていた。いまや人形と化したのだから、dry も mechanical もきわめて自然に響く形容詞。

⓬ though she herself was utterly other: p. 178, l. 1 では教授に操られる a monstrous goddess（奇怪千万な女神）のごときレイディ・パープルが 'appeared wholly real and yet entirely other'（とことん生々しく、かつまったく他なるものに見えた）と記述されていたが、ここでも other が印象的な使われ方をしている。

⓭ abrogate(d): 〜を放棄する

⓮ herself her own replica: 自分が自分のレプリカとなって

⓯ the dead yet moving image of the shameless Oriental Venus: image は p. 202, l. 6 の the image of irresistible evil（抗いようなき悪の似姿）と同じ。

*

The Professor was at last beginning to feel the effects of age and travel. Sometimes he ❶complained in noisy silence to his nephew of pains, aches, ❷ stiffening muscles, ❸ tautening sinews, and
5 shortness of breath. He began to ❹limp a little and ❺left to the boy all the rough work of ❻mantling and dismantling. Yet ❼the balletic mime of Lady Purple grew all the more remarkable ❽ with the passage of the years, as though his energy, ❾channelled for so long into a single purpose, ❿ refined itself more and more in time and
10 ⓫ was finally reduced to a single, purified, concentrated essence which ⓬was transmitted entirely to the doll; and ⓭the Professor's mind attained a condition not unlike that of the swordsman

❶ complained in noisy silence to his nephew:「騒がしい沈黙」とは、教授が甥と、手話やうなり声、口笛で活発に会話していたことを思い起こせば納得がいく。complain はしばしば of があとに来て、「〜について不満を言う」の意になり、ここでもこのあと of pains, aches ... と続く。
❷ stiffening muscles: こわばってきた筋肉
❸ tautening sinews:（しなやかさを失って）ぴんと張ってきた腱
❹ limp: 足をひきずって歩く
❺ left to the boy all the rough work ...: leave A to B（A を B に任せる）の A の部分が長いので順番が入れ替わっている。
❻ mantling and dismantling:（舞台の）設営や解体
❼ the balletic mime: バレエのような無言劇
❽ with the passage of the years: passage は p. 202, l. 13 で は 'their passage implemented by medieval horrors'（その通り道は中世の恐怖で埋め尽くされ）という形で出てきたが、ここでは時間の「経過」の意。
❾ channelled for so long into a single purpose: channel A into B（A を B に注ぐ）という形。A には精力、資金などが入る。
❿ refined itself more and more in time: 直訳は「やがてますます自らを〜洗練させていった」。

＊

　さすがの教授もとうとう年齢と長旅が堪えてきた。時おり、騒々しい沈黙でもって、甥に向かって痛み、疼き、筋肉の硬化、腱の張り、息切れなどを訴えた。少し足を引きずるようになり、組立てや解体の力仕事はすべて少年に任せた。だが、年月が経つなかで、レイディ・パープルの舞踏にも似たマイムだけはますます円熟していった。あたかも長年、精力をただひとつの目的に注ぎ込んできたため、時とともにどんどん洗練されていって、その精力がたったひとつの純化され凝縮されたエッセンスに還元された上で、すべて人形に伝達されたかのようだった。教授の精神はいまや、禅に通じた剣士の

❶ was finally reduced to a single ...: be reduced to ... の形が出てくるのはこれで三度目だが、ここでは「落ちぶれた」より「還元された」の意味合いが強く、一度目の p. 196, ll. 3-5 の 'was [...] reduced [...] to the nameless essence of the idea of woman'（女性という観念の、名前もない真髄に還元されていました）により近い。a single, purified, concentrated essence: ただひとつの、精製され、濃縮された本質

❷ was transmitted entirely to the doll: transmit A to B（A を B に伝達する）という形。p. 176, ll. 9-10 に既出： 'He transmitted to her an abundance of the life he himself seemed to possess so tenuously ...'（教授は彼女に、自分ではごく希薄にしか有していないように見える生命をどっさり豊富に伝達し）

❸ the Professor's mind attained a condition not unlike that of the swordsman trained in Zen: mind は「心」というより「頭」「精神」。attain はある次元や目標などに「達する」。not unlike ...（～に似ていなくもない）は like にそれこそ「似ていなくもない」が、like よりも若干、やや突飛な比較に対して読み手の心を準備させるような効果がある。the swordsman: 剣士

trained in Zen, whose sword is his soul, ❶so that neither sword nor swordsman has meaning without the presence of the other. Such swordsmen, ❷armed, move towards their victims like ❸automata, in a state of perfect emptiness, no longer aware of ❹any distinction
5 between self or weapon. Master and marionette had arrived at this condition.

❺ Age could not touch Lady Purple for, since ❻ she had never aspired to mortality, she ❼effortlessly transcended it and, ❽though a man who was less aware of the expertise it needed to make her
10 so much as raise her left hand ❾might, now and then, have grieved ❿ to see how she defied ageing, ⓫ the Professor had no fancies of

---

❶ so that neither sword nor swordsman ...: 剣士が禅に通じていれば(trained in Zen)、その剣は彼の魂そのものであり（whose sword is his soul）、したがって（so that）〜という流れ。neither sword nor swordsman で冠詞が省かれているのは、p. 160, ll. 6-7 の the symbiosis between inarticulate doll and articulating fingers（物言わぬ人形と、物言うごとくにすべてを操る指との共生関係）について述べたとおり。l. 6 の between self or weapon と Master and marionette も同じ。

❷ armed: 武装していれば

❸ automata: automaton（自動人形）の複数形。

❹ any distinction between self or weapon: between のあとには and が来て between A and B となるのが標準的だが、ここではもはや A でも B でも同じこと、といわば差異の消滅がポイントになっているので、or が出てきても自然。

❺ Age could not touch Lady Purple: touch は「影響を及ぼす」の意味で、悪い影響について使うことが多い。*Many people's lives have been touched by the disease.*（その病気のために人生が変わってしまった人は多い。『ロングマン英和辞典』）

❻ she had never aspired to mortality: 要するに「人間になろうとしたことは一度もなかった」ということだが、humanity ではなく mortality という語を使ったことで、なろうとしなかったものの中身に「死すべき運命」が含まれること

境地に似た状態に達した。剣士の刀は彼の魂であり、刀も剣士も、もう一方が存在しなければ意味を持たない。こうした剣士たちが刀を持てば、餌食となる相手にまるで自動人形のように近づいていき、心の中は全くの空っぽ、自己と武器との区別はもはやまったく意識していない。主人とマリオネットもこうした境地に達していたのである。

　老いもレイディ・パープルを損ねはしない。そもそも死すべき人間の運命をめざしたこともないのだから、そんなものは易々超越している。時おり、彼女が左手を持ち上げるだけでもどれだけの熟練が必要か、よくわかっていない輩が、彼女が老いを拒んでいるのを見て嘆いたりもしたが、教授はそ

になる。aspire(d) to ...: 〜を志す

❼ effortlessly transcended it: (そうした人間の死すべき運命を) たやすく超越した

❽ though a man who was less aware of the expertise it needed to make her so much as raise her left hand might ...: 長いが a man から her left hand までが though 以下の部分の主部。a man / who was less aware / of the expertise it needed / to make her / so much as raise her left hand と切るとよい。一人の男／あまり気づいていない／必要とされる熟練を／彼女にさせるために／左手を上げるだけでも。so much as は even と同じと考えていい。*I do everything for him, and he's never so much as made me a cup of coffee.* (私は何から何までやってあげているのに、彼はコーヒー一杯入れてくれたことがない。*Longman Dictionary of Contemporary English*, Corpus)

❾ might, now and then, have grieved: で、そういう、熟練のすごさがわかっていない者が時おり (now and then) 嘆いたりする、ということ。

❿ to see how she defied ageing: 彼女が老化に抗っているのを見て。要するに、あんなふうにいつまでも若いのは不自然だ、などと呑気に嘆いたりするということ。

⓫ the Professor had no fancies of that kind: 教授はそういうたぐいの (of that kind) 気まぐれな考え (fancies) など持っていなかった

that kind. ❶Her miraculous inhumanity rendered their friendship entirely free from the anthropomorphic, even on ❷the night of the Feast of All Hallows when, ❸the mountain-dwellers ❹murmured, the dead ❺held masked balls in ❻the graveyards while the devil
5 played the fiddle for them.

❼The rough audience received their copeck's worth of sensation and ❽filed out into ❾a fairground which still roared like a playful tiger with life. The foundling girl put away her samisen and ❿swept out the booth while the nephew ⓫set the stage afresh
10 for next day's ⓬matinée. Then the Professor noticed Lady Purple had ⓭ripped a seam in the drab shroud she wore in the final act.
⓮Chattering to himself with displeasure, he undressed her as she

❶ Her miraculous inhumanity rendered their friendship entirely free from the anthropomorphic: render は render A B（A を B にする）の形であれば、make とほぼ同義と考えてよい。直訳的には「彼女の奇跡的な不人情（彼女が奇跡的なまでに人間らしさを持たないこと）が、彼らの友情を、擬人的なところがまったくないものにしていた」。動物や物に人間的な感情や特質を読み込むことを anthropomorphism（擬人化）といい、anthropomorphic はその形容詞。*For the anthropomorphic view of the rat, Behaviourism has substituted a ratomorphic view of man.*（ネズミを擬人的に見る代わりに、行動主義〔客観的に観察できる行動しか対象にしない心理学〕は人間を擬ネズミ的に見る姿勢を据えたのだ。*Oxford English Dictionary* に引用された、作家・思想家 Arthur Koestler1964 年の発言）
❷ the night of the Feast of All Hallows: the Feast of All Hallows はカトリック教会の祝日「諸聖人の日」。この前夜には死者の魂が帰ってくるとかつては信じられ、これが「ハロウィーン」として特にアメリカで定着した。
❸ the mountain-dwellers: 山に棲んでいる者たち
❹ murmur(ed): ぶつぶつ呟く。ここでは、その呟き、ざわめきが何となく不穏に聞こえるという含み。
❺ held masked balls: パーティや舞踏会を「開く」と言うときにしばしば hold

んな世迷い言に惑わされはしない。彼女が奇跡のごとく人間性を欠いている
おかげで、教授と彼女の交友には人間臭いところがまったくなかった。山に
棲む者たちが呟き声を漏らし、死者たちが墓場で仮面舞踏会を催して、悪魔
が彼らのためにフィドルを奏でるハロウィーンの宴の夜でもそれは変わらな
かった。

　がさつな観客たちはコペイカ分の刺激を楽しみ、テントからぞろぞろと、
いまだ戯れる虎のように生命の咆哮を上げる市の会場に出てくる。捨て子
だった少女は三味線を片付け、芝居小屋からゴミを掃き出し、甥の少年は明
日の昼公演に向けて舞台をまた新たに整えた。と、教授は、レイディ・パー
プルが最後の幕で着ていたみすぼらしい衣裳の縫い目が裂けてしまったこと
を見てとった。不機嫌そうにぶつぶつ一人言を言いながら、吊された糸から

を使う。masked balls は「仮面舞踏会」。

❻ the graveyards: 墓地

❼ The rough audience received their copeck's worth of sensation: 粗野
な観客は、彼らが払った1コペイカ分（their copeck's worth）の興奮を受け
とって

❽ filed out: ぞろぞろと出ていった

❾ a fairground which still roared like a playful tiger with life: roar（吠え
る）はもちろん tiger とは自然に結びつくが、fairground に使うのはやや異様。
with life は tiger にではなく roared にかかる。「生命を帯びて吠えた」

❿ swept out the booth: ほうきで小屋からゴミを出した

⓫ set the stage afresh: また新たに（afresh）舞台をセットした

⓬ (a) matinée: 昼間の興行

⓭ ripped a seam in the drab shroud: くすんだ色の衣の縫い目を破いてしまっ
た。shroud は本来は埋葬する死体を包む白い布、経帷子。p. 28, ll. 2-3 では 'The
seventh apartment was closely shrouded in black velvet tapestries'（七
番目は部屋一面、黒いビロードのつづれ織りが張りめぐらされ）と動詞形で出
てきた。

⓮ Chatter(ing): ぺちゃくちゃ喋る

❶ swung idly, this way and that way, from ❷ her anchored strings and then he sat down on ❸ a wooden property stool on the stage and ❹ plied his needle like a good housewife. The task was more difficult than it seemed at first for the fabric was also torn and
5 required ❺ an embroidery of darning so he told his assistants to go home together to the lodging house and let him finish his task alone.

A small oil-lamp hanging from a nail at the side of the stage ❻ cast an insufficient but tranquil light. ❼ The white puppet
10 glimmered fitfully through ❽the mists which crept into the theatre from the night outside through ❾ all the chinks and gaps in the tarpaulin ❿ and now began to ⓫ fold their chiffon drapes around her as if to ⓬ decorously conceal her or else to ⓭ render her more translucently enticing. The mist softened her painted smile a little
15 and her head ⓮ dangled to one side. In the last act, she wore a

---

❶ swung idly: ぶらぶら揺れた

❷ her anchored strings: しっかりつなぎ留められた糸

❸ a […] property stool: 小道具の丸椅子

❹ plied his needle: せっせと針を動かした

❺ an embroidery of darning: かがりの刺繍。要するに刺繍のようにかがって繕うこと。

❻ cast an insufficient but tranquil light: 不十分ではあるが穏やかな光を放った。公演の様子を伝える際の、形容過多気味の描写が続いたあとに、観客が出ていってからは、一転して静かさを感じさせる描写が続く。

❼ The white puppet glimmered ...: The white puppet glimmered fitfully / through the mists / which crept into the theatre / from the night outside / through all the chinks and gaps in the tarpaulin / and now began / to fold their chiffon drapes around her / as if to decorously conceal her / or else / to render her more translucently enticingと切る。
glimmered fitfully: 切れぎれにちらちら光った

こっちへあっちへぶらぶら揺れる彼女の服を教授は脱がし、舞台上にあった小道具の木製の丸椅子に腰かけて、働き者の主婦のように縫い針を動かしはじめた。仕事ははじめ見えたよりも厄介だった。周りの生地も破れていて、刺繍のように繕う必要があったのだ。そこで教授は、お前たち二人で下宿屋に戻れ、私はこの仕事を片付けていくからと言って助手たちを帰らせた。

　舞台横に打った釘から垂れた小さなオイルランプが、不十分ではあれ静かな光を投げている。白い操り人形は断続的にチカチカ光ったが、外の夜から忍び込んでくる薄霧がその姿をうっすらくるんでいた。防水シートのすきまや裂け目から入ってきた薄霧はいまや、彼女の体を行儀よく隠そうというのか、それとも半透明の魅惑をいっそう高めようというのか、絹モスリンのカーテンのごとき幕でレイディ・パープルの周りをくるんでいく。絵の具で描いた笑顔が霧でいくぶん和らぎ、彼女の首が横にだらんと垂れた。最終幕で着けたままの、ゆったりした黒いかつらの巻き髪が、柔らかく詰め物をした横

❽ the mists: 薄い霧、もや
❾ all the chinks and gaps in the tarpaulin: 防水シート（the tarpaulin）のすきまや切れ目
❿ and now began ...: この began も 2 行上の crept と同じく the mists が主語。
⓫ fold their chiffon drapes around her: 体に絹モスリンのひだひだを巻きつける。主語は依然 the mists なので、これは比喩。
⓬ decorously conceal her: 彼女を上品に隠す（裸体なので）
⓭ render her more translucently enticing: render は p. 212, ll. 1-2 に 'Her miraculous inhumanity rendered their friendship entirely free from the anthropomorphic'（彼女が奇跡のごとく人間性を欠いているおかげで、教授と彼女の交友には人間臭いところがまったくなかった）の形で出てきたとおり、render A B で「A を B にする」。translucently enticing: 直訳は「半透明に魅惑的な」
⓮ dangled to one side: 片側にぶら下がった

215

loose, black wig, ❶ the locks of which hung down ❷ as far as her softly upholstered flanks, and the ends of her hair ❸flickered with her random movements, ❹ creating upon the white blackboard of her back ❺one of those fluctuating optical effects which ❻make us

5 question the veracity of our vision. As he often did when he was alone with her, the Professor chatted to her in his native language, ❼ rattling away ❽ an intimacy of nothings, of the weather, of his rheumatism, of ❾ the unpalatability and expense of the region's coarse, black bread, while the small winds took her as their partner

10 in ❿a scarcely perceptible *valse triste* and the mist grew minute by minute thicker, ⓫more pallid and more viscous.

　　The old man finished his mending. He rose and, ⓬with a click or two of his old bones, he went to put ⓭the forlorn garment neatly

---

❶ the locks of which hung down: lock(s) は「巻き毛、髪の一房」。which は wig を指し、「そのかつらの一房が垂れ下がって」。

❷ as far as her softly upholstered flanks: 柔らかな詰め物をした (upholstered) 両脇腹 (flanks) にまで。upholster は普通、ソファなどの家具に用いる言葉。

❸ flicker(ed): 明滅する

❹ creating upon the white blackboard of her back: create の目的語は（つまり、何を create するかは）このあとの one of those ... の部分。「彼女の背中の白い黒板」とはつまり「白い黒板のようなその背中」。

❺ one of those fluctuating optical effects: one of those ... は「よくある〜（のひとつ）」というニュアンス。第 3 巻 p. 116, l. 4 では 'one of those cigar-ad pointed beards' （葉巻の広告なんかでよく見る尖ったアゴひげ）という形で出てきた。fluctuating optical effects: ちろちろと揺れ動く、視覚効果的な模様

❻ make us question the veracity of our vision: 視覚の真実性 (the veracity) を我々に疑わせる

❼ rattling away: ぺちゃくちゃ喋って。away は talk away で「のべつ喋りまくる」

腹まで垂れ、髪の先端が不規則な動きに合わせてチラチラ光り、白い黒板とも言うべき背中に、人が自分の視力の正しさに自信が持てなくなるような、たえず細かく変化する視覚的効果を映し出した。二人きりでいるときよくそうするように、教授は自分の言語で彼女にあれこれ他愛もない話をした。天気、自分のリューマチ、この地域の粗い黒パンが高いばかりで食えたものじゃないこと、等々をぺちゃくちゃ喋り、その間そよぐ風が彼女をパートナーに選んでほとんど目に見えぬ悲しきワルツを踊り、霧はますます濃くなって、より青白く、より粘っこくなっていった。

　老人は繕いものを終えた。立ち上がり、老いた骨をギシ、ギシと鳴らしてその侘しい衣服を楽屋のハンガーに掛ける――彼女があのおぞましいダンス

の意になったり、「ひたすら〜する」という響き。

❽ an intimacy of nothings: nothings は sweet nothings で「甘い愛の言葉」の意になる。ここでも「たわいない親密な言葉」。

❾ the unpalatability and expense of the region's coarse, black bread: この地の粗い（coarse）黒パンの、食えたものではないこと（the unpalatability; palatable で「味のよい」）と値段の高さ（expense）。expense は「出費」「損失」の意になることが多いが、ここでは「expensive であること」。

❿ a scarcely perceptible *valse triste*: ほとんどそれとわからない（scarcely perceptible）悲しきワルツ。*valse triste* と題された楽曲はいくつもあり、たとえばシベリウスが戯曲「クオレマ」（フィンランド語で「死」の意味）のために作った音楽。

⓫ more pallid and more viscous: より青白く、より粘着性の。病や死の臭いを感じさせる形容。

⓬ with a click or two of his old bones: この人間も人形に近づいているかのような言い方。

⓭ the forlorn garment: その侘しい衣裳

on its green-room hanger beside the ❶glowing, ❷winy purple gown ❸splashed with rosy peonies, sashed with carmine, that she wore for her ❹appalling dance. ❺He was about to lay her, naked, in ❻her coffin-shaped case and carry her back to their chilly bedroom
5 when he paused. He ❼was seized with the childish desire to see her again in all her finery once more that night. He took her dress off its hanger and carried it to where ❽she drifted, at nobody's volition but that of the wind. As he put her clothes on her, he ❾murmured to her as if she were a little girl ❿for the vulnerable
10 flaccidity of her arms and legs made ⓫a six-foot baby of her.

'There, there, my pretty; this arm here, that's right! ⓬Oops a

---

❶ glowing: ぼうっと光る。Poe の 'The Masque of the Red Death' でも 'his conceptions glowed with barbaric lustre'（着想一つひとつが野蛮な光を放っていた）とあった（p. 34, ll. 7-8）。

❷ winy purple: ワインっぽい紫の

❸ splashed with rosy peonies, sashed with carmine: バラ色の牡丹の花が散らされ、深紅色（carmine）の腰帯がついた

❹ appalling: ぞっとするような。これも 'The Masque of the Red Death' に 'the blackness of the sable drapery appals'（闇の色をしたカーテンの黒々しさは見るだにおぞましく）とあった（p. 38, ll. 10-11）。ポーもカーターも、ゴシック的な言葉を操って（いわばメタゴシック的に）作品を組み立てている趣があるので、語彙がこのように重なりあうのも当然か。

❺ He was about to lay her, naked ...: ここまで読めば英語圏の読者は、いずれ when ... が出てくるのを待ち構える。「～しようとしていた、まさにそのとき～」という流れ。

❻ her coffin-shaped case: 棺のような形のケース

❼ was seized with ...: ～に襲われた

❽ she drifted, at nobody's volition but that of the wind:「誰の意志（volition）でもなく、ただ風の意志で漂っていた」。人形が自分の意志で動いていないのは

を踊るときに着る、光り輝く、ワインにも似た紫のガウンの隣に几帳面に掛けた。ガウンには色あざやかなボタンの花がちりばめられ、紅の腰帯がついている。教授はいまにも、裸の彼女を棺桶形のケースにしまってうすら寒い寝室に持ち帰ろうとしている。と、教授の動きが止まった。ふと子供っぽい欲求に囚われて、その晩もう一度、華やかに着飾った彼女の姿を見たくなったのである。教授はガウンをハンガーから下ろし、彼女がただ風の意志によってふわふわ漂っているところへ持っていった。服を着せながら、あたかも彼女が小さな女の子であるかのように教授は小声で話しかけた。手足がいかにももろくたるんだ感じが、彼女を大人の背丈の赤ん坊にしていた。

　「よしよし、いい子だ。さあ今度はこっちの腕、そうそう！　おっとっと、

事実だが、さりとて教授の意のままになっているわけではないことが間接的に示唆される。

❾ murmured to her: ここでは p. 212, l. 3 の 'the mountain-dwellers murmured'（山に棲む者たちが呟き声を漏らし）のような不穏な響きはない。

❿ for the vulnerable flaccidity of her arms and legs ...: これまたいままでの数多い例と同じく「というのも」「なぜなら」の意。the vulnerable flaccidity: 直訳は「無防備なたるみ方」。

⓫ a six-foot baby: 身長6フィート（約180センチ）の赤ん坊。身長6フィートは 'six feet tall' だが、このように形容詞的に使われる場合は feet（複数）ではなく foot（単数）となる。a six-year-old girl などと同じ。ここで人形が等身大（あるいはそれ以上？）であることを知って読者は驚く。p. 180, ll. 8-9 で は 'As he crouched above the stage directing his heroine's movements'（舞台の上に覆いかぶさるようにして、ヒロインの動きを操りながら）とあり、そこまで大きいようには思えない。おそらくカーターは確信犯的にレイディ・パープルを「成長」させている。

⓬ Oops a daisy: 「よいしょ《子供を抱き上げたりする時のかけ声》；おっとどっこい《転倒した子に向かってのかけ声》」（『コンパスローズ英和辞典』）

daisy, ❶easy does it . . .'

Then he tenderly took off ❷her penitential wig and ❸clucked his tongue ❹to see how defencelessly bald she was beneath it. His arms ❺cracked under the weight of her immense chignon and he
5 had to stretch up on tiptoe ❻to set it in place because, since she was as large as life, she was rather taller than he. But then ❼the ritual of apparelling was over and she was complete again.

❽Now she was dressed and decorated, it seemed her dry wood had all at once ❾put out an entire springtime of blossoms ❿for the
10 old man alone to enjoy. ⓫She could have acted as the model for the most beautiful of women, ⓬the image of that woman whom only a man's memory and imagination can devise, for ⓭the lamplight fell too mildly to sustain her air of arrogance and ⓮so gently it made

---

❶ easy does it:「ゆっくりやれ、あわてないで」の意の成句。

❷ her penitential wig: 悔いを表わすかつら

❸ clucked his tongue: 舌打ちした

❹ to see how defencelessly bald ...: この to see ... は「〜を見るために」ではなく「〜を見て」。defencelessly: 無防備に

❺ crack(ed): ピシッと鳴る。あたかも木の人形の状態に近づいているかのように、教授は p. 216 から click, cluck, crack, とやたら乾いた音を立てている。

❻ to set it in place: かつらをしかるべき位置に (in place) 載せるために

❼ the ritual of apparelling: 服を着せる儀式

❽ Now she was dressed and decorated: この Now は now that ...（〜したいま、いまや〜だから）の意で、文法的に言うと since や because などと同じく接続詞。

❾ put out an entire springtime of blossoms: put out は植物が芽や葉を「出す」、花を「咲かせる」の意。*This bush puts out beautiful blossoms every spring.*（この低木は毎春きれいな花をつける。『動詞を使いこなすための英和活用辞典』）

❿ for the old man alone to enjoy:「老人が一人で楽しむために」ではなく「老

220

気をつけて……」

　それから教授は、悔悛のためのかつらを彼女の頭から外し、その下の頭が
なんとも無防備に禿げているのを見てちっちっと舌を鳴らした。巨大なシニ
ヨンのかつらの重みで教授の腕がメリッと鳴り、それをちゃんと頭に載せる
のに爪先で立って背のびしないといけなかった。何しろ彼女は等身大であり、
むしろ教授より背が高かったのである。だが着衣の儀式もどうにか終わり、
彼女はふたたび完全な姿になった。

　服を着て、飾りも着けたいま、乾いた木の体はにわかに春一杯の花を、老
人ひとりを楽しませるべく咲かせた。この上なく美しい女性のためのモデル
に――男の記憶と想像力のみが現出させうる女性の似姿に――なれそうに見
えた。ランプの光がどこまでも穏やかに降りそそぐせいで、いつもの傲慢な
雰囲気もしばし消え、その柔らかな光ゆえに、長い爪も十枚の散った花びら

人一人が、老人だけが楽しむために」。*You alone are my hope.*（あなただけ
が私の希望です。『コンパスローズ英和辞典』）の alone と同じ。

❶ She could have acted as the model for ...: やろうと思えば～のモデルの役
を演じられそうだった

❷ the image of that woman whom only a man's memory and imagination
can devise: image は p. 202, l. 6 の the image of irresistible evil（抗いよ
うなき悪の似姿）などの image と同じ「似姿」「権化」。of 以下は「男の記憶
と想像力だけが編み出す（devise）ことのできる女性」。that woman といっ
ても、読者も知っているであろう「あの女性」と言っているのではなく、that
はほとんど the と同じ。『リーダーズ英和辞典』はこの that を「関係代名詞の
導く節の前では定冠詞の代用」と説明し、*that (＝the) courage which you
boast of*（きみのご自慢の勇気）という例を挙げている。

❸ the lamplight fell too mildly to sustain her air of arrogance: 直訳は「ラ
ンプの光は彼女の傲慢な態度を維持するにはあまりに穏やかに注いだ」。

❹ so gently it made her long nails look ...: so gently のあとに that を補うと
わかりやすいかもしれない。

her long nails look as harmless as ten ❶fallen petals. The Professor had a curious habit; he always used to kiss his doll good night.

A child kisses its toy before she pretends it sleeps although, even though she is only a child, she knows ❷its eyes are not
5 constructed to close ❸so it will always be a sleeping beauty no kiss will waken. ❹One in the grip of savage loneliness might kiss the face he sees before him in the mirror ❺for want of any other face to kiss. These are kisses of the same kind; they are ❻the most poignant of caresses, for they are ❼too humble and too despairing
10 to wish or seek for any response.

Yet, in spite of the Professor's ❽sad humility, ❾his chapped and withered mouth opened on ❿hot, wet, palpitating flesh.

The sleeping wood had wakened. Her pearl teeth ⓫crashed against his with the sound of cymbals and her warm, ⓬fragrant
15 breath blew around him ⓭like an Italian gale. ⓮Across her suddenly moving face ⓯flashed a whole kaleidoscope of

---

❶ fallen petals: 地面に落ちた花びら

❷ its eyes are not constructed to close: 両目が閉じるようには作られていない

❸ so it will always be ...: この so は単純に「だから」。

❹ One in the grip of savage loneliness: One は単純に「人」。「残酷な孤独のとりこになっている者」

❺ for want of ...: ～がないので

❻ the most poignant of caresses: 最も痛ましい愛撫

❼ too humble and too despairing to wish or seek for any response: あまりに謙虚、あまりに絶望していて、いかなる反応も願ったり求めたりしない

❽ sad humility: 切なく悲しいつつましさ

❾ his chapped and withered mouth: chapped は lips や hands とよく一緒に使われ、「ひび割れた」の意。withered は普通むしろ植物に使われ、「萎れた」。

❿ hot, wet, palpitating flesh: ほとんど卑猥な響きがするフレーズ。palpitate

のように無害に見えた。教授には奇妙な習慣があった。毎晩、人形にお休みのキスをしたのである。

　子供もやはり、玩具（おもちゃ）を寝かしつけるふりをする前にキスをするが、たとえ子供であっても、玩具の目が本当に閉じるようには作られていないことを知っている。その玩具が、いかなるキスによっても目覚めぬ眠れる美女であることを知っているのだ。容赦ない孤独に囚われている者は、ほかにキスする顔もないので目の前の鏡に映った自分の顔にキスをしたりする。これも同じたぐいのキスだ。これほど切ない愛撫もほかにない。どこまでもつつましく、深い絶望に染まっていて、何の反応を願いも求めもしないのだから。

　だが、教授の悲しいつつましさにもかかわらず、そのひび割れた、萎えた口が触れたのは、熱い、濡れた、細かく震える肉体だった。

　眠れる木が目覚めたのだった。真珠色の歯がシンバルの響きとともに教授の歯にぶつかり、温かい、かぐわしい息が彼の周りでイタリアの疾風のように舞った。突然動き出した顔の上に、万華鏡のごとくありとあらゆる表情が

は心臓が不規則に速く打つことをいう。flesh は体の、皮膚でも骨でもない部分という意味での「肉」。

⓫ crashed against his with the sound of cymbals: crash（ガシャンと鳴る）という語はシンバルについてよく使われる。his は his teeth。

⓬ fragrant: かぐわしい

⓭ like an Italian gale: gale はきわめて強い風をいう。こういう定型句があるわけではないが、何となくロマンチックな響きがする。

⓮ Across her suddenly moving face: いきなり動きはじめた顔一面に。このように across は「横切って」というより「至るところに」の意になることも多い。*Violent protests occurred (all) across the nation.*（激しい抗議が国のあちこちで起こった。『コンパスローズ英和辞典』）

⓯ flashed a whole kaleidoscope of expression: 万華鏡（kaleidoscope）丸ごとの（多種多彩な）表情が閃いた

expression, **❶**as though she were running instantaneously through the entire repertory of human feeling, practising, **❷**in an endless moment of time, **❸**all the scales of emotion as if they were music. **❹**Crushing vines, her arms, **❺**curled about **❻**the Professor's delicate
5 apparatus of bone and skin with the insistent pressure of an actuality **❼**by far more authentically living than **❽**that of his own, time-desiccated flesh. Her kiss **❾**emanated from the dark country where **❿**desire is objectified and lives. She **⓫**gained entry into the world **⓬**by a mysterious loophole **⓭**in its metaphysics **⓮**and, during

---

❶ as though she were running instantaneously through the entire repertory of human feeling: 人間の感情のレパートリー全体を一瞬でおさらいしているかのように。run through ...: 〜をひととおりおさらいする。*Let's run through the last act once again.*（もう一度、最後の幕を通しで練習しよう。『動詞を使いこなすための英和活用辞典』）

❷ in an endless moment of time: an endless moment（果てのない一瞬）とはもちろん矛盾した表現だが、一瞬が無限のように思える、という発想は珍しくない。

❸ all the scales of emotion as if they were music: as if they were music がなくとも、すでに practising（練習して）という動詞が出ているので scales は「音階、ドレミファ」の意だとわかる。

❹ Crushing vines: 押しつぶす蔓。次の her arms と同格。

❺ curled about ...: 〜に絡みついた。以下、curled about the Professor's delicate apparatus / of bone and skin / with the insistent pressure of an actuality / by far more authentically living / than that / of his own, time-desiccated flesh と切る。

❻ the Professor's delicate apparatus of bone and skin: 骨と皮のことを apparatus（装置）とは普通言わない（apparatus of bone and skin と Google で検索してもこの一文しか出てこない）。教授の体を一種壊れやすい機械のように語っている。

❼ by far more authentically living than ...: 〜よりはるかに本当に生きてい

一斉に現われ、あたかも人間が持ちうる感情のレパートリー全部を瞬時に確認しているかのよう、果てない時の瞬間の中でさながら情念の音階をおさらいしているかのようだった。くるんだものを絞め殺す蔓（つる）のように、骨と皮から成る教授の華奢な体に両腕が絡みつき、時によって水分も抜けた教授の肉体よりもはるかに真に生きている生（せい）の圧力をぐいぐい加えてきた。彼女のキスは欲望が物質化され命を帯びる暗い国から発していた。世界の抽象的次元にある何か神秘な抜け穴を通って彼女はこの世界に入ってきたのであり、キスをしている最中、教授の息を肺から吸い取り、自身の胸をその吸った息で

る。by far は「ずっと」「断然」を意味し、比較級や最上級を強めるのに使う。*This is by far the better.*（こちらのほうがずっとよい。『コンパスローズ英和辞典』）

❽ that of his own, time-desiccated flesh: that は一応 an actuality を指すが、とにかく教授の生きた肉体より、彼女の生命なき（はずの）木の体の方がはるかに生きている、という流れが感じられれば十分。time-desiccated flesh: 時によって乾燥させられた肉体

❾ emanated from ...: 〜から発した。emanate は光、熱、香りなどについて使う。

❿ desire is objectified and lives: 欲望が具象化されて（具体的な姿かたちを与えられて）生きている

⓫ gained entry into the world: こう言うと、ただ entered the world と言うよりも、入ることがかならずしも易しくない場所に入った、というニュアンスが加わる。この場合、the world とは生者の生きるこの世界のことであり、本来木の人形が（少なくとも生きた女性として）入れるはずはない、という前提がある。

⓬ by a mysterious loophole: 神秘な抜け穴によって

⓭ in its metaphysics: その形而上的な（抽象的な）次元における。単純に物理的世界に人形が侵入してきたのではなく、もののありようを原理的に規定する次元を通過して入ってきた、というロジック。

⓮ and, during her kiss, she sucked his breath ...: きわめて抽象的な記述の直後に、何とも生々しい描写が続くことのインパクト。

her kiss, she sucked his breath from his lungs so that her own bosom **❶**heaved with it.

So, **❷**unaided, she began her next performance with **❸**an apparent improvisation which was, in reality, only **❹**a variation
5 upon a theme. She sank her teeth into his throat and **❺**drained him. He did not have the time to make a sound. When he was empty, he slipped straight out of her **❻**embrace down to her feet **❼**with a dry rustle, **❽**as of a cast armful of dead leaves, and there he **❾**sprawled on the floorboards, **❿**as empty, useless and bereft of meaning as his
10 own tumbled shawl.

She **⓫**tugged impatiently at the strings which **⓬**moored her and **⓭**out they came **⓮**in bunches from her head, her arms and her legs. She **⓯**stripped them off her fingertips and stretched out her long, white hands, **⓰**flexing and unflexing them again and again.
15 **⓱**For the first time for years, or, perhaps, for ever, she closed her

---

❶ heave(d): 膨れる
❷ unaided: 助けを得ずに
❸ an apparent improvisation: 一見即興に見えるもの。apparent は It is apparent that ... という形なら「明らか」だが、このように名詞にかかる場合は「見せかけの」「外見だけの」の意になることが多い。*His apparent meekness deceived everyone.* (彼は一見おとなしそうなので皆だまされた。『研究社 新英和中辞典』)
❹ a variation upon a theme: 本来は音楽用語で「ある主題による変奏曲」。
❺ drained him: drain はたとえば drain a pool で「プールから水を抜く」。この意味ではもちろん普通は人間を目的語にとらない。
❻ embrace: 抱擁
❼ with a dry rustle: 乾いたカサカサという音とともに
❽ as of a cast armful of dead leaves:「乾いたカサカサという音」をさらに説明している。「投げ捨てられた (cast) 腕一杯 (armful) の枯れ葉のような」
❾ sprawl(ed): 大の字に寝そべる

膨らませた。

　こうして、誰の助けもなしに、彼女は次のパフォーマンスを、見たところ即興でやり始めた。だが即興と見えたものも、実はある主題の変奏にすぎなかった。歯を教授の喉に食い込ませ、吸い取った。教授は音を立てる間もなかった。空っぽになると、彼女の抱擁からするりと抜け出て、打ち捨てられたひと摑みの落葉のようにカサッと乾いた音を立てて彼女の足下にくずおれ、床の上に大の字に倒れて、転げ落ちた自分のショールに劣らず虚ろな、無用な、意味を奪われた姿をさらけ出した。

　自分を繋ぎ止めている糸を彼女が苛立たしげにぐいぐい引っぱると、頭、腕、脚から束になった糸が出てきた。彼女は指先から糸を剝ぎ取り、細長い白い手をぴんとのばして、何度も曲げてはまた広げた。何年かぶりに、あるいはもしかすると文字通り初めて、血の染みがついた歯を彼女は有難そうに閉じた。かつての顔の素材に彼女の創造主が彫り込んだ笑顔のせいで、いま

---

❿ as [...] bereft of meaning as his own tumbled shawl: 床に転がった(tumbled)自分のショールと同じくらい意味を失って。bereft of(～を失って)のあとには hope, meaning, life などが来ることが多い。

⓫ tugged impatiently at the strings: もどかしげに糸を強く引っぱった

⓬ moor(ed): ～をつなぎ留める。普通は船について使う。

⓭ out they came: they came out よりも生きいきした口調。

⓮ in bunches: いくつもの束になって

⓯ stripped them off her fingertips: 指先からそれらの糸をむしり取った

⓰ flexing and unflexing them: 両手を曲げたり伸ばしたりして

⓱ For the first time for years, or, perhaps, for ever: 「何年ぶりかで」とまず言ってから、いや、for years ではなく for ever かもしれない(つまり、本当に初めてかもしれない)と言い直している。

❶blood-stained teeth thankfully, for her cheeks still ached from ❷the smile her maker had carved into the stuff of her former face. She ❸stamped her elegant feet to make the new blood flow more freely there.

5   ❹Unfurling and unravelling itself, ❺her hair leaped out of its confinements of combs, cords and lacquer to root itself back into her scalp like cut grass bounding out of the stack and back again into the ground. First, she ❻shivered with pleasure to feel the cold, for she realised she was experiencing a physical sensation; then ❼either she remembered or else she believed she remembered that the sensation of cold was not a pleasurable one so she ❽knelt and, drawing off the old man's shawl, wrapped it carefully about herself. Her every motion ❾was instinct with a wonderful, reptilian liquidity. The mist outside now seemed to rush like ❿a tide into the

---

❶ blood-stained teeth: 血で汚れた歯

❷ the smile her maker had carved into the stuff of her former face: 彼女を作った職人が元の顔の素材に彫り込んだ笑顔。p. 174, ll. 4-5 に 'her ferocious teeth, carved out of mother o' pearl, were always on show for she had a permanent smile.' (真珠層を彫った獰猛な歯は終始笑みを浮かべているためつねに露出していた) とあった。

❸ stamped her elegant feet: stamp (〜を踏み鳴らす) はこのように feet と一緒に使うことが多い。

❹ Unfurling and unravelling itself:「自らを広げ、ほどき」＝ひとりでに広がって、ほどけて。unfurl は傘や帆を「広げる、挙げる」、unravel は糸や織物を「ほぐす、解く」と言うときに使うのが普通。

❺ her hair leaped out ...: her hair leaped out of its confinements / of combs, cords and lacquer / to root itself back into her scalp / like cut grass / bounding out of the stack / and back again into the ground と

だ頬が疼いていたのである。優美な両足を彼女は踏み鳴らし、新しい血が足にもっと自由に流れるように努めた。

　髪はひとりでに解け、広がって、櫛や紐やヘアラッカーの束縛から飛び出し、刈られた草が束から飛び出て地面に戻っていくようにふたたび頭皮に根を下ろした。まず彼女は寒さを感じてぶるっと気持ちよさげに身を震わせた。肉体的な感覚を得ているのが実感できて嬉しかったのである。それから、寒さの感覚は快いものではないことを思い出したか、あるいは思い出したと信じたか、ひざまずいて老人のショールを引き剝がし、体に丹念に巻きつけた。彼女のすべての動きに、目を見張らされる、爬虫類のような流麗さが満ちていた。外の霧がいまや満ち潮のように芝居小屋の中に入ってくるように思え、白い波が彼女に当たって砕け、彼女は船の先端に飾られた奇怪な船首像のよ

切るとよい。彼女の髪が束縛（confinements）から飛び出た／櫛、紐、ヘアスプレー（lacquer）の／ふたたび頭皮に（into her scalp）根を下ろそうとするように／刈られた芝のように／束（the stack）から跳ね出て／ふたたび地面に戻っていく

❻ shiver(ed): 震える

❼ either she remembered or else she believed she remembered that …: どちらの remembered も that 以下につながる。

❽ knelt <kneel: ひざまずく

❾ was instinct with a wonderful, reptilian liquidity: この instinct は「本能」の意の名詞ではなく形容詞で、instinct with … で「〜がみなぎって」。wonderful はここでは現代的な「素晴らしい」という意味よりも、本来の「驚異に満ちた」の意が主であるように思える。reptilian liquidity は「爬虫類のような流動性」。一文全体、グロテスクな妖しさが印象的。

❿ a tide: 潮

booth and ❶broke against her in white breakers so that she looked like a baroque ❷figurehead, ❸lone survivor of a shipwreck, thrown up on a shore by the tide.

    ❹But whether she was renewed or newly born, returning to
5 life or becoming alive, awakening from a dream or ❺coalescing into the form of a fantasy generated in her wooden skull by the mere repetition so many times of the same invariable actions, ❻the brain beneath the reviving hair contained only the scantiest notion of the possibilities now open to it. ❼All that had seeped into the
10 wood was ❽the notion that she might perform the forms of life not so much by the skill of another as by her own desire that she did so, and she ❾did not possess enough equipment to ❿comprehend

---

❶ broke against her in white breakers: broke <break は波が「砕ける」の意。すでに a tide が出ているので無理なくつながる。breaker(s): 砕け波、白波

❷ (a) figurehead: 船首像

❸ lone survivor of a shipwreck: 難破の唯一の生存者

❹ But whether she was renewed or newly born …: まず whether A or B(A であれ B であれ) の形が 3 つ続き、文の主部はようやく l. 7 から出てくる (the brain beneath the reviving hair)。

❺ coalescing into the form …: coalescing into the form / of a fantasy / generated in her wooden skull / by the mere repetition / so many times / of the same invariable actions と切る。ひとつの形に固まる/夢想が/木の頭蓋の中で生み出された/単なるくり返しによって/何度も何度も/同じ不変の動作の

❻ the brain beneath the reviving hair contained only the scantiest notion of the possibilities now open to it: 直訳は「よみがえりつつある (reviving) 髪の下にある脳は、いま自分 (it) に対して開かれている種々の可能性について、ごく貧しい観念 (the scantiest notion) しか持っていなかった」

❼ All that had seeped into the wood was …: 「木にしみ込んでいたすべては

うに見えた。難破にも唯一生き残って、潮によって海岸に打ち上げられた船首像。

　彼女は新たによみがえったのか、一から新しく生まれたのか。生に戻ってきたのか、初めて生を得たのか。夢から覚めたのか、それとも、同じ変わらぬ動作を何度もただくり返してきたせいで木の頭蓋の中に夢想が生まれその夢想の持つ形へと固まっていったのか。何であれ、活気づきつつある髪の下にある脳は、自らに開かれているさまざまな可能性を、ごくわずかに感じ取っているのみだった。いまのところその木に染み込んできたのは、他人の技によってではなく自分の欲望に従って生の形を演じてもいいのだという思いだけであり、しょせんはこれまでマリオネットにすぎなかった身、己に霊

〜だった」ではなく、「木にしみ込んでいたのは〜のみだった」。

❽ the notion that she might perform the forms of life not so much by ...: 「自分が生の型を演じてよいのだ」という観念がまず提示され、どのように演じるのかが not so much ... で明らかにされる。not so much A as B（A というよりむしろ B）は p. 176, l. 11 から p. 178, l. 1 の 'she did not seem so much a cunningly simulated woman as a monstrous goddess'（その姿は巧妙に模造した女性というよりは奇怪千万な女神という趣だった）など二度既出。ここでは A が 'by the skill of another' で B が 'by her own desire that she did so'（そうしたい＝生の型を演じたい という欲望）。

❾ did not possess enough equipment to ...: 〜するに十分な知識を持っていなかった

❿ comprehend the complex circularity of the logic which inspired her: 彼女を駆り立てた（inspired）論理の複雑な circularity を理解する。circularity とは A を説明するのに B を用い、B を説明するのに A を用い……と、実は根拠がどこにもないような事態を指す。

the complex circularity of the logic which inspired her for she had only been a marionette. But, even if she could not perceive it, she could not escape ❶ the tautological paradox in which she was trapped; had the marionette all the time parodied the living 5 ❷ or was she, now living, to parody her own performance as a marionette? Although she was now ❸manifestly a woman, young and beautiful, ❹ the leprous whiteness of her face gave her the appearance of ❺a corpse animated solely by demonic will.

❻ Deliberately, she knocked the lamp down from its hook on 10 the wall. ❼A puddle of oil spread at once on the boards of the stage. ❽A little flame leaped across the fuel and immediately began to eat the curtains. She went down ❾the aisle between the benches to the little ticket booth. Already, the stage was ❿ an inferno and the corpse of the Professor ⓫tossed this way and that on an uneasy bed of fire. But she did not look behind her after she slipped out

❶ the tautological paradox in which she was trapped: tautology とは「馬 から落ちて落馬する」'He sat alone by himself' といったような、いわゆる「同 語反復」。前文の circularity ともつながる発想。彼女が囚われている同語反復 的パラドックスの内容については、セミコロンのあとで問いの形で述べられる。

❷ or was she [...] to parody her own performance as a marionette?: 人形 としての自分のパフォーマンスをパロディすることになるのか。be to ... はこ こでは「〜することになる、〜する運命である」。

❸ manifestly: 明らかに

❹ the leprous whiteness of her face gave her the appearance ...: ハンセ ン病 (leprosy) は皮膚が白くなったり白斑ができたりする症状がある。この箇 所全体、ハンセン病患者に対する偏見がまだ生きていた時代の産物。

❺ a corpse animated solely by demonic will: ひたすら悪魔的な意志によって 生命を吹き込まれた死体

❻ Deliberately: ゆっくりと、落ち着いて

感を与えている論理の複雑な循環性を理解するだけの知力は持ち合わせていなかった。けれども、認識はできなくても、己が囚われている同語反復的な逆説を逃れられはしない。マリオネットはこれまでずっと生きている者のパロディを演じてきたのか、それとも、生きるようになったいま、これからは、マリオネットとして自分が行なっていたパフォーマンスをパロディすることになるのか？　いまやどう見ても女性、それも若く美しい女性ではあっても、その顔の病んだ白さは、ひとえに悪魔的な意志によって生気を帯びた死体という見かけを生み出していた。

　ゆっくり慎重な手つきで、壁のフックに掛かったランプを彼女は叩き落とした。油がたちまち水たまりのように舞台の上に広がった。油一面から小さな炎が飛び出し、たちまちカーテンを舐めはじめた。両側をベンチではさまれた通路を彼女は小さな切符売場まで下っていった。すでに舞台は灼熱地獄と化し、教授の死体は炎の落着かぬ寝床の上であっちこっちに寝返りを打っていた。けれどもテントから市の会場に出たあと彼女はふり返りもせず、じ

❼ A puddle: 水たまり
❽ A little flame leaped across the fuel: こぼれた油（the fuel）の上を炎が跳ねていったということではなく、油一面から炎が飛び上がったということ。p. 222, l. 15 から p. 224, l. 1 の 'Across her suddenly moving face flashed a whole kaleidoscope of expression'（突然動き出した顔の上に、万華鏡のごとくありとあらゆる表情が一斉に現われ）と同じ。
❾ the aisle: 通路
❿ an inferno: 地獄。燃えさかる場の形容によく使われる語。
⓫ tossed this way and that on an uneasy bed of fire: toss という語が bed という語と一緒に使われれば「寝返りを打つ」の意になる。ここは火で出来た、「落着かないベッド」なので寝返り方もいささかグロテスクだろうが。

into the fairground although soon the theatre was burning like **❶**a paper lantern ignited by its own candle.

Now it was so late that **❷** the sideshows, **❸** gingerbread stalls and liquor booths were locked and **❹**shuttered and only the moon,
5 half **❺**obscured by drifting cloud, **❻**gave out a **❼**meagre, dirty light, which **❽** sullied and deformed the flimsy pasteboard façades, so the place, **❾**deserted, with **❿**curds of vomit, **⓫**the refuse of revelry, **⓬**underfoot, looked **⓭**utterly desolate.

She walked rapidly past the silent **⓮**roundabouts, accompanied
10 only by the **⓯**fluctuating mists, towards the town, making her way like **⓰**a homing pigeon, **⓱**out of logical necessity, to the single **⓲**brothel **⓳**it contained.

---

❶ a paper lantern ignited by its own candle: 中の蠟燭で火が点いた (ignited) 提灯

❷ the sideshows: p. 172, l. 4 で既出だが、ここではそういう余興のために別の 小屋があることがわかる。

❸ gingerbread stalls: ショウガ入りクッキーを売る屋台

❹ shutter(ed): (鎧戸やシャッターなどを) はめる、下ろす

❺ obscure(d): 〜を覆い隠す

❻ gave out <give out: (光を) 発する

❼ meagre: 貧弱な

❽ sullied and deformed the flimsy pasteboard façades: 薄っぺらい (flimsy) ボール紙のような建物正面を汚し (sullied)、歪めていた

❾ deserted: 人がいなくなって

❿ curds of vomit: 凝固した吐瀉物

きに劇場は自らの蠟燭で着火した提灯（ちょうちん）のように火に包まれていた。

　もうひどく遅い時間で、サイドショーの会場もショウガ入りクッキー売場も酒の販売所も施錠され鎧戸（よろいど）がはめられ、漂う雲になかば隠された月だけが乏しい汚れた光を発し、ぺらぺらのボール紙の建物前面を汚し、歪めたので、人けのない、足下にあちこちゲロが固まり歓楽の名残りのゴミが転がった場内は底なしに荒涼として見えた。

　揺れ動く霧を唯一のお伴に、静まり返った回転木馬の前を彼女は足早に過ぎて町へ向かい、伝書鳩のように、論理的必然に従って、町で一軒しかない娼館めざして進んでいった。

⓫ the refuse of revelry: どんちゃん騒ぎで出たごみ。refuse はこの場合 /réfjuːs/ と読む。

⓬ underfoot: 足元に

⓭ utterly desolate: とことん荒れはてた

⓮ roundabouts: p. 170, l. 5 に the painted horses on the roundabouts（回転木馬の色とりどりの馬たち）の形で既出。

⓯ fluctuating <fluctuate: p. 216, l. 4 に those fluctuating optical effects（たえず細かく変化する視覚的効果）の形で既出。

⓰ a homing pigeon: 伝書鳩

⓱ out of logical necessity: 論理的必然ゆえに

⓲ (a) brothel: p. 190, l. 4 に the most imposing brothel（街でもっとも堂々とした娼館）の形で既出。

⓳ it contained: it は the town を指す。

ちなみに

アンジェラ・カーターは人形と人間の妖しい関係にかかわる短篇をもうひとつ書いている。作品集 *American Ghosts & Old World Wonders* に収められた 'Alice in Prague *or* The Curious Room' という作品で、冒頭に 'This piece was written in praise of Jan Svankmayer, the animator of Prague, and his film of *Alice*.'（本作はプラハのアニメーション作家ヤン・シュヴァンクマイエルと、彼の映画『アリス』を讃えて書かれた）とある。『アリス』も人間と人形が交わるアニメーションだが、それにインスパイアされたカーター短篇では、16 世紀イギリスの数学者・占星術師の John Dee が登場し、しばしば英雄視される 19 世紀オーストラリアの山賊 Ned Kelly がその助手を務める不思議な作品になっている。

Windeye

Brian Evenson

ウインドアイ

ブライアン・エヴンソン

難易度 1
★ ☆ ☆

ブライアン・エヴンソン

（Brian Evenson 1966- ）

　アメリカの作家。敬虔かつ民主的なモルモン教徒の家庭で育ち、自らも信者として成人し、モルモン教系の大学で文学を教えていたが、冒瀆的と見なされた小説を書いたため破門されたという経歴の持ち主。ホラー、SF などの要素を取り入れた独特の作風で熱心な読者を一定数得ている。B. K. Evenson の筆名でよりポピュラーフィクション的な作品も書き、ゲームソフトのノベライゼーションなども手がけ、またフランス文学・思想の英訳書もある。CalArts (Callfornia Institute of the Arts) 教授。“Windeye” は同名の短篇集 (2012) から。

1

They lived, when he was growing up, in a simple house, ❶an old bungalow with a converted attic and sides covered in ❷cedar shake. In the back, where ❸an oak ❹thrust its branches over
5 the roof, the shake was light brown, almost honey. In the front, where the sun struck it full, it ❺had weathered to a pale gray, ❻like a dirty bone. There, ❼the shingles were ❽brittle, ❾thinned by sun and rain, and if you were careful you could ❿slip your fingers up behind some of them. Or at least his sister could. He was older and
10 his fingers were thicker, so he could not.

Looking back on it, many years later, he often thought ⓫it had started with that, with her ⓬carefully working her fingers up under a shingle as he waited and watched to see if it would ⓭crack. That was one of his earliest memories of his sister, ⓮if not the earliest.

---

❶ an old bungalow with a converted attic: bungalow は平屋でベランダ付きの住宅（下は『研究社 英和大辞典』の挿絵）。ここにあるようにしばしば居住空間に改装した屋根裏（a converted attic）がある。日本語で言うキャンプ場などの「バンガロー」とは違う。「バンガロー」にあたるのは "cabin" が一般的。

❷ cedar shake: 杉のこけら板。ベイスギ（red cedar）などを割り裂いて屋根や壁を葺く薄板で、ここでは壁面全体の木材とみなし、不可算名詞（数えられないので a や an がつかない名詞）として扱っている。

❸ an oak: 日本のナラ、カシなどを含むコナラ属の木の総称。

❹ thrust: ～を突き出す（原形・過去形同じ）

❺ had weathered to ...: 色褪せて～になっていた

❻ like a dirty bone: ブライアン・エヴンソンの小説世界にはおよそ美しいもの

1

　彼の少年時代、一家は素朴な家に暮らしていた。ベランダのある古い木造の平屋で、屋根裏も部屋に改造されていて、四方の外壁は杉の板張りだった。裏手に楢の木が一本、枝を屋根の上までつき出し、壁板は薄茶色、ほとんど蜂蜜の色だった。表側は陽がまともに当たるので、汚れた骨みたいな薄い灰色に褪せていた。表は板も硬くなって、陽と雨にさらされて厚味も減り、そっとやれば板によってはうしろに指を滑り込ませることができた。少なくとも彼の妹にはできた。兄である彼の指はもっと太いのでできなかった。

　何年も経ってからふり返ってみるとき、彼はよく、そこからすべてがはじまったんだと思った。妹が板の裏側にそっと指を滑り込ませ、彼はかたずを呑んで、板が割れてしまわないか見守っている。それが妹をめぐる、一番最初とは言わぬまでも、ごく初期の記憶だった。

はない。すべては汚れていたり、歪んでいたり、腐りかけていたり……。

❼ the shingles: いままで shake と呼んでいた壁板一枚一枚のこと。

❽ brittle: 「堅くて頑丈」ではなく「硬くて脆い」こと。

❾ thinned by ...: 〜で薄くなって

❿ slip your fingers up behind ...: 〜の裏に指を（下から上向きに）滑り込ませる

⓫ it had started with that: that の内容は次の with her carefully ... 以下。

⓬ carefully working her fingers up: 慎重に指を差し込んでいって。work は他動詞で、「少しずつ〜を動かしていく」の意。*He worked his hands free from the ropes.*（彼は〔縛られた〕両手を次第にロープから抜き出した。『研究社 新英和中辞典』）

⓭ crack: 割れる

⓮ if not the earliest: 一番最初とは言えないにせよ。if not はほとんど almost と同義と考えてさしつかえないことも多い。*The snow was now two feet deep, making it difficult, if not impossible, to get the car out.*（雪がいまや2フィート積もって、車を出すのは困難、いやほとんど不可能だった。*Longman Dictionary of Contemporary English*, Corpus）

His sister would ❶ turn around and smile, ❷ her hand gone to knuckles, and say, "❸ I feel something. What am I feeling?" And then he would ask questions. ❹ *Is it smooth?* he might ask. *Does it feel rough? ❺ Scaly? Is it ❻ cold-blooded or warm-blooded? ❼ Does*
5 *it feel red? Does it feel like its ❽ claws are in or out? Can you feel its eye move?* He would keep on, watching the expression on her face change ❾ as she tried to make his words into a living, breathing thing, until it started to feel too real for her and, half giggling, half screaming, she ❿ whipped her hand free.
10

There were other things they did, other ways they ⓫tortured each other, things they both loved and feared. Their mother didn't know anything about it, ⓬or if she did she didn't care. One of them would shut the other inside the toy chest and pretend to leave
15 the room, waiting there silently until the one in the chest couldn't stand it any longer and started to yell. That was a hard game for

---

❶ turn around: 振り返る

❷ her hand gone to knuckles: 手が板の裏側にどれくらい入ったかを言っている。knuckle(s) は関節の中でも特に、指の付け根の関節を言う。

❸ I feel something. What am I feeling?: 二つの feel は「感じる」ではなく、何かに「触っている」。

❹ *Is it smooth?* he might ask: might はそういうときにいろんなことを訊いたがたとえば～と訊いた、というニュアンス。

❺ *Scaly*: うろこ (scale) のある

❻ *cold-blooded or warm-blooded*: 冷血か温血か

❼ *Does it feel red?: Is it smooth?* から始まった質問はどんどん突飛になっていき、想像力が静かに暴走している観がある。

❽ *claws are in or out*: claw(s) は猫や鳥の「かぎ爪」。

❾ as she tried to make his words into a living, breathing thing: 触ってい

妹はふり返ってにっこり笑い、手はもう指のつけ根まで入っていて、「何かある。これって何かな？」と言う。すると彼は妹に問いはじめる。たとえば、それってつるつるしてるかい？　ざらざらした感じ？　うろこみたい？　血は冷たいかい、温かいかい？　赤い感じ？　かぎ爪が出てる感じ、引っ込んでる感じ？　目が動くのがわかるかい？　そうやってあれこれ問いながら、妹の顔の表情が変わっていくのを彼は見守った。彼に言われた言葉を、妹は命ある、息をしているものに変えようと努め、やがてそれがあまりに生々しくなって、なかばクスクス笑い、なかば悲鳴を上げながらパッと手を引き抜くのだった。

　二人はほかにもいろんなことをやった。たがいに苛みあうやり方はほかにもあった。二人がともに愛し、怖れたいろんなこと。二人の母親はそれについて何も知らなかったか、知っていたとしてもどうでもいいと思っているかだった。一人がもう一人を大きなおもちゃ箱のなかに閉じ込めて、部屋を出ていくふりをし、閉じ込められた方が我慢できなくなってわめき出すまでじっと静かに待つ。暗闇が怖かったので、これは彼にはつらい遊びだったが、

るものについて、兄が（問いの形で）物語を与えてくれて、それによってそのものが命を帯びる、というロジック。
❿ whipped her hand free: 手を（板の裏から）さっと引っ込めた
⓫ torture(d): 〜を拷問する
⓬ or if she did: あるいは、知っていたとしても

him because he was afraid of the dark, but he tried not to show that to his sister. Or one of them would ❶ wrap the other tight in blankets, and then the trapped one would have to ❷ break free. ❸Why they had liked it, why they had done it, ❹he had a hard time
5 remembering later, once he was grown. But they *had* liked it, or at least *he* had liked it — ❺there was no denying that — and he had done it. No denying that either.

So at first those games, ❻ if they were games, and then, later,
10 something else, something worse, something ❼decisive. ❽What was it again? Why was it hard, ❾now that he was grown, to remember? What was it called? Oh, yes, *Windeye*.

2

15 How had it begun? And when? ❿A few years later, when the house started to change for him, when he went from thinking about ⓫each

---

❶ wrap the other tight: 相手をきっちりくるむ

❷ break free: 脱出する、抜け出す

❸ Why they had liked it, why they had done it: ここまでが、このあとに出てくる remember(ing) の目的語。

❹ he had a hard time remembering later: あとになって思い出すのが「辛かった」ではなく、思い出すのに「苦労した」ということ。

❺ there was no denying that: その（遊びを彼が好きだった）ことは否定しようがなかった

❻ if they were games: ゲームと呼べるならの話だが

❼ decisive: 決定的な、取り返しのつかない

❽ What was it again?: again は「もう一度訊くけれど」「もう教えてくれたかもしれないけど」という響き。*What's his name again?*（彼の名前は何と言ってたっけ。『コンパスローズ英和辞典』）

そのことは妹に悟られないよう気をつけた。あるいは、一人がもう一人を毛
布できつくくるんで、くるまれた方が毛布を剝がそうともがく。なぜそんな
ことが好きだったのか、なぜそんなことをやったのか、大人になってみると
思い出すのに苦労した。でも彼らは本当にそういうことが好きだったのだ。
少なくとも彼は好きだったし──それは否定しようがない──とにかくそう
いうことをやった。そのことも否定しようはなかった。

　だからはじめにそういう遊びがあって──それらが遊びだったとして──
それから、やがて、何か別のもの、もっと悪いもの、決定的なものが現われ
たのだ。あれは何だったのだっけ？　大人になったいま、なぜ思い出すのに
苦労するのか？　何と言うんだっけ？　そうだ──ウインドアイ。

2

　どうやって始まったのか？　いつ始まったか？　何年か経って、家が彼に
とって変わりはじめたときだ。家のそれぞれの部分を別々のものと考えるの

---

❾ now that ...: ～となったいま。第 1 巻 p. 74, l. 12 などに "now that the
population was more than three hundred"（人口が 300 を超えたいま）
の形で既出。
❿ A few years later ...: この不完全な一文が、その前二つの問いへの答え。
⓫ each bit and piece of it: それぞれの細かな部分。bit も piece も「小片」「部分」。

bit and piece of it as a separate thing and started thinking of it as a
house. His sister ❶was still coming up close, ❷entranced by the gap
❸between shingle and wall, ❹intrigued by ❺the twist and curve
of a crack in the concrete steps. ❻It was not that she didn't know
5 there was a house, only that the smaller bits were more important
than the whole. For him, though, it had begun to be ❼the reverse.

So he began to step back, to move back in the yard far enough
away to ❽take the whole house in at once. His sister would ❾give
him a quizzical look and try to ❿coax him in closer, to ⓫get him
10 involved in something small. For a while, he'd ⓬play to her level,
⓭narrate to her ⓮what the surface she was touching or the shadow
she was glimpsing might mean, ⓯so she could pretend. But ⓰over
time he drifted out again. There was something about the house,

---

❶ was still coming up close: まだぴったりくっついて来た

❷ entranced by ...: 〜に魅了されて

❸ between shingle and wall: between のあとの二要素の冠詞がなくなる現象
は、p. 210, ll. 5-6, "no longer aware of any distinction between self or
weapon"（自己と武器との区別はもはやまったく意識していない）などで既出。

❹ intrigued: 前行の entranced とそれほど変わらないが、しいていえば en-
tranced が「魅惑」を語っているのに対し、intrigued は「好奇心」を語っている。

❺ the twist and curve of a crack: ひび割れ (a crack) のねじれ方や曲がり方。
crack は p. 238, l. 13 に "watched to see if it would crack"（板が割れて
しまわないか見守っていた）と動詞形で既出。

❻ It was not that ..., only that ...: 別に〜というわけではなく、ただ〜だった。
not that は p. 10, ll. 4-5 に "Not that one could ever see them"（彼らの
姿が見えるわけではなかった）と It was が省かれた形で既出。

❼ the reverse: その逆

❽ take the whole house in at once: take ... in は何かを見て、その意味や意義
を理解することを言う。*She took in the situation at a glance.*（彼女は事態
をひと目で見てとった。『コンパスローズ英和辞典』）ヘンリー・ジェームズが

をやめて、全体をひとつの家と考えるようになったとき。妹はまだすぐうしろについて来ていて、壁板と壁とのあいだのすきまにいまだ魅せられ、コンクリートの階段に入ったひびの曲がり具合、ねじれ具合に惹かれていた。家があるということを知らないわけではなかったけれど、小さいいろんな部分の方が妹には全体より大事だった。でも彼にとっては、その反対になってきていた。

　それで彼は、うしろに下がりはじめた。庭をうしろに、家全体が一度に見渡せるところまで下がっていった。妹は怪訝そうな顔で彼を見て、あれこれ言って彼を引き戻そう、何か小さなものにかかわらせようと企てた。少しのあいだ、彼もそれに合わせて、妹がいま触っている表面とか、いま見ている影とかの意味を物語に仕立て、妹がふりに浸れるようそれを語った。けれどそのうちに、また何となく離れてしまった。この家に、家全体に、彼を不安

よく使うフレーズという印象がある。
❾ give him a quizzical look: 不思議そうな視線を投げかける
❿ coax him in closer: なだめすかして引き寄せる
⓫ get him involved in …: 彼を〜にかかわらせる
⓬ play to her level: 妹のレベルに合わせてやる
⓭ narrate: 〜を物語る
⓮ what the surface she was touching …: この部分が物語の内容（つまり narrate の目的語）。narrate […] what A might mean（A が何を意味するのかを物語る）という形で、A の部分は二つの要素（the surface she was touching と the shadow she was glimpsing）から成っている。glimpsing <glimpse: 〜を垣間見る
⓯ so she could pretend:（その物語を聞いて）妹がごっこ遊びできるように。so [that] A can …（A が〜できるように）は本シリーズでも頻出フレーズであり、現代では that がない方が普通。第 4 巻 p. 30, ll. 1-2 の "so they could walk through the stores or go to a movie"（お店を見て回ったり映画に行ったりできるよう）など。
⓰ over time he drifted out: 時間が経つにつれ、（妹から）ふらふら離れていった

the house as a whole, that ❶troubled him. But why? Wasn't it just like any house?

His sister, he saw, was standing beside him, staring at him. He
5 tried to explain it to her, ❷tried to put a finger on what ❸fascinated him. *This house,* he told her. *It's a little different. There's something about it . . .* But he saw, from the way she looked at him, that she thought it was a game, that he was ❹making it up.

"What are you seeing?" she asked, ❺with a grin.

10 ❻*Why not?* he thought. *Why not make it a game?*

"What are *you* seeing?" he asked her.

Her grin ❼faltered a little but she stopped staring at him and stared at the house.

"I see a house," she said.

15 "Is there something wrong with it?" he ❽prompted.

She nodded, then ❾looked to him for approval.

---

❶ trouble(d): 〜を心配させる、悩ます
❷ tried to put a finger on ...: 〜をきっちり指摘しようとした。普通は put one's finger on ... の形で「〜の問題点をはっきり指摘する」の意。*It isn't anything I could put my finger on: it's just a feeling I have about him.* (はっきり指摘できるようなものでなく、ただ彼について私が持っている感じにすぎないのですが。『研究社 新英和大辞典』)
❸ fascinate(d): 〜を魅了する
❹ making it up: その場で作りごとを言っている
❺ with a grin: ニヤニヤ笑って
❻ *Why not?*: このように Why not? は、一瞬「それはない」「無理だ」と思えるような選択肢について、「いや、いいじゃないか」と思い直したりするときなどに使う。
❼ falter(ed): 弱まる、揺らぐ。いつものゲームと様子が違うので妹はややとまどっ

にするものがあったのだ。でもなぜ？ ほかの家と同じじゃないのか？

　妹は、見れば彼の横に立って、彼をじっと見ていた。彼はそれを妹に説明しようとした。自分を惹きつけてやまないものを何とか言葉にしようとした。**この家はさ**と彼は妹に言った。**少し変わってるんだよ。何かが違って……**だが、妹の目つきを見ると、これも遊びなんだ、お兄ちゃんがお話を作ってるんだと思っているのがわかった。
「何が見えてるの？」妹はニタニタ笑いながら訊いた。
　いいじゃないかと彼は思った。**遊びにしちゃえばいいじゃないか。**
「お前には何が見えてる？」と彼は妹に訊いた。
　ニタニタ笑いが少し揺らいだが、妹は彼を見るのをやめて、家をじっと見た。
「家が、見える」と妹は言った。
「何か変なところはあるかい？」と彼は促した。
　妹はうなずいて、それでいいんだよねと問うように兄の顔を見た。

❽ prompt(ed): 〜を促す
❾ looked to him for approval: 「是認を求めて彼の方を見た」。うなずいてはみたものの、それでいいのか自信が持てなかったので。

"What's wrong?" he asked.

❶ Her brow tightened like a fist. "I don't know," **❷** she finally said. "The window?"

"What about the window?"

5   "I want you to do it," she said. "It's more fun."

He sighed, **❸** and then pretended to think. "Something wrong with the window," he said. "Or **❹** not the window exactly but the number of windows." She was smiling, waiting. "The problem is the number of windows. There's one more window on the outside
10 than on the inside."

❺ He covered his mouth with his hand. She was smiling and nodding, but he couldn't go on with the game. Because, yes, that was exactly the problem, there was one more window on the outside than on the inside. That, he knew, was what he'd been
15 trying to see **❻** all along.

---

❶ Her brow tightened: 額がぎゅっと縮まった

❷ she finally said: 第 4 巻 p. 168, l. 16 – p. 170, l.1 の "'The tea drugged us!' the younger sister, Tooka, cries at last"（「お茶に薬が入ってたのよ！」ずっと黙っていた妹のトオカが叫ぶ）の at last について言ったのと同じで、この finally は「ついに」というよりも、「しばらく黙っていた末に」という含み。

❸ and then pretended to think: このセクションの終わり (l. 15) まで読めばわかるように、窓のどこが変なのか、という問いに対する答えを、彼の中のある部分はすでに知っている。それでこのような表現が出てくる。

❹ not the window exactly: 正確に言えば窓（自体）ではなく

❺ He covered his mouth with his hand: 不吉なこと、まずいことを言ってしまったかとハッとしているしぐさ。

❻ all along: これまでずっと

「どこが変だい？」と彼は訊いた。

　妹の眉が握りこぶしみたいにぎゅっと締まった。「わかんない」しばらく見てからやっとそう言った。「窓かな？」

「窓がどうした？」

「お兄ちゃんやってよ」と妹は言った。「その方が面白い」

　彼はため息をついて、それから、考えるふりをした。「窓が、なんか変なんだよな」と彼は言った。「ていうか、窓そのものじゃなくて、窓の数」。妹はにこにこ笑って続きを待っている。「問題は窓の数だ。外側の窓が、内側よりひとつ多いんだ」

　彼は片手で自分の口を覆った。妹はにこにこ笑ってうなずいていたが、彼はもうそれ以上この遊びを続けられなかった。なぜなら、そう、まさにそれこそが問題だったからだ。外側の窓が、内側よりひとつ多い。いままでずっと、自分がそれを見きわめようとしていたのだと彼は悟った。

3

But he had to make sure. ❶He had his sister move from room to room in the house, waving to him from each window. The ground floor was all right, he saw her each time. But in the converted attic, ❷just shy of the corner, there was a window at which she never appeared.

It was small and round, probably only a foot and a half ❸in diameter. The glass was dark and ❹wavery. It ❺was held in place by ❻a strip of metal about as thick as his finger, ❼giving the whole of the circumference a dull, leaden rim.

He went inside and climbed the stairs, looking for the window himself, but it simply wasn't there. But when he went back outside, there it was.

For a time, it felt like he had ❽brought the problem to life himself by stating it, ❾that if he hadn't said anything the half-window

---

❶ He had his sister move ...: have A do B (A に B させる) という形。
❷ just shy of the corner: （壁の）角のすぐ前に。*just shy of his tenth birthday*（彼の 10 歳の誕生日の直前に。『リーダーズ英和辞典』）
❸ in diameter: 直径で
❹ wavery: 揺らぐ（waver）ように波打った
❺ was held in place: 固定されていた。in place は「しかるべき場所に」の意で、p. 200, ll. 4-5 に "he had to stretch up on tiptoe to set it in place"（それをちゃんとそこに載せるのに爪先で立って背のびしないといけなかった）の形で既出。
❻ a strip of metal: 細長い金属の板
❼ giving the whole of the circumference a dull, leaden rim: 周囲（the circumference）全体に鈍い、鉛色っぽい縁（rim）を与え
❽ brought the problem to life himself by stating it: bring ... to life で「〜

3

だが、確かめないといけない。彼は妹を家のなかに入らせて、部屋から部屋を移動させ、それぞれの窓から手を振らせた。一階は大丈夫だった。毎回ちゃんと妹が見える。けれども、改造した屋根裏の、角のすぐ近くに、どうしても妹の姿が見えない窓がひとつあった。

小さな、丸い窓で、たぶん直径にして五十センチもない。ガラスは色が濃くて波打っていた。それが彼の指ぐらい太い金属の帯で固定してあって、全体がくすんだ、鉛っぽい縁に囲まれていた。

彼は家のなかに入って階段をのぼり、自分で窓を探したが、どこにもなかった。でもまた外に出てみると、やっぱりそこにあった。

しばらくのあいだ、自分が言葉にしたせいでこの問題に命を与えてしまったんじゃないかという気がした。もし何も言ったりしなかったら、半分窓はそこにないんじゃないか。そんなこと、あり得るだろうか？　そうは思えな

に生命を吹き込む」。stating <state: 〜を口にする
❾ that if he hadn't said anything ...: この that 以下は前行の it felt とつなげて考える。

wouldn't be there. **❶** Was that possible? He didn't think so, that wasn't the way the world worked. But even later, once he was grown, **❷**he still found himself wondering sometimes **❸**if it was his fault, if it was something he had done. **❹**Or rather, said.

5

Staring up at the half-window, he remembered a story his grandmother had told him, back when he was very young, just three or four, just after his father had **❺** left and just before his sister was born. **❻** Well, he didn't remember it exactly, but he

10 remembered it **❼**had to do with windows. **❽**Where she came from, his grandmother said, they used to be called not windows but something else. He couldn't remember the word, but remembered that it started with a *v*. She had said the word and then had asked, *Do you know what this means?* He shook his head. She repeated the

15 word, slower this time.

"This first part," she had said, "it means 'wind.' This second

---

❶ Was that possible?: この文と次の文は、彼の頭の中の言葉を、語順は直接話法的、時制・人称は間接話法的に語っている（これを「描出話法」と呼ぶ）。"Is that possible? I don't think so, that isn't the way the world works." が頭の中の言葉。

❷ he still found himself ...ing: find oneself はフランス語の se trouver と同じく、ほとんど be 動詞と同じような意味になることもあるが（p. 140, ll. 10-11 はその例: "she was very greatly relieved to find herself being courted by William Drover"（ウィリアム・ドローヴァーが求愛してくれて大いに安堵した）、ここはもう少し意味が強く、そのあとの ...ing 形とつながって「気がつくと〜していた」。

❸ if it was his fault, if it was something ...: この二つの if は wondering からつながって、「もし〜なら」ではなく「〜かどうか」。

❹ Or rather, said: 自分がやったことではなく、言ったことがいけなかったんだ

い。この世界はそういうふうには出来ていないはずだ。けれどもっとあと、大人になってからも、時おりふと気がつくと、やっぱりあれは自分のせいじゃないのか、自分が何かやったせい——あるいは言ったせい——じゃないだろうかと自問しているのだった。

　半分窓をぼんやり見上げていると、彼がまだごく幼い、たぶん三つか四つだったころ、父が出ていったすぐあと、妹が生まれるすぐ前に祖母から聞かされた話を思い出した。はっきりは覚えていなかったけれど、窓に関係ある話だったことは覚えていた。あたしが育ったところではね、と祖母は言った。窓、ウインドウとは言わなかったんだ、別の名前があったんだよ。彼はその名前を思い出せなかったが、Ｖで始まるということは覚えていた。祖母はその言葉を口にし、それから、どういう意味だかわかるかい？と訊いたのだった。彼は首を横に振った。祖母はその言葉をもう一度、もっとゆっくりくり返した。

　「前半分はね」と祖母は言ったのだった。「風、ウインドっていう意味なんだ。

ろうか、と彼は考える。言葉が現実を変えてしまうかもしれない、というモチーフはこの作品の冒頭からずっと続いている。

❺ left: 簡単な一語だが、これだけで「家族を捨てて出ていった」。

❻ Well, he didn't remember it exactly: 前の文で "he remembered a story" と言ったので、それを部分修正して「いや、remember というのとはちょっと違うが」と言っている。日本語では二つの remember が「思い出す」「覚えている」と別々の表現になるので、訳もぴったりそのままというわけにはいかないが。

❼ had to do with ...: 〜に関係があった、〜の出てくる話だった

❽ Where she came from ...: これも描出話法。祖母は "Where I come from, they used to be ..." と言った。

part, it means 'eye.'" She looked at him with her own pale, **❶**steady eye. "It is important to know that **❷** a window can be instead a *windeye*."

5 So he and his sister called it that, *windeye*. **❸**It was, he told her, how the wind looked into the house **❹**and so was not a window at all. So of course they couldn't look out of it; it was not a window at all, but a windeye.

He was worried she was going to ask questions, but she didn't. 10 And then they went into the house to look again, **❺**to make sure it wasn't a window after all. But it still wasn't there on the inside.

Then they decided to get a closer look. **❻**They had figured out which window was nearest to it and **❼**opened that and leaned out of it. There it was. If they leaned far enough, they could see it and 15 almost touch it.

"**❽**I could reach it," his sister said. "If I stand on **❾**the sill and

---

❶ steady: 揺るがない

❷ a window can be instead a *windeye*: 英語の window は古ノルド語 *vindauga* から来ていて、これは *vindr*（風）と *auga*（目）が組みあわさった語。古ノルド語はアイスランド・スカンディナヴィア半島・ユトランド半島で 8-14 世紀に用いられた言語の総称。彼が覚えている語が v で始まっていたことも、祖母の目が青白かったことも、この史実と調和する。

❸ It was, he told her, how ...: これまた描出話法。

❹ and so was not a window at all. So of course ...: この so のくり返しは、つたない文章というよりは、彼が「だから～」「だから～」と張りつめて喋っている感じを再現している。

❺ to make sure it wasn't a window after all: やっぱり窓じゃないことを確かめようと

❻ They had figured out ...: すでに～を考え出していた、割り出していた。

うしろ半分は、目、アイっていう意味」。祖母自身の目は青白い、揺るがない目だった。祖母はそんな目で彼を見た。「窓っていうのは風の目にもなる。これは大事なことなんだよ」

　それで彼と妹は、窓をそう呼んだ。風の目、と。風が家のなかを見るってことなんだ、だからぜんぜん窓なんかじゃないんだよ、と彼は妹に言った。だから当然そこから外を見たりはできないわけさ、窓なんかじゃ全然なくて、風の目なんだからね。

　妹にあれこれ質問されるんじゃないかと心配だったが、何も訊かれなかった。やがて、もう一度見てみよう、窓じゃないことを確かめようと、二人で家のなかに入った。でも内側にはやはり、それはなかった。

　それから、もっと詳しく調べてみることにした。どの窓がそれに一番近いか考えて、その窓を開け、二人で外に身を乗り出した。それは、そこにあった。十分外に乗り出せばそれが見えたし、もう少しで触れそうだった。

「あたし、届くよ」と妹が言った。「この窓枠に乗って、お兄ちゃんが脚を

---

figure out は現代では非常によく使われ、第2巻 p. 100, l. 15 の "He could never figure out how to add or subtract"（足し算や引き算はどうしても覚えられなかった）をはじめ本シリーズでも何度か既出。

❼ opened that and leaned out of it: その（一番近い）窓を開けて、そこから外へ身を乗り出した

❽ I could reach it: （やろうと思えば）あれに手が届くよ

❾ the sill: 窓の下枠

you hold my legs, I could lean out and touch it."

"No," he started to say, but, fearless, she had already
❶ clambered onto the sill and was leaning out. He wrapped his
arms around her legs to keep her from falling. ❷He was just about
5 to pull her back inside when she leaned farther and he saw her
finger touch the windeye. And then ❸it was as if she had ❹dissolved
into smoke and been sucked into the windeye. She was gone.

4

10 It took him a long time to find his mother. She was not inside the
house, nor was she outside in the yard. He tried the house next
door, ❺ the Jorgensens, and then the Allreds, then the Dunfords.
She wasn't anywhere. So he ran back home, breathless, and
somehow his mother was there now, lying on the couch, reading.

15 "What's wrong?" she asked.

He tried to ❻explain it best he could. *Who?* she asked at first

---

❶ clambered onto ...: ～によじ登った
❷ He was just about to ...: こう来たら、このあとに when ... が出てくるのを待
つ（～しようとしていたら～した）。
❸ it was as if ...: まるで～であるかのようだった
❹ dissolved into smoke: 溶解して煙になった
❺ the Jorgensens ... the Allreds ... the Dunfords: Jorgensen は北欧系の姓、
Allred と Dunford はイギリス系。つまりここには特に統一感はない。
❻ explain it best he could: 丁寧に言うなら explain it as best as he could。

押さえてくれたら、体を伸ばして触れるよ」

「駄目だよ」と彼は言いかけたが、怖いもの知らずの妹はもうすでに窓枠にのぼって身を乗り出しはじめていた。妹が落ちないようにと、彼は腕を妹の両脚に巻きつけた。いまにも妹を家のなかに引き戻そうとしたところで、妹がさらに身を乗り出した。妹の指が風の目に触れるのを彼は見た。それから、あたかも妹が溶けて煙になって、風の目のなかに吸い込まれたみたいだった。妹はいなくなった。

4

母親が見つかるまでずいぶん時間がかかった。家のなかにはいなかったし、庭に出てもいなかった。隣のジョーゲンセン家に行ってみて、それからオールレッド家、ダンフォード家にも行ってみた。母親はどこにもいなかった。それで彼が息を切らして家に駆け戻ると、なぜか母はもうそこにいて、カウチに寝そべって本を読んでいた。

「どうしたの？」と母が訊いた。

彼は精一杯説明を試みた。**誰ですって？**と母はまず訊ねた。それから、**もっとゆっくりもういっぺん話してちょうだい**と言い、それから、**でもそれっ**

and then said *Slow down and tell it again,* and then, *But who do you mean?* And then, once he'd explained again, with an odd smile:

"But you don't have a sister."

But of course he had a sister. How could his mother have
5 forgotten? What was wrong? He tried to describe her, to explain what she looked like, but his mother just kept shaking her head.

"No," she said firmly. "You don't have a sister. ❶You never had one. ❷Stop pretending. ❸What's this really about?"

Which made him feel that he should ❹ hold himself very still,
10 that he should be very careful about what he said, that ❺ if he breathed wrong more parts of the world would disappear.

After talking and talking, he tried to get his mother to come out and look at the windeye.

15 "Window, you mean," she said, voice rising.

"No," he said, beginning to grow hysterical as well. "Not

---

❶ You never had one: You never had a sister

❷ Stop pretending: pretend という言葉が出てくるのは本短篇これで４回目だが、いままで３回の、妹と作ってきた空想の世界での pretend とは違って、こではどこまでも冷酷な響き。少し先回りすれば、p. 262, l. 8 ではまた違った冷酷さをたたえた pretend が現われる。

❸ What's this really about?: 本当はどういうことなの？

❹ hold himself very still: hold still だけでも「じっとしている」の意味。こう言うと本当に、文字どおりぴくりとも動いてはいけないかのような印象を受ける。

❺ if he breathed wrong: 呼吸の仕方を間違えたら

て**誰**のこと？と言った。それから、彼がもう一度説明すると、奇妙な笑みを浮かべて母は言った。

「だってあんた、妹なんていないじゃない」

　だがもちろん、彼には妹がいたのだ。どうして母はそんなことも忘れてしまったのか？　どうなってるんだ？　妹がどんな子供か、どんな見かけか、彼は説明を試みたが、母親は首を横に振るばかりだった。

「いいえ」母はきっぱりと言った。「あんたには妹なんていないわよ。いたことなんかないのよ。ふりをするのはやめなさい。ほんとはいったい何の話なの？」

　そう言われて彼は、ここはすごく慎重にやらなくちゃいけないと思った。言葉にはすごく気をつけなくちゃいけない。息の仕方を間違えたら、世界のまたどこかが消えてしまうと思った。

　さんざん喋った末に、風の目を、ウインドアイを見せようと、彼は母親を外に連れ出そうとした。

「窓のこと、ウインドウのことね」と母が言った。声が大きくなってきていた。

「違うよ」と彼は言った。彼もだんだんヒステリックになってきていた。「ウ

window. *Windeye*." And then he had her by the hand and was
❶tugging her to the door. But no, that was wrong too, because no
matter which window he pointed at she could tell him where it
was in the house. The *windeye*, just like his sister, was no longer
5 there.

But he kept insisting it had been there, kept insisting too that
he had a sister.

And that was when the trouble really started.

10   5

❷ Over the years there were moments when he was almost
convinced, moments when he almost began to think — and
❸ perhaps even did think ❹ for weeks or months at a time — that
he never had a sister. It would have been easier to think this than
15 to think she had been alive and then, perhaps partly because of
him, not alive. ❺ Being not alive wasn't like being dead, he felt: it

---

❶ tug(ging): 〜を強く引っぱる
❷ Over the years: 何年にもわたって
❸ perhaps even did think: ことによると事実そう考えた
❹ for weeks or months at a time: 何週間、何か月も続けて
❺ Being not alive wasn't like being dead: 「生きていない」と「死んでいる」
　の違いをありていに言えば、前の文でも示唆されているとおり、前者は生きて
　いた人間が消えたこと、後者は生きていた人間が死んだこと。

インドウじゃないよ。ウ・イ・ン・ド・ア・イだよ」。そうして母の手を握って、玄関
まで引っぱっていった。だが、これも間違いだった。彼がどの窓を指しても、
それが家のなかのどこにあるか、母はちゃんと言ってみせたのだ。ウ・イ・ン・ド・
ア・イは、妹と同じく、もうなくなっていた。

　だが彼は、ちゃんとあったんだと言いはり、僕には妹がいたんだと言いはっ
た。

　こうして、本当につらい日々が始まったのだった。

5

　その後の長い年月のなか、ほとんど確信する瞬間、ほとんどそう考える瞬
間があった——自分には妹なんていたことないんだ、事実そう思うことが時
には何週間も何か月も続いた。そう考えた方が、かつては妹が生きていても
しかしたら自分が一因でもはや生きていなくなったのだと考えるより楽だっ
ただろう。生きていないというのは、死んでいるというのとは違うと彼は思っ
ていた。死んでいるよりずっと、ずっと悪い。何年か、妹のことを現実の存

was much, much worse. There were years too ❶ when he simply didn't choose, when he saw her as both real and make-believe and sometimes neither of those things. But in the end ❷ what made him keep believing in her — despite ❸ the line of doctors that

5 visited him as a child, despite ❹ the rift it made between him and his mother, despite years of ❺ forced treatment and various drugs that made him feel like his head had been filled with wet sand, despite years of having to pretend to be cured — was simply this: he was the only one who believed his sister was real. If he stopped

10 believing, what hope would there be for her?

❻ Thus he found himself, even when his mother was ❼ dead and gone and he himself was old and alone, brooding on his sister, wondering ❽ what had become of her. He wondered too if ❾ one

15 day she would simply reappear, ❿ young as ever, ready to continue with the games they had played. Maybe she ⓫ would simply

---

❶ when he simply didn't choose, when he saw her as both real and make-believe ...: 二つ目の when 節は一つ目と別のことを言っているのではなく、一つ目をより具体的に説明していて、「選ばない」にも「両方だと考える」「どちらでもないと考える」の二種類あることを伝えている。make-believe: 空想の、実在しない

❷ what made him keep believing in her: ここがこの文の主部で、述部はダッシュに挟まれた部分のあとの l. 8 の "was simply this"。believing in her: believe in ... で「〜の存在を信じる」。*Do you believe in ghosts?*

❸ the line of doctors that visited him: 行列 (line) を成すように続々往診に来た医者たち

❹ the rift: rift は元々岩や雲の「裂け目」だが、このように比喩的に、人間関係などの亀裂を指すことも多い。

❺ forced treatment: 強制的な治療

❻ Thus he found himself ... brooding on his sister: find oneself ...ing は p.

在と見てかつ架空の存在と見て時にはそのどちらでもないと見た、まるきり見境のない時期もあった。だが結局、それでもなお妹の実在を信じつづけた理由は――子どものころ何人も医者がやって来たにもかかわらず、この件が彼と母とのあいだに亀裂をもたらしたにもかかわらず、長年治療を強制されいろんな薬を飲まされて頭のなかに濡れた砂が詰まっているみたいな気になり果てたにもかかわらず、そして何年ものあいだもう治ったふりをしつづけねばならなかったにもかかわらず――それでもなお妹の実在を信じつづけた理由は、要するに信じているのは自分一人だという事実だった。もし彼が信じるのをやめたら、妹にどんな望みが残るというのか？

こうして彼は、母親が死んでしまい彼自身も老いて独り身になってからもなお、ふと気がつけば妹の身を案じ、妹はいったいどうなったんだろうと自問しているのだった。そして彼はまた、いつの日か妹はひょっこりまた現われるのだろうか、昔と同じ幼い姿で、二人でやっていた遊びを再開しようと現われるのだろうか、と考えた。ひょっとしたらあっさりまたそこに出現し

252, ll. 3-4 に "he still found himself wondering sometimes if it was his fault"（時おりふと気がつくと、やっぱりあれは自分のせいじゃないのかと自問しているのだった）の形で既出。brood(ing) on ...: 〜のことをくよくよ考える

❼ dead and gone:「死んでいなくなった」ということを強調する決まり文句。

❽ what had become of her: become はこのように what から始まる疑問文で of とつながり、「〜はどうなるのか」の意になる。*I wonder whatever will become of the child.*（あの子は一体どうなってしまうのかしら。『コンパスローズ英和辞典』）

❾ one day: 通例未来にしか使われない some day とは違って、one day はこのように未来についても過去についても使われる。

❿ young as ever: 相変わらず幼く

⓫ would simply suddenly be there again: simply suddenly は「あっさり突然」。このように副詞を二つ並べるのは普通は稚拙に見えるが、ここは効果的。

suddenly be there again, ❶her tiny fingers worked up behind a cedar shingle, staring ❷expectantly at him, waiting for him to tell her what she was feeling, to make up words for ❸what was pressed there between the house and its skin, lying in wait.

5 "What is it?" he would say in ❹a hoarse voice, leaning on his cane.

"I feel something," she would say. "What am I feeling?"

And he would ❺set about describing it. *Does it feel red? Does it feel warm-blooded or cold? Is it round? Is it smooth like glass?* All 10 the while, he knew, he would be thinking not about what he was saying but about the wind at his back. ❻If he turned around, he would be wondering, would he find the wind's strange, ❼baleful eye staring at him?

❽That wasn't much, but it was the best he could hope for. 15 ❾Chances were he wouldn't get even that. Chances were there would be no sister, no wind. Chances were that ❿he'd be stuck

---

❶ her tiny fingers worked up behind a cedar shingle: 小さな指は杉板のうしろに差し込まれて

❷ expectantly: 期待を込めて

❸ what was pressed there between the house and its skin, lying in wait: 「家の皮膚」(its skin) が杉の壁板の比喩的表現であることはここまで読んでいれば自明。そうやって家と家の皮膚に挟まれているものが「待ちかまえている」(lying in wait) という言い方は、それがいかにも生き物であるかのように響く。

❹ a hoarse voice: しわがれた声

❺ set about ...: ～に取りかかる。p. 146, l. 10 に "she set about making up a number of parcels" (いくつかの包みを作る作業に取りかかった) の形で既出。

❻ If he turned around, he would be wondering, would he ...:「もしふり返ったら、彼は考えるだろう」ではなく、「もしふり返ったら——と彼は考えるだろ

て、ちっぽけな指をヒマラヤスギの壁板の裏側に押し込み、期待を込めた目で彼をじっと見ているだろうか。自分が何に触っているか兄が言ってくれるのを、家と壁板とにはさまれてじっとひそんでいるものを言い表わす言葉を兄がつくってくれるのを待っているだろうか。

「何なんだい？」と彼は杖に寄りかかり、しゃがれた声で訊くだろう。

「何かある」と妹は言うだろう。「これって何かな？」

　そうして彼は、それを言葉にしはじめるだろう。**赤い感じかい？　血は温かい、それとも冷たい感じ？　丸いかい？　ガラスみたいにつるつるかい？**　その間ずっと、いま言葉にしているもののことではなく背後で吹く風のことを自分が考えているだろうと彼にはわかった。いまうしろを向いたら、風の奇妙な、悪意ある目がこっちをじっと見ているだろうか、そう彼は考えるだろう。

　大した望みではないが、望みとしてはそれが精一杯なのだ。おそらくは、それすらも得られはしないだろう。おそらくは、妹なんて現われないだろう

う──僕は〜だろうか、と」。

❼ baleful: 悪意のある

❽ That wasn't much: That はすぐ直前の、風の目が自分をじっと見ているかもしれないことだけでなく、妹が突如あっさり現われてからの展開すべて。

❾ Chances were he wouldn't get even that: (the) chances are (that) … で「たぶん〜だろう」。*Chances are you've heard about the 'Leaning Tower of Pisa.'*（たぶんあなたは「ピサの斜塔」のことを聞いたことがあると思いますが。『コンパスローズ英和辞典』）

❿ he'd be stuck with the life he was living now: be stuck with … は何か厄介なものを「抱え込む」。*We were stuck with a huge bill.*（ばく大な支払いをしょい込んでいた。『ロングマン英和辞典』）

with the life he was living now, **❶**just as it was, until the day when he was **❷**either dead or not living himself.

❶ just as it was: いまある形そのままで
❷ either dead or not living himself: not living は p. 260, l. 6 の not alive と ほぼ同じと考えていいだろうが、not alive より少し意味が広く「死んだも同然」 的な状態も示唆しているように思える。

し風も現われないだろう。おそらくは、いま生きている生をこれからも抱え込んだまま、彼自身死ぬか生きていなくなるかまでの日々を過ごすのだろう。

ちなみに

　短篇集 *Windeye* には、妹がいなくなる作品がもう一本ある。"The Dismal Mirror"（「陰気な鏡」）という、盲目の妹が失踪する話。そして短篇集の巻頭には、"For my lost sister"（いなくなった妹に）と献辞が記されている。本人に会ったときに「妹さんがいらしたのですか」と訊ねたところ、答えは "No" だった。

授業後の雑談

怪奇の物語は、何と言っても「館」の物語です。

愛好者からするとわかりきった話でしょうが、僕がそのことを強く意識したのは、Biblioasis というカナダの小さな出版社が出している、Seth's Christmas Ghost Stories というシリーズを読んだときでした（Christmas と銘打っていますが、べつにクリスマスの話とは限りません。日本では怪談が夏のものと決まっているように、英語圏での怪談は基本的にクリスマスのものなのです）。小冊子という感じの小さな本の中に、M・R・ジェームズ、アルジャーノン・ブラックウッド、イーディス・ウォートン等々怪奇小説の大御所たちによる短篇小説の古典が１本入っていて、僕の好きな漫画家セスがそれぞれに表紙と挿絵を描いています。たとえば本書にも収めたディケンズの "The Signal-Man" はこんな感じです：

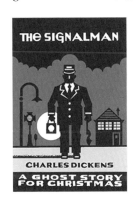

あるいは、何冊か出ているＭ・Ｒ・ジェームズの一冊は：

　で、このシリーズ、読んでみると、その大半が「館」の物語なんですね。語り手がどこかの知らない館に泊まって、夜中に不思議なこと、恐ろしいことが起きて、下手をすると周りで人が死んだりもするが語り手はなんとか生きのび、翌日訊いてみると、実はこの館で○○年前に……というパターンの話が全体の半分くらいを占めているのです。

　このアンソロジーでも、ヴァージニア・ウルフ、エドガー・アラン・ポー、ブライアン・エヴンソンによる３作ははっきり「館」の物語だし、エリザベス・ボウエンの物語でも家はかなり重要な要素であり……。

　そうすると、「館」は何を表わしているのか、という問いが当然出てくるわけですが、もちろんすべての作品に関し共通した答えはありません。ただ、傾向としては、イギリスの小説だと「館」が過去の闇を体現している場合がそれなりに多く、アメリカだと（少なくとも白人中心の歴史観では）過去が乏しいので、勢い話が内面化し、人間の内なる闇が「館」を通して象徴的に現われてくる傾向がある、ということは言えそうです。といっても、このアンソロジーに並べた傑作群を見ればわかるように、全体とし

ての傾向は見えても、一本一本には個別の特殊性があって、一筋縄では行かないことはいうまでもありません。

　今回はいきなりヴァージニア・ウルフによる星３つの作品から始めました。白状すれば、ウルフは学生のころ読んで、難しいなあ、いずれは自分もこんな難しいものが読めるようになるのだろうか、と思ったのですが、いまだに「……になるのだろうか」と思っている段階に留まっております。ここに収めた"A Haunted House"についてもあまり教師面して偉そうなことは言えません。もしあなたがこれを読んで、どこが生きた人間の話でどこが幽霊の話か、見分けるのが難しいなあ、と思ったとしたら、あまり慰めにならないかもしれませんが僕もそうです！（もちろんそうやって生者と死者、現在と過去との境を曖昧にすることがまさにウルフの意図でしょうし）

　ポーの小説は、本当に怖いのか、あるいは何が怖いのか、いつも迷います。話自体の怖さよりも、怖い話を背後で緻密に操っているように感じられる作者の方がもっと怖いのでは、いやその緻密な作者の緻密さが破綻するように思える瞬間が一番怖いのでは……などと考えがまとまらないところが、個人的にはポーの一番の面白さです。

　ディケンズの"The Signal-Man"は幽霊譚の中に階級の話が交じっている点がイギリスらしいなあと思います。信号手の現在の落ちぶれた境遇を、谷底という場所の暗さ・湿り気が物理的に体現しているところが見事。

　ボウエンの名作"The Demon Lover"が古いバラッドを踏まえていることは註でも触れましたが、このバラッドはアメリカに渡るとタイトルが"House Carpenter"に代わり、ボブ・ディランも若いころ（1961年）歌っています。なかなか気合いが入った歌いっぷりなので、よかったら聴いて

みてください。

　人形が人間になる話と言えば『ピノキオ』が有名ですが、ピノキオの場合は木の人形が人間になってよかったねーで話は美しくまとまるわけですが、カーターの "The Loves of Lady Purple" ではそうは行きません。そのそうは行かなさに、何度読んでも鬼気迫るものがあります。

　なお、ディケンズ、ボウエン、カーターによる3本については、英語の細部に関しローレル・テイラーさんに大いに助けていただきました。この場を借りてお礼を申し上げます。

　ブライアン・エヴンソンはかつては非常に暴力的な、ほとんど毎ページ血が流れてるんじゃないかという気がする作品を書いていたのですが、近年はこの "Windeye" のように、周りの人間と違う世界を見ている人に寄りそうような作品を書いています。間違ってもベタベタ感傷的になったりはしませんが、絶対に晴れた明るい風景などを描かない一貫した侘しさの奥に、決して冷たくない眼差しがあると思えるところが素晴らしいです。

　6作品、どれも再読、再々読に耐える作品です。たっぷり味わっていただけますように。

2022 年 5 月

柴田元幸

編集協力
高橋由香理・滝野沢友理・福間恵・今井亮一
坪野圭介・鈴木孫和・青木比登美
Laurel Taylor

組版・レイアウト
古正佳緒里・山本太平
社内協力
三谷裕・高見沢紀子・三島知子・鈴木美和・松本千晶・星野龍

編訳註者

柴田元幸（しばた もとゆき）

　翻訳家、東京大学名誉教授。東京都生まれ。ポール・オースター、レベッカ・ブラウン、スティーヴン・ミルハウザー、スチュアート・ダイベック、スティーヴ・エリクソンなど、現代アメリカ文学を数多く翻訳。2010 年、トマス・ピンチョン『メイスン＆ディクスン』（新潮社）で日本翻訳文化賞を受賞。翻訳に、『ハックルベリー・フィンの冒けん』（研究社）、シルヴィア・プラス『メアリ・ヴェントゥーラと第九王国 シルヴィア・プラス短篇集』（集英社）、マグナス・ミルズ『鑑識レコード倶楽部』（アルテスパブリッシング）、スティーヴン・ミルハウザー『夜の声』（白水社）、ブライアン・エヴンソン『ウインドアイ』（新潮社）など多数。編訳書に、『「ハックルベリー・フィンの冒けん」をめぐる冒けん』、レアード・ハント『英文創作教室　Writing Your Own Stories』（研究社）など。文芸誌『MONKEY』、および英語文芸誌 MONKEY 責任編集。2017 年、早稲田大学坪内逍遙大賞を受賞。

英文精読教室

第5巻
怪奇に浸る

● 2022 年 6 月 30 日　初版発行 ●

● 編訳註者 ●
柴田元幸

Copyright © 2022 by Motoyuki Shibata

発行者　●　吉田尚志

発行所　●　株式会社　研究社

〒 102-8152　東京都千代田区富士見 2-11-3

電話　営業 03-3288-7777（代）　編集 03-3288-7711（代）

振替　00150-9-26710

https://www.kenkyusha.co.jp/

KENKYUSHA

装丁　●　久保和正

組版・レイアウト　●　渾天堂

印刷所　●　図書印刷株式会社

ISBN 978-4-327-09905-3 C1082　Printed in Japan

柴田元幸
〔編・訳・註〕

英語の小説を原文で読んで「わかる」楽しさは格別！

英文精読教室 全6巻

第1巻 物語を楽しむ

A5 判 並製 258 頁
ISBN 978-4-327-09901-5 C1082

Shirley Jackson, "The Lottery" (1948)
（シャーリイ・ジャクスン「くじ」）

Ursula K. Le Guin, "The Ones Who Walk Away from Omelas" (1973)
（アーシュラ・K・ル゠グウィン「オメラスから歩き去る者たち」）

Kazuo Ishiguro, "A Village After Dark" (2001)
（カズオ・イシグロ「日の暮れた村」）　　ほか全 7 篇

最高の物語を原文で

第2巻 他人になってみる

A5 判 並製 246 頁
ISBN 978-4-327-09902-2 C1082

Stuart Dybek, "Farwell" (1990)
（スチュアート・ダイベック「ファーウェル」）

Paul Bowles, "You Are Not I" (1948)
（ポール・ボウルズ「あんたはあたしじゃない」）

Nana Kwame Adjei-Brenyah, "The Finkelstein 5" (2018)
（ナナ・クワメ・アジェイ゠ブレニヤー「ザ・フィンケルスティーン 5」）　ほか全 6 篇

小説こそ他者を知る最良のツール

第3巻 口語を聴く

A5 判 並製 210 頁
ISBN 978-4-327-09903-9 C1082

Mark Twain,
"How I Edited an Agricultural Newspaper Once" (1870)
（マーク・トウェイン「私の農業新聞作り」）

Ernest Hemingway, "The Killers" (1927)
（アーネスト・ヘミングウェイ「殺し屋たち」）

Kevin Barry, "Who's-Dead McCarthy" (2020)
（ケヴィン・バリー「誰が死んだかマッカーシー」）　　ほか全 5 篇

小説の「声」が聞こえる楽しさ

第4巻 性差を考える

A5 判 並製 280 頁
ISBN 978-4-327-09904-6 C1082

Kate Chopin, "The Story of an Hour" (1894)
（ケイト・ショパン「一時間の物語」）

Joyce Carol Oates,
"Where Are You Going, Where Have You Been?" (1966)
（ジョイス・キャロル・オーツ「どこへ行くの、どこ行ってたの？」）

Megan Kelso, "The Squirrel Mother" (2006)
（メーガン・ケルソー「リスのお母さん」）　　ほか全 5 篇

フェミニズム小説の古典から最先端まで

第6巻 ユーモアを味わう

A5 判 並製 276 頁
ISBN 978-4-327-09906-0 C1082

Philip K. Dick, "The Eyes Have It" (1953)
（フィリップ・K・ディック「目はそれを持っている」）

Thomas Hardy, "Old Andrey's Experience as a Musician /
Absent-Mindedness in a Parish Choir" (1894)
（トマス・ハーディ「アンドリー爺さんの楽師体験」）

Steven Millhauser, "Home Run" (2013)
（スティーヴン・ミルハウザー「ホーム・ラン」）　　ほか全 7 篇

ハーディもディックもミルハウザーも、実はみんな笑える作家！